Die Frau in der Literatur

Karl Friedrich Zimmermann
Berliner Wohnzimmer des Klassizismus, 1816

Henriette Herz

Berliner Salon

Erinnerungen und Portraits

Herausgegeben und
mit einem Nachwort versehen
von Ulrich Janetzki

Ullstein Taschenbuch

Die Frau in der Literatur
Lektorat: Hanna Siehr

Ullstein Buch Nr. 30165
im Verlag Ullstein GmbH,
Frankfurt/M – Berlin – Wien

Originalausgabe

Umschlagentwurf:
Hannes Jähn
unter Verwendung eines
Portraits der Henriette Herz
von Anna Dorothea Therbusch

© by Verlag Ullstein GmbH,
Frankfurt/M – Berlin – Wien

Printed in Germany 1984
Gesamtherstellung:
Ebner Ulm
ISBN 3 548 30165 7

Dezember 1984

CIP-Kurztitelaufnahme der Deutschen Bibliothek

Herz, Henriette:
Berliner Salon: Erinnerungen u. Portraits /
Henriette Herz. Hrsg. u. mit e. Nachw. vers.
von Ulrich Janetzki. – Orig.-Ausg. –
Frankfurt/M; Berlin; Wien: Ullstein, 1984.
(Ullstein-Buch; Nr. 30165: Die Frau in der Literatur)
ISBN 3-548-30165-7
NE: GT

Inhaltsübersicht

Hochzeits-Carmen. 1779 7

I. Berliner Salon. Erinnerungen und Portraits. 1764 – 1804
Aus den Kinderjahren 12
Die ersten drei Jahre nach meiner Heirat 15
Marcus Herz und das Haus 35
Zur Geschichte der Gesellschaft und des
Konversationstones in Berlin 43
Dorothea Schlegel 55
Karl Philipp Moritz 65
Mirabeau 73
Friedrich Gentz 77
Ein Tugendbund – Wilhelm von Humboldt 83
Friedrich Schleiermacher 91
Jean Paul 99
Ludwig Börne 107
Madame de Staël 117
Schiller – Goethe 125

II. Briefe von und an Henriette Herz
Briefe von Wilhelm von Humboldt. 1786 – 1787 . . . 135
Ludwig Börne: Briefe und Tagebuchaufzeichnungen.
1802 – 1803 141
Friedrich Schleiermacher an Henriette Herz.
1798 – 1817 155
Henriette Herz aus Italien an Louise Seidler. 1818 . . 179
Henriette Herz an den Verlagsbuchhändler Felix
Lehmann. 1842 185
Alexander von Humboldt an Henriette Herz. 1845 . . 186

III. Briefe über Henriette Herz
Friedrich Schleiermacher an seine Schwester.
1797 – 1801 191
Dorothea Veit an Schleiermacher. 1800 197
Georg Ludwig Spalding an Schleiermacher. 1803 . . 198

Friedrich Schleiermacher an Georg Reimer. 1803 . . . 199
Ludwig Börne an Jeanette Wohl. 1828 199

Zeittafel 203

Zu dieser Ausgabe 211

Literaturverzeichnis 213

Nachwort 217

Bildnachweis 254

Hochzeits-Carmen

Dem Herrn
Doctor Markus Herz
und
Mademoiselle Jette Lemos
an
Ihrem Vermählungstage
gewidmet
von
G . . . . . . z.
Berlin, den 1. Dezember 1779.

Dies ist die holde, muntre Hebe!★
Wer sah der Götter Abbild je,
So ganz im feinsten Reizgewebe
Und schöner noch als Pasithe?

Welch edler Zauber in den Zügen!
Wie Himmel in dem Auge blickt!
Den Gott der Donner zu besiegen,
Hätt's Ihr, der Juno gleich, geglückt!

Wie blühend Ihrer Wangen Rosen!
Wie schlank der Wuchs! welch edler Gang!
Wie unschuld-liebevoll ihr Kosen!
Die Stimme, welcher Silberklang!

Ihr angenehmes frohes Scherzen,
Ihr aufgeklärtester Verstand;
Das Minniglich' in ihrem Herzen;
In Ihr – der Schöpfung – Meisterhand!

Und wie bei trübsalsvollen Szenen
Empfindsam Ihr die Zähre rollt!
Wie mitleidsvoll, ohn' es zu wähnen,
Sie Notbedürft'gen freudig zollt!

So ist sie, meines Freundes Jettchen,
Und so vollkommen mußt' sie sein!
Ein anmutreiches, sanftes Mädchen,
Das Lohn für Kummer kann verleihn!

Dies Mädchen lohnet den Verehrer
Erhabener Philosophie,
Ihn den Gefühlesquellenlehrer
In der Empfindungstheorie!

Der Denken noch durch Tun vergrößert,
So weisheitsvoll wie Sokrates.
Der Körper heilt, und Seelen bessert,
Der Liebling des Hippocrates.

Der Welten mißt mit einem Blicke;
Der Erdengüter Innres kennt,
Der rechnet sich's zum echten Glücke,
Wenn heiße Lieb' im Herzen brennt!

So bringe denn die Nektarschale,
Du frohe Götterpflegerin!
Dem sehnsuchtsvollen Ehgemahle
Als Wonne höchster Wonne hin.

*Als Hebe malte sie Anna Dorothea Therbusch, siehe Titelbild.

I   Berliner Salon
Erinnerungen und Portraits

Henriette Herz
Bleistiftzeichnung von Anton Graff, o. J.

Aus den Kinderjahren

Die erste dramatische Darstellung, welcher ich beiwohnte, war die eines Trauerspiels in einem Privathause; da die Darstellenden Dilettanten waren, so hatte sie eine unbesiegbare Lust in mir erweckt, ebenfalls Komödie zu spielen. Die Bitte an meine Eltern um die Erlaubnis, mich an den öfters stattfindenden dramatischen Vorstellungen tätigen Anteil nehmen zu lassen, wurde mir mit mehr Liebe als Einsicht von ihrer Seite gewährt. Auch die Darstellenden nahmen mich freundlich in ihren Verein auf, ungeachtet ich erst acht bis neun Jahre zählte, denn ich war für mein Alter sehr groß. Und so sollte ich denn zunächst in einer Operette als Landmädchen auftreten.

Ich war überglücklich, und in der Tat fing die fröhlichste Zeit für mich an. Die vielen Proben unterbrachen die Einförmigkeit des häuslichen Lebens aufs heiterste, und nächstdem war meiner Eitelkeit durch das Zusammenwirken mit Erwachsenen höchlichst geschmeichelt. Ein sehr musikalischer junger Mann, der sich für das lustige Unternehmen lebhaft interessierte, hatte es übernommen, uns die Gesänge einzustudieren. Ich dachte nur immer an die Zeit, zu welcher ich ihn zu diesem Zwecke bei mir zu erwarten hatte, und nahte sie, so trieb mich meine Ungeduld vor die Haustür, von wo ich ausschaute, ob er denn immer noch nicht mit seiner Violine ankomme. Ja, zuletzt gesellte sich zu dem Interesse für die Sache, welche der junge Mann förderte, ein sehr lebhaftes für seine Person.

Endlich war alles aufs beste eingerichtet, einstudiert, ein- und anprobiert. Denn selbst an den Kostümen fehlte nichts mehr, und ich gefiel mir in dem meinen so sehr, daß es mir noch heute vor Augen steht. Ein weißseidener Rock mit rosafarbenen Bändern besetzt, ein rosafarbenes Mieder, und alles mit glänzenden Silberflittern geschmückt, ein weißseidenes Hütchen mit vielen Porzellanblumen – was konnte man sich Schöneres denken! Schon war der nahe Tag der Aufführung bestimmt und das Theater, diesmal im Hause einer reichen Jüdin – wie denn auch alle Mitwirkenden Juden waren – aufgeschlagen, als plötzlich ein vernichtender Blitzstrahl in den frohen Kreis hineinfiel, und zwar in Gestalt eines Verbotes der Aufführung seitens der Gemeindeältesten.

Diese, welche aus den reichsten und angesehensten, aber auch orthodoxesten Gemeindegliedern bestanden, regierten damals die jüdische Gemeinde fast unbeschränkt, und ihnen gab unsere, ihnen kund gewordene weltliche Belustigung schweren Anstoß. Eine Auflehnung gegen dieses Verbot oder gar eine Nichtbefolgung desselben wäre in jener Zeit etwas Untunliches gewesen. Wir waren höchst unglücklich. Man lief zueinander und durcheinander, angesehene Gemeindeglieder, weniger strengen Sinnes als die Vorsteher, verwendeten sich für uns, man ging mehrere der letzteren privatim an – alles, alles vergebens!

Da faßte ich den Entschluß, mich am nächsten Sonntage, als dem Versammlungstage der Gemeindevorsteher, vor die ehrwürdigen Herren zu stellen und um Gestattung der unschuldigen Belustigung zu bitten; aber ich sagte niemandem von meinem Vorsatze, weder den Mitgliedern der Gesellschaft noch meinen Eltern. So ging ich denn an dem bestimmten Tage allein in den Versammlungssaal, und plötzlich stand das kleine dreiste Mädchen vor dem Gitter, hinter welchem die ehrwürdigen Väter der Gemeinde Rat hielten, die bald mich, bald sich untereinander mit Blicken höchsten Erstaunens ansahen. Zuerst sprach ich bittende Worte. Sie schienen wirkungslos. Mein Selbstgefühl war gekränkt, und ich erklärte ihnen nun mit gehobener Stimme, es zieme sich für so bejahrte und ernste Männer gar nicht, sich um Kinderspiele zu bekümmern! – War's dieser Grund, war's meine ganze Erscheinung, welche wirkte, kurz – ich erreichte meinen Zweck!

Außer mir vor Freude, lief ich jetzt von einem Mitgliede der Gesellschaft zum andern, um die beglückende Kunde zu bringen. Es war Winter, ich glitt, ich fiel, ich erhielt beim Nachhausekommen von meinen Eltern, die mich vermißt hatten, wohlverdiente Vorwürfe, alles ging in der Freude meines Herzens spurlos an mir vorüber.

Die Vorstellung fand statt, und noch zwei andere folgten ihr. Man bewunderte mein Spiel, meinen Gesang, und vor allem meine Gestalt und mein Gesichtchen, man hob mich nach beendigtem Schauspiel von der Bühne hinab und küßte und herzte mich, man sagte mir höchst Schmeichelhaftes, kurz, man tat alles, was mich verderben konnte, und dies wäre erreicht worden, hätte nicht eine bessere Einsicht der Eltern bald meiner Mitwirkung auf den Brettern ein Ende gemacht.

Es folgte hierauf eine lange Fastenzeit für meine Theaterliebhaberei. Nur einmal jährlich wurde ich von meinen Eltern in das Theater mitgenommen. Es war die Blütezeit der Mara. Ungeachtet der Näschereien, welche ebenfalls mitgenommen wurden und meine Aufmerksamkeit ziemlich in gleichem Maße in Anspruch nahmen wie diese große Sängerin, so erinnere ich mich dennoch ihrer wunderherrlichen Stimme noch heute. Sang sie die durch sie berühmt gewordene Arie: *mi paventi,* so war die Wirkung, welche sie auf das volle Haus machte, fast zauberhaft. Zur Zeit Friedrichs des Großen bestand das Publikum des Parterres ausschließlich aus Soldaten, welche auf Befehl des Königs in die Oper geführt wurden. Wir hatten unsere Plätze in einer Parkett-Loge, und oft störte uns das Geräusch, welches die Masse der dicht aneinander gedrängten Soldaten fast notwendig verursachen mußte, wenn sich auch nur einige von ihnen bewegten, oder auch ihr Geflüster, denn laut durften sie freilich nicht werden. Sang aber die Mara eine Bravourarie, so hörte man auch von diesen, damals zum großen Teil sehr rohen Soldaten nicht den geringsten Laut oder auch nur eine Bewegung. Mit zurückgehaltenem Atem standen selbst sie da, die lautloseste Stille herrschte im ganzen Hause. Hatte die große Sängerin geendet, so ging ein tiefer Atemzug durch die ganze gedrängte Menge.

Die ersten drei Jahre nach meiner Heirat

Henriette Herz
Büste von Johann Gottfried Schadow, 1784

H.s Friseur war der erste Mensch, der die fünfzehnjährige Frau am Morgen nach der Hochzeit sah. Wie viele Jahre auch seitdem verstrichen sind, so weiß ich doch noch, wo ich saß und wie ich in einen, nach damaliger Mode, reizenden Morgenanzug gekleidet und wie stolz ich auf meine neue Würde als Hausfrau war, da der alte Friseur ins Zimmer trat. Eine Köchin, die gleich am Morgen meine Befehle zum Mittagessen einholte, und eine alte, etwas betrunkene Frau, die H. schon früher in seinem Dienste hatte, machten meinen Hausstand. Den Abend war Ball im Hause meiner Eltern. Ich zog mich an, ich gefiel mir nicht, änderte und änderte am Putz, und ich gefiel mir nicht besser. Die Ursache war, weil, nach jüdischem Gebrauch, ich mein Haar als Frau völlig verbergen mußte und das Kopfzeug, mit Perlen und Blumen geziert, mir nicht gut stand. Ich kam etwas später als einige Gäste, und meine Mutter empfing mich mit Unwillen und schalt, daß hie und da etwas von meinem Haar unter dem Kopfzeug hervorsah; wie bald war das aber vergessen, als mein geliebter Vater mich zu einem Menuett aufforderte und den Ball mit mir eröffnete! H. tanzte nicht. Mein Vater war schon in den sechziger Jahren und tanzte noch mit soviel Anmut und Festigkeit, daß er die Bewunderung der zahlreichen Gesellschaft vermehrte; mir ist wenig mehr von dem Abend erinnerlich, als daß ich Langweile hatte und froh war, als ich das Fest geendigt sah. Die nächsten Tage vergingen mit Besuchemachen und -empfangen; das eigentliche neue Leben fing erst einige Wochen später an. Alle jungen Leute, die mein väterliches Haus besuchten und die meistens Studenten waren, kamen nun auch zu mir, und nicht einer war unter ihnen, den ich besonders interessiert hätte; ich fand auch keinen unter ihnen interessanter als den andern. Heiter und unbefangen ging ich mit ihnen um, und mein Mann sah sie gerne in seinem Hause. Meine Mutter besuchte mich und war meistens mit allem unzufrieden, was sie mich tun sah; ach, sie hatte wohl gewiß recht. Mein Vater kam seltener; es war aber immer ein Fest, wenn er kam. Freitag mittag aßen gewöhnlich einige jener jungen Leute und meine Mutter bei uns. Wir waren oft im elterlichen Hause, wo H. spielte und ich mich langweilte.

Dorothea, die Tochter jenes bedeutenden Mannes [Dorothea Veit, Tochter Moses Mendelssohns], Gespielin meiner Kindheit, war ein Jahr vor meiner Heirat verlobt worden, und wir hatten uns seitdem fast gar nicht gesehen; wenige Tage nach meiner Hochzeit begegnete ich ihr auf der Straße, wir sprachen viel in wenigen Augenblicken; sie war nicht glücklich, denn ihr guter, weiser Vater hatte sie, wenn auch nicht gerade gezwungen, doch beredet, den Mann zu heiraten, den sie nicht lieben konnte. Der Vater meinte, daß die Tochter den Mann so erkennen würde, wie er es getan; wie sollte aber das siebzehnjährige, lebendige, mit glühender Einbildungskraft begabte Mädchen, gebildet von einem solchen Vater, erzogen in einem Hause, das von den vornehmsten wie von den ausgezeichnetsten Leuten besucht ward, wie konnte ein solches Mädchen wohl einen Mann lieben, der unansehnlich an Gestalt und Gesicht, mit jüdischen Manieren, damals von noch begrenzter Bildung war? Die gründliche Moralität, die wahrhaft edlen Gesinnungen, die christlichen Tugenden, zu welchen große Anlagen in ihm waren und das alles sich später in einem hohen Grade ausbildete, das sah der weise Vater wohl, die Tochter konnte es aber nicht, und ihr junges Leben ward in seiner Blüte geknickt.

Ich war glücklich, liebte mit der fünfzehnjährigen Liebe einen dreißigjährigen Mann. Ich hatte viele Romane gelesen und sie in mich aufgenommen. Herz lachte mich aus, wenn ich schwärmte; tanzte ich um ihn her, hing ich mich an seinen Hals, wies er mich zur Vernunft. Dorothea und ich sahen uns nun fast täglich, und konnten wir uns nicht sehn, so schrieben wir einander. H. war Arzt in ihres Vaters Hause, unsere Männer waren gute Freunde, und sahn wir uns nicht öfter, als es geschah, so lag es an der Verschiedenheit unseres Umganges. H. ward mehr und mehr als guter Arzt bekannt und las philosophische Kollegia. Dadurch kamen viele und bedeutende Leute in unser Haus, die auch zuweilen zu Abendmahlzeiten eingeladen wurden, doch meistens Männer. So jung und unwissend ich auch war, unterhielten sie sich doch viel mit mir, weil sie mir und auch wohl sich selbst einbildeten, ich sei klug, weil ich hübsch war; doch waren diese Gespräche nicht ohne Nutzen für mich, denn es waren größtenteils gescheite Leute, die sie führten, und konnten sie auch nicht immer mit mir sprechen, so sprachen sie doch zu mir.

Mein Hang zum Lesen wuchs, und ich konnte ihn jetzt ungestört befriedigen. Das erste Buch, das ich ganz eigentlich unter Leitung meines Mannes las, war Eulers Brief an eine deutsche Prinzessin. [L. Euler, Briefe an eine deutsche Prinzessin über Physik.

Berlin 1773 bis 84]. War H. schon zu sehr beschäftigt, um mich eigentlich unterrichten zu können, so konnte er mir doch manches erklären, was ich nicht verstand. Was ihn damals neben seiner Praxis beschäftigte, war die Übersetzung einer kleinen englischen Broschüre. Ich sah oft in das Buch hinein, mit dem Wunsche, es zu verstehen; er ward bald befriedigt, indem mein Mann mir einen alten Schottländer zum Lehrer annahm. Ich machte schnelle Fortschritte, die aber unterbrochen wurden, indem ich den Lehrer abschaffen mußte, weil – er sich in mich verliebte. Nun sollte ein anderer angenommen werden, dazu kam es aber nicht so bald, weil H. in eine gefährliche Krankheit fiel. Er mußte wohl ganz zu Anfang derselben das Gefühl davon haben, denn als der Staatsrat Rose ihm das Honorar für die Vorlesungen, die er gerade in dem Winter hielt, geben wollte, wollte er es nicht annehmen, sagend, daß er vielleicht sterben würde. Dies war meine erste wahre Leidenszeit. Ich war noch kein volles Jahr verheiratet und liebte meinen Mann mit der ganzen Liebe eines noch nicht sechzehnjährigen weiblichen Wesens. War diese Liebe schon mehr in mich gelegt als in mir entstanden, so kannte und ahnte ich doch nichts anderes und Schöneres. Siebzehn Tage und Nächte kam ich nicht aus meinen Kleidern. In den ersten Tagen der Krankheit pflegte und wartete ich den lieben Kranken allein, am achten Tage saß ich auf seinem Bette, da sagte er mir, daß er mir etwas, das ihn sehr quäle, vertrauen wolle, und er erzählte mir eine ganz gräßliche Geschichte von einem uns befreundeten Hause, die sich am Tage vor seiner Krankheit daselbst zugetragen hätte, mich bittend, einen Verwandten desselben rufen zu lassen, weil er ihn notwendig sprechen müsse. Ich tat, wie er wollte, der Mann kam, H. sprach ihn, jene Geschichte aber erwähnte er nicht, und am Abend zeigte es sich, daß diese im genauesten Zusammenhange erzählte Geschichte das Werk einer krankhaften Phantasie war, die nun durch steigendes Fieber immer mehr zerrüttet ward und eine so traurige Richtung für mich nahm, daß ich auf das Verlangen des trefflichen Selle, der Herz' Arzt und Freund war, das Krankenzimmer meiden mußte. Nie hatte H. die kleinste Spur von Eifersucht geäußert, obschon viele jüngere und ältere Männer in unser Haus kamen; plötzlich aber zeigte sie sich in einem so hohen Grade, daß er mich gar nicht mehr sehen wollte, weil ich, wie er sagte, mit all den jungen Leuten, die ihn bewachten und pflegten, in einem schlechten

Verhältnis wäre. Ich war völlig ruhig bei dieser Beschuldigung, da ich das volle Bewußtsein meiner Unschuld hatte und überzeugt war, daß ein solcher Gedanke nur die Ausgeburt eines kranken Gehirns bei H. sein konnte. Als einzige mögliche Ursache konnte ich mir nur denken, daß die jungen Leute und ich über die wunderliche, oft komische Phantasie lachten, die H. hatte. Die Entfernung vom Krankenbette tat mir indes sehr weh, und ich saß still hinter einem Schirm, auf die kleinste Bewegung des Kranken lauschend.

Am zwölften Tag der Krankheit, die sich als ein heftiges hitziges Fieber entschieden hatte, verging H. plötzlich die Sprache, und die Ärzte glaubten seinen Tod nahe. Wie mir ward, als ich von einem derselben zu hören glaubte: »er stirbt«, kann ich nicht sagen; ich weiß nur, daß ich ins Nebenzimmer lief, dort fast ohne Bewußtsein, im Kreise umhergehend, fortwährend die Worte wiederholte: »Ich bin noch so jung.« Dann bat ich, mir ein Werkzeug zu geben, mit welchem ich mich töten könnte. – Später erfuhr ich, daß ich das Fenster aufgerissen hatte, um mich hinauszustürzen. Die augenblickliche Gefahr ging vorüber, und in der Freude meines Herzens das Verbot vergessend, trat ich ans Bett, legte mich liebkosend über den Kranken und fragte ihn: »Ist dir besser?« »Besser?« war seine Antwort, »ich war ja fast schon tot, aber geh nur, geh!« In so schmerzlichem Zustande verbrachte ich noch mehrere Tage. Am vierzehnten Tage der Krankheit war endlich den Ärzten alle Hoffnung geschwunden, die Nacht sollte entscheidend sein, und wirklich erreichte die Krankheit in derselben den höchsten Grad. Ein Unbesonnener unter den Wächtern lief zu meinem alten Vater, ihm die äußerste Lebensgefahr seines Schwiegersohnes zu verkünden, und der Schrecken lähmte ihm die Zunge augenblicklich. Meine gute Mutter, die mein Haus nur nachts verließ, zitterte nun für des geliebten Gatten Leben. Nach einigen Stunden wich die Gefahr nach vielen angewandten Mitteln wieder, und H. erholte sich ein wenig. Ich wand mich in meinem Schmerz, als mir die bessere Nachricht gebracht ward, und mein erster Gedanke war, daß sie sogleich meinem Vater mitgeteilt werde. Der Bote fand den lieben, frommen Mann mit Andacht und Inbrunst zu Gott beten; Gedanken nur konnte er zu seinem Schöpfer senden, denn noch war seine Zunge gebunden. Als er aber die freudige Botschaft vernahm, ward sie ihm im Augenblick gelöst; ein »Gottlob« kam von seinen

Lippen, wie wohl nie ein Frömmeres von heiligen Lippen gekommen war. Die Ärzte hofften indes wenig für H. von dieser augenblicklichen Besserung und sagten, daß allein ein ruhiger Schlaf, den er die ganzen sechzehn Tage der Krankheit nicht genossen hatte, ihn vielleicht retten könnte. Seit mehreren Tagen schon hatte er gesagt im fortwährenden Delirio, daß er gern schlafen möchte, es aber in diesem fremden Hause und fremden Zimmer nicht könne; wenn man ihn aber aus diesem Lazarett heraus nach Hause und in das Zimmer bringen würde, wo die Bilder von Leibniz, Euler, Lessing usw. hingen (unser Putzzimmer meinte er; sein Bett stand in seinem Studierzimmer, weil die Schlafkammer zu klein war), dann würde er schlafen. Die Kälte war sehr heftig, und die Ärzte wollten eine Ortsveränderung nach einem nicht durchheizten Zimmer nicht zugeben. Meine Mutter drang darauf, daß es geschehe, und am siebzehnten Tage der Krankheit, wo die Ärzte den Kranken völlig aufgegeben hatten, erlaubten sie es, da nichts mehr zu verlieren wäre. Das Zimmer war auf Befehl meiner Mutter schon den Tag zuvor geheizt worden, es war durchwärmt, und der Kranke wurde gegen Mittag in seinem Bette hineingetragen. Fast in demselben Augenblick fiel er in einen ruhigen, sanften Schlaf, der sechs Stunden dauerte, während welchen wir in ängstlicher, gespannter Erwartung waren, weil Selle gesagt hatte, daß es ungewiß sei, ob der jetzt gut scheinende Schlaf nicht Todesschlaf würde. Er erwachte, und die Krankheit war gebrochen. Schwämme von der Lippe bis tief in den Schlund waren die Krise. War das volle Bewußtsein schon zurückgekehrt, so war der Grad der Schwäche doch so groß, daß er auch keinen Finger bewegen konnte; seine ganze Kraft verglich er mit der einer Mücke. Von meiner, meiner Eltern und der Umgebung Freude über die plötzliche Gewißheit der Genesung schweige ich. Die Rekonvaleszenz ging anfangs langsam wegen der Schwämme, welche der treffliche Voitus [Joh. Chr. Ferd. Voitus, Arzt an der Charité], der Mitarzt war, behandelte; als diese aber vorüber waren, nahmen die Kräfte sehr schnell zu. H. war sehr vergnügt, denn sehr bald war er überzeugt, daß alles, was ihn im Delirio gequält hatte, Eifersucht, Entfernung vom eigenen Hause, Unfälle, die Freunde betroffen hatten, usw. Erzeugnisse seines kranken Gehirns waren. Die große Teilnahme, die Freunde und Bekannte ihm bewiesen, die Treue der jungen Leute, die fast alle angehende Ärzte waren, worunter einer ein Bruder meiner Mutter war – ein lieber Mann, der jetzt (1824) 79 Jahre alt, Arzt in der Provinz ist –, die jetzt teils tot, teils in der weiten Welt zerstreut sind. Die Heiterkeit kehrte nun in H. und die Lustigkeit, ja, Ausgelassenheit in mir wieder, das Andenken an alle Phantasien, die H. hatte, hielt er nur noch in psychologischer Rücksicht fest und beschrieb die ganze Krankheit in einem an einen nun auch schon heimgegangenen Freund gerichteten Brief.

Das frühere Leben hatte nun wieder begonnen. H. ging seinen Geschäften nach, die anfingen zuzunehmen; ich nähte, las, wusch, scheuerte und ging aus, das letzte indes selten; meine neuen Bekanntschaften waren noch eingeschränkt, und von den alten war mir fast keine geblieben. Ich wuchs und blühte immer mehr und mehr empor, vernachlässigte meinen Anzug und meinen Körper aber auf unerhörte Weise, so auch meinen kleinen Hausstand. Die Unordnung und Unreinlichkeit, welche mit so großem Rechte den Unwillen und Zorn meiner Mutter auf mich zogen, ehe ich verheiratet war, hatte ich mit in das neue Leben genommen, und mein Mann tadelte mich sehr ernstlich darüber, besonders dann, wenn seine Wäsche zerrissen war, die ich ihm meist aus irgendeinem Winkel des Hauses hervorgeholt hatte. Er ließ mich dann zu sich rufen und machte mir gerechte Vorwürfe darüber. Da es nicht half, ward er ernstlich böse; obschon ich erschrak, wenn er mich während seines Anziehens nach seinem Zimmer kommen ließ, so half es doch noch immer nichts, und sonderbar ist es, daß, als ich in späterer Zeit fast zum andern Extrem übergegangen war, ich noch immer, heftig sogar, erschrak, wenn er mich während seines Anziehens rufen ließ. Meiner Eitelkeit ward auch sattsam nach H.s Krankheit gefrönt. Es kam nämlich ein russischer General nach Berlin, der eine sehr schöne Zirkassierin geheiratet hatte; er wohnte in einem der ersten Gasthöfe, wo auch vornehme Polinnen wohnten, bei welchen H. Arzt war. Sie hatten mich gesehn und schöner als jene schöne Zirkassierin gefunden, wollten den Gemahl derselben davon überzeugen, daß sie recht hätten, und ohne daß ich etwas davon wußte, ward ein Frühstück in ihren Zimmern angeordnet, wo ich gesehen werden sollte. Wer den Sieg davontrug, weiß ich nicht mehr, ich kann aber versichern, daß, wenn ich der phrygische königliche Hirtenknabe gewesen wäre, die Zirkassierin den goldenen Apfel bekommen hätte. Ich sehe sie noch in ihrer Schönheit vor mir, im leichten weißen Morgengewand von dünnem, schön sich faltendem Zeuge und dem schwarzen, langen, fliegenden, sich wellenden Haar; die anmutigste Gestalt, die zierlichsten Bewegungen, und alles, was sie sagte, war kindlich und naiv; sie mochte ein paar Jahre älter gewesen sein als ich. Meine Kleidung war besser, konnte mir aber nicht stehn, denn ich hatte eine tiefe Haube auf, weil ich mein Haar verbergen mußte, und wenn unordentlicher Anzug und selbst Unlust an Pflege des eigenen Körpers weder zu verteidigen noch zu entschuldigen ist, so dürfte das Mißfallen an mir selbst, eben durch den gesetzlichen Kopfputz, doch die Hauptursache davon gewesen sein.

Dorothea sah ich sehr oft, öfter aber noch ein junges Mädchen aus meiner Nachbarschaft, die ich sehr liebgewonnen hatte, weiter Marianne Sch. und Reil, der um diese Zeit als Student in Berlin war und durch Herz' Freund in Halle, Goldhagen, empfohlen worden. Er gab sich bei uns in die Kost, sein Geist, seine Kenntnisse und Tüchtigkeit machten ihn H. und meinem Oheim sehr lieb. Das Mädchen und ich waren von gleichem Alter und meinten beide, daß noch große Dinge mit uns vorgehn müßten, denn so ruhig, wie unser Leben damals war, dürfe es nicht verfließen. Leider war das ihre nur kurz; sie kam mit einem jungen Mann in ein Verhältnis, das ihr Ehre und Leben nahm; sie verließ heimlich ihr väterliches Haus und starb bald darauf im Wochenbett, doch geschah das erst zu Ende des Sommers, und den vorhergegangenen Winter sah ich sie täglich, besonders während einer Masernkrankheit, die ich durchmachte, wo ich das Bett hüten und fast niemanden sehen durfte. Kurz vor meiner Krankheit hatte ich eine junge, sehr liebenswürdige Frau kennengelernt. Sie war aus Prag, wo sie sich, sich von einer unglücklichen Ehe losmachend, in ein Kloster geflüchtet hatte. Ihr Vater, ein frommer, im Gesetz lebender Jude, entführte sie daraus, obschon sie bereits, auf Zu- und Bereden der Klosterfrauen, katholische Christin geworden war. Der Vater ließ sie in Berlin zurück, wir gewannen uns lieb und sahen uns oft; sie ward später Gattin eines trefflichen Künstlers. [Marianne Schadow, geb. Devidels, Tochter eines Hofjuweliers in Wien.] Auch wurden ihre Sohne, wovon der älteste nur zu früh starb, wackere Künstler.

Diese Frau sah ich oft, und mein Krankenzimmer war belebt

durch sie und die andern Genannten. Ich genas bald und ward schöner und blühender. Meine Eitelkeit bekam auch Gelegenheit, sich zu freuen, weil um diese Zeit den jüdischen Frauen gleichsam die Erlaubnis gegeben ward, wenn auch nicht ihr eigenes, doch falsches Haar tragen zu dürfen, und da meine Eltern nichts dagegen hatten, wurde eine Perücke angefertigt, die mir sehr gut stand, doch ward sie bald beiseitegelegt, und das eigene, rabenschwarze, glänzende Haar ersetzte sie. Ich lebte fröhlich und fleißig. Unser kleines Haus war viel besucht, und wir besuchten viele Häuser, unter andern auch das jener Freunde, von denen H. in seiner Fieberphantasie mir die schreckliche Geschichte erzählt hatte. Dieses Haus war sehr elegant und gewaltig nach Vornehmheit strebend. Dorthin wurden wir oft eingeladen. Die Männer spielten, und die Frau und ich gingen, war es Sommer, wohl in den ans Haus stoßenden Garten. So geschah es eines Abends, daß wir in den Garten kamen und zwei Herren darin fanden, die mir völlig unbekannt waren. Madame C. [Cohen] nannte sie mir beide; der ältere war der englische Gesandte: ein schöner Mann, der jüngere Offizier und zur Gesandtschaft gehörig, beide Bewohner des Hauses; der letztere gab mir den Arm, und wir gingen im nicht sehr großen Garten spazieren, als die C., eine Klingel hörend, sagte, sie müsse fort; ihr Führer begleitete sie; sie waren so schnell verschwunden, daß ich mich schon mit dem meinigen allein sah, ehe ich mich noch von seinem Arm losmachen konnte. Mir ward gleichsam unheimlich zumute, und ich gab den Bitten des hübschen jungen Mannes, länger im Garten zu bleiben, nicht nach, sondern eilte ins Haus zurück. Da wir diese sogenannten Freunde oft besuchten, so konnte E. [Ewart, der spätere englische Gesandte in Berlin] mich auch oft sehn, wozu auch die englische Kammerjungfer, wahrscheinlich auf Geheiß ihrer Herrin, Gelegenheiten veranstaltete, die ich, wäre ich älter als sechzehn Jahre gewesen, wohl nicht benutzt und in ihrem rechten Lichte erkannt hätte. Nun aber ließ ich mir's gefallen, mir, wenn ich E. wie zufällig antraf, was nicht selten geschah, Schmeicheleien von ihm vorsagen zu lassen; auch dauerte es nicht lange, so kam er zu uns ins Haus, er war sehr klug und wußte H. zu gewinnen, mit dem er Französisch sprach. Deutsch wußte er nicht, und sehr oft kam er schon morgens um 9 Uhr und blieb bis Mittag um 2 Uhr. Wir lasen, und er erklärte mir in zarten Worten seine

Liebe, die ich zwar nicht eigentlich erwiderte, die mich aber doch nicht ruhig ließ. Ich kann mit der größten Wahrheit sagen, daß ich ihm auch nicht die geringste Gunstbezeigung gewährte, denn kaum erlaubte ich ihm, mir die Hand zu küssen, dennoch aber fühlte ich mich nicht ganz gleichgültig gegen ihn, wenn er vor mir auf den Knien lag und mit feuchten Augen um einen Kuß bat, und wenn ich an H. dachte, weinte ich über mein Vergehen gegen ihn, das nur in ganz vorübergehenden Gefühlen und Gedanken bestand. Wie oft bat ich H. nicht, daß er, wenn E. am Morgen käme, ihn nicht annehmen möchte, damit er dann nicht soviel Stunden bei mir sein könne! H. meinte aber, was er mir denn täte, ich könne ihn ja dasitzen lassen und immer arbeiten. Welche Sicherheit! E. kam nun zu allen Tageszeiten, vernachlässigte die Kreise, in welchen er sonst gelebt, wozu auch die Höfe gehörten, und war immer da, wo ich war; konnte er es irgend möglich machen, so ließ er sich – ich weiß nicht, durch wen – auch bei Moses Mendelssohn einführen, den wir oft besuchten. Da er sah, daß er durch Feinheit seinen Zweck, der mir endlich nicht mehr verborgen bleiben konnte, nicht erreichen würde, wurde er zudringlich, und das rettete meine Seele. Sie wandte sich ab von ihm, und er ward jedesmal von meiner Tür abgewiesen, wenn ich allein war.

Eines Sonnabendmittags kam ich von meinen Eltern nach Hause und fand ihn an meiner Türe, die mir eben geöffnet ward; ich mußte ihn jetzt schon des Dienstmädchens halber hereinlassen. Kaum waren wir im Zimmer, so beschwor er mich, ihm eine Zeit zu bestimmen, in welcher er mich allein und ungestört sehn könne: Er kniete vor mir nieder und schwur, daß er nicht eher aufstehen würde, bis ich ihm eine Stunde genannt hätte. Ich hörte klingeln, hörte Tritte – beschwor ihn aufzustehn – umsonst – man näherte sich der Türe – er sagte, daß es ihm gleich wäre, wer käme, es sei mein Mann oder ein Fremder – man war an der Türe, und ich nannte ihm 9 Uhr am anderen Morgen mit dem Gedanken, dann nicht mehr zu Hause zu sein. Ich war ruhig, und war E. schon der erste Mann, der meine Brust auf eine Weise bewegte wie kein anderer, so war es doch in sehr geringem Grade, und es durfte mehr der hübsche englische Offizier sein als der Mensch in ihm. Am Abend desselben Tages, den ich außer dem Hause zugebracht hatte, sagte mir mein Mädchen beim Auskleiden, daß E. mehrere Male dagewesen wäre und daß er ihr einen Brief für mich gegeben; ich nahm ihn ihr ab, erbrach ihn nicht, schlief ruhig und eilte am andern Morgen vor 9 Uhr mit dem Brief zu meiner Freundin, der ich näherkam, da ihr nachheriger Gatte, mit dem sie in einem Hause wohnte, meine Büste machte [Schadow; siehe Abb. S. 17], Marianne, sie um ihren Rat bittend. Ich wollte nämlich den Brief nicht erbrechen, sondern ihn entweder unerbrochen zurückschicken oder ihn meinem Manne geben; gegen das letztere war sie entschieden, und ihre Neugier, vielleicht auch die meinige, machte, daß wir den Brief erbrachen: Sein Inhalt läßt sich leicht erraten; er war in englischer Sprache geschrieben, teils in Versen, teils in Prosa, voll der glühenden Leidenschaft. Ich ward fest und fester, den Brief meinem Manne zu zeigen und dann zu tun, was er mir sagen würde. Der Umgang mit E. hatte mir eine ziemliche Fertigkeit im Verstehen des Englischen gegeben, wir lasen viel miteinander, und daher ist es kein Wunder, daß ich mehr wußte als H. Ich mußte ihm daher fast den Brief wörtlich übersetzen, er blieb ruhig und sagte, ich möchte ihm alle Bücher, deren er mir viele geliehen hatte, zurückschicken und ihm folgende Worte dabei schreiben: Sachez que la comédie est finie et que vous ne trouverez jamais plus ni moi ni mon mari à la maison. Es kostete mich keinen Kampf, dies zu tun, mir war ganz leicht dabei, und meine Heiterkeit war auf keine Weise gefährdet. Daß die Bekanntschaft E.s im Cohenschen Hause gemacht war, wußte H. Die Gelegenheit aber, ihn zu sehn, die mir gemacht wurde, verschwieg ich ihm, was freilich nicht recht war; aber – so jung, so schön – man verzeihe mir's. Mehrere Wochen verstrichen, ohne daß ich E. sah, es geschah einmal – wahrscheinlich veranstaltet –, und er sagte mir, daß man ihn auf unerhörte Weise in Hinsicht meiner hintergangen habe, daß man ihm gesagt (und zwar ließ er es mich durchsehn, daß es jene eben genannten Freunde gewesen wären), daß es ihm leicht werden würde, was er nun als unmöglich erkenne, daß ich ihm doch nur wieder erlauben möchte, zu mir zu kommen. Ich glaubte ihm, was er sagte, da ich der C. nie recht getraut hatte, sprach mit H., sagte ihm alles, und da er Ursache hatte, C.s zu schonen, so ließ er geschehn, daß E. wiederkam.

Er war nun ganz anders in seinem Betragen, ich bin aber weit entfernt zu glauben, daß diese Änderung aus dem Grunde entstand, glaube vielmehr, daß er kälter ward durch eine neue Verbindung mit einer Hofdame der Königin, die später seine Gattin ward; seine Besuche wurden immer seltener und hörten endlich ganz auf; ich blieb ruhig, und als ich ihn nach Jahren einmal wiedersah, ward ich wohl einen Augenblick bewegt, blieb aber ruhig. Mehrere Jahre nachher ward er Gesandter am hiesigen Hofe, und ich sah ihn höchst selten, doch erinnere ich mich, daß ich, als ich ihn zum ersten Male nach langer Zeit sah, erschrak und Herzklopfen bekam. So endigte die erste Begebenheit dieser Art, und ich danke noch heute Gott, daß sie mich nicht ins Verderben gestürzt hat. Seine Hand allein konnte mich dagegen schützen, und er hat sie über mich gehalten. Dorothea wußte auch einen Teil der Geschichte; auch sie war unbefangen und unschuldig wie ich; mehr und mehr um alles wußte Marianne, die ich öfter sah, weil ihr Freund und nachheriger Gatte meine Büste in seinem Hause machte, in welchem sie wohnte, und sie gewöhnlich den Sitzungen beiwohnte. Sah ich nun schon D. seltener, so war sie meinem Herzen dennoch näher; auch verstand sie mich oder vielmehr meine Unschuld besser, weil sie selbst unschuldig war. Vor meiner Bekanntschaft mit E. hatte ich nie an die Möglichkeit gedacht, daß eine verheiratete Frau von einem anderen als von ihrem Manne geliebt werden oder einen andern als ihn lieben könnte. Wie durch einen allmählichen Zauber ward mir langsam ein Vorhang weggezogen, hinter welchem ich eine neue große Welt erblickte und fühlte.

Oft sagte ich das zu Dorothea, die ich jede Woche einmal sah, wozu eine in ihrem Hause eingerichtete Lesegesellschaft Gelegenheit gab. H., Friedländer, Moritz, D., ihre Schwester M. und ich waren die Leser; gewöhnlich wurden dramatische Sachen gelesen und, ich darf sagen, sehr gut gelesen, und unter den Zuhörern war Mendelssohn das hellste Licht. Wir Frauen waren sehr glücklich, wenn er unser Vorlesen rühmte. Wie schlichen wir nicht umher, um ein freundliches Wort darüber von ihm zu hören! Er war so gut und mild in seiner Klugheit, und tadelte er mich zuweilen, was gewöhnlich nur dann geschah, wenn ich über leichten Scherz empfindlich war, dann sagte er wohl: »Sie sollen das doch vertragen können.« Dieser Mann lebte streng nach den mosaischen Gesetzen, und die Leute glaubten den innigen Freund Lessings zu aufgeklärt und vernünftig, als daß es ihm Ernst sein könnte; sie glaubten, daß er den Zweck habe, seine Nation aufzuklären, und fürchtend, daß er

28

ihr Zutrauen verlieren würde, wenn er sich von ihren Gebräuchen entferne, halte er sie. Ich bin anderer Meinung über ihn, und die Duldung und Nachsicht, mit welcher er alle die ertrug, welche Freidenker waren, bewies mir, daß ich nicht irre, wenn ich aus Überzeugung sage, daß der weise, milde Mann Gott im Herzen hatte und den Weg zu ihm durch das Judentum hoffte. Ohne Stab und Stütze zu ihm gelangen zu können, glaubte er nicht; im Judentum erzogen, das Christentum nicht kennend, lebte er in ersterem fort und hielt darauf, daß sein Haus in gleichem Sinne geführt und so auch seine Kinder unterrichtet wurden. Freilich blieben diese in so aufgeklärten Zeiten, wie die waren, in welchen Mendelssohn lebte, nicht lange innerlich Juden, und die Freunde des Hauses, auch sogenannte aufgeklärte Juden und Christen, d. h. eigentliche Deisten, trugen nicht eben dazu bei, einen besseren Sinn in die Kinder zu bringen, da die Freunde alle der Meinung waren, daß es dem Vater mit dem Judentum nicht Ernst sei.

Ohne noch zum Bewußtsein gekommen zu sein, war der Umgang mit diesem Hause wohl von sehr gutem Einfluß auf mich, und der treffliche Mendelssohn trug meine jungendliche, wahrhaft ausgelassene Lustigkeit mit großer Nachsicht.

Ich fahre nun fort in der Erzählung meiner früheren Lebenszeit. Bald nach der glücklich vorübergegangenen Zeit, in der ich E. sah, verließen wir die Wohnung und bezogen eine größere, ganz in der Nähe von Freunden [Levins], deren älteste Tochter [Rahel Varnhagen], um einige Jahre jünger als ich, ein sehr ausgezeichnetes Wesen war; wir wurden bald näher befreundet und sahen uns oft. Der Vater, der Juwelenhändler war, bezog die Leipziger Messe, und ich war außer mir vor Freuden, als er und seine Frau mir sagten, daß sie mich zur nächsten Ostermesse mitnehmen wollten. Es war die erste Reise, die ich machen sollte, und ich dachte still in mir, daß die Leute über Potsdam hinaus doch wohl anders aussähen als bis dahin, und mit Freude und Neugier trat ich die Reise an. Der Mann, die Frau und die Tochter waren meine Reisegefährten. Der erstere hatte, wie es hieß, ein sehr schlechtes Leben geführt, soll unter einer Räuberbande gewesen und gebrandmarkt gewesen sein; er war ungemein klug, aber nicht gut, er hatte die wahre Lust an der Unlust; er war reich, sah viel Leute in seinem Hause, besonders aber Schauspieler. Die Frau war einfach und gut, dem Manne in jedem Sinne unterworfen. Die Tochter voll Verstand und Geist, obwohl noch sehr jung – ich war etwa siebzehn Jahre, sie vierzehn bis fünfzehn. [Rahel war erst 1771 geboren, also sieben Jahre jünger.] Wir reisten mit Extrapost, kehrten daher immer in den Posthäusern ein, wo die bessere Gesellschaft war, und so geschah es auch in Belitz. Beim Hereintreten ins Gastzimmer fiel mir Gesicht und Gestalt eines Jünglings [Karl La Roche, der Sohn von Sophie La Roche] auf, der wohl zu den schönsten in allen Zeiten gehören dürfte. Ein ältlicher Mann war mit ihm, wir kamen allmählich ins Gespräch, und ich erfuhr, daß sie nach Berlin gingen, wo der Jüngling sich längere Zeit aufhalten würde. Als wir fortfuhren, stand er vor der Türe und nickte mir ein gar freundliches Lebewohl zu.

Mein Aufenthalt in Leipzig, der vier Wochen dauerte, gehört zu den angenehmsten Erinnerungen meiner Jugendzeit. Täglich des Vormittags auf Auerbachs Hof, den damaligen Sammelplatz der eleganten Welt, und des Abends ins Theater, und zwar in ein sehr gutes, es war nämlich eine italienische Buffotruppe, worunter vortreffliche Sänger und ein vorzüglicher Buffo waren, der mich so herzlich und fortwährend lachen machte, daß er es merkte, und wenn er zwischen den Kulissen stand, von wo er unsere Loge sehen konnte, so gestikulierte und mimisierte er mir etwas vor, was denn seine Wirkung nicht verfehlte. Nach dem Theater – es war ein schönes Frühjahr – gingen wir gewöhnlich noch spazieren, und ein junger Engländer, dem ich im Theater aufgefallen war, folgte uns gewöhnlich sowie einige andere junge Leute, die ich auch nicht kannte. Ich bin jetzt 65 Jahre alt, wir zählen 1829, und ich darf daher wohl von meiner damaligen, anerkannten Schönheit sprechen, von der auch keine kleinste Spur mehr sichtbar ist. Die dunklen, glänzenden Augen sind heller und matt geworden, das rabenschwarze Haar weiß, die weißen, perlenartigen Zähne schwarz und schadhaft, das schöne Oval des Gesichts mager und lang usw. [Hier fehlen zwei Blätter im Manuskript.]

Mein Lehrer [Joh. Georg Gottl. Lehmann, Organist an der Nikolaikirche] gab zu seinem Besten jährlich den Tod Jesu in der Nikolaikirche, und in diesem Jahre ging ich hin, weil er eben mein Lehrer war. Kaum hatte ich einen Sitz in einer Reihe mit der Kanzel genommen, als ich den Belitzer Jüngling erblickte; er stand angelehnt unter der Kanzel und sah mich mit unverwandtem Blicke an; daß meine Aufmerksamkeit jetzt mehr auf ihn als auf die Musik gerichtet war, läßt sich denken. Beim Hinausgehn aus der Kirche sah ich ihn an meiner Seite, er redete mich an, indem er mich fragte, ob ich mich wohl erinnere, ihn gesehn zu haben. »O ja«, war meine Antwort, »Sie stehn auch in meinem Tagebuch.« Das schien mir zuviel, und ich setzte schnell hinzu: »Es war meine erste Reise, und da habe ich alles, was ich sah, Mensch und nicht Mensch, bemerkt.«

Wenige Tage nach diesem Wiedersehn kam der Staatsrat Kunth zu uns und bat um die Erlaubnis, einen jungen Freund, den Sohn von Sophie La Roche, einführen zu dürfen. Das geschah denn nach wenigen Tagen, und ich war nicht wenig erstaunt, meinen Belitzer Jüngling in dem Eingeführten zu erblicken. Er kam oft, und wir wurden Freunde, ohne daß ich mich erinnere, daß irgendein leidenschaftliches Gefühl sich hineingemischt hätte. In der Nähe meiner Wohnung wurden Vorlesungen gehalten, denen Karl beiwohnte und einer seiner Freunde, und es ist mir wohl zu verzeihen – ich war fünfzehn Jahre alt –, wenn ich am Fenster war, wenn die Vorlesungen zu Ende waren, um K. vorbeigehn zu sehn. Nach einem Jahre verließ er Berlin. H. hielt mehrere Jahre hintereinander Vorlesungen über Experimentalphysik und mit vielem Beifall. Die Vorlesungen waren von vielen Vornehmen besucht und führten viele Fremde ins Haus. Der Ruf dieser Vorlesungen machte, daß man H. um mancherlei dahin Gehöriges um Rat frug, so auch um die damals erst aufkommenden Blitzableiter, und eines Tages kam der jetzige Geheimrat Kunth, dann der Hofmeister in einem vornehmen Hause, um H. wegen eines Blitzableiters, der in Tegel errichtet werden sollte, um Rat zu fragen. Diese Angelegenheit führte ihn oft zu uns, und er brachte bald seine beiden Zöglinge Wilhelm und Alexander von Humboldt mit sich, sechzehn bis siebzehn Jahre alt, diese beiden in der Folge so höchst merkwürdig gewordenen Menschen. Schon sehr früh zeichneten sie sich durch Geist und Kenntnisse aus, sie waren lebendig, witzig, artig und sehr liebenswürdig, und ich sah sie sehr oft bei uns und gewiß in jeder Woche einen Abend in einer Lesegesellschaft, die eingerichtet ward und die aus den damals gescheitesten, ausgezeichnetsten Leuten bestand: Dohm, Engel, Klein, H. Zöllner und uns dazugehörigen Frauen. Kunth und die Humboldts waren auch dabei.

Im Sommer waren wir im Bauerschen Garten, im Winter auf dem Schloß. Wir jüngeren Leute spielten allerlei Spiele im Freien, zu denen sich indes auch oft die älteren gesellten, doch ward aber jedesmal gelesen, kleinere und größere Aufsätze, theatralische Sachen usw.; auch wir Frauen lasen, und weil ich schön war, fand man auch, daß ich schön las. Im Winter tanzten wir nach dem Abendessen, und Alex. Humboldt lehrte mich das Menuett *à la reine*. So lebten wir ein ganzes Jahr auf hochvergnügliche Weise miteinander, von manchem geistigem Nutzen für alle. Der Eindruck, den ich auf Wilhelm gemacht, entging mir nicht, auch schrieben wir einander, ich ihm sehr ruhig, denn ich war es, er mir weniger so, doch wäre es nicht zur Leidenschaft in ihm gekommen, wäre ich zurückhaltender gewesen, so wie überhaupt weder irgendeine Art von Verhältnis noch auch, was man den Hofmachen nennt, stattfinden kann, wenn die Frau nicht entweder darauf eingeht oder doch geschehn läßt, was sie nicht sollte geschehn lassen. Jede Frau hat es in ihrer Gewalt, den sich ihr nähernden Mann, auf wie feine, geistige Weise er es auch tue, von sich entfernt zu halten, denn sieht er, daß es ihr wahrer Ernst ist, daß er fernbleibe, so bleibt er es auch, und die entstehende Neigung oder auch Leidenschaft geht in sich selbst zurück, und hiermit habe ich mir mein Urteil gesprochen, denn meine Eitelkeit allein war schuld, daß so viele Männer aller Art und aller Stände mir den Hof machten und in heftiger Leidenschaft entbrannten.

Den 27. August 1829. Ich beschließe diese Zeilen hiermit, die ich weiter ausführen wollte; wozu das Leben mich durch den Umgang mit ausgezeichneten Menschen gemacht hat, dafür danke ich allein Gott. Eine lange Reihe von Jahren lebte ich mit allen den vorzüglichen Menschen Berlins in geselligem Verkehr; einige nur will ich nennen: Gentz, Brinckmann, Leuchsenring, Graf Bernstorff, Ancillon waren ständig Gäste eines kleinen Teekränzchens. Die beiden Humboldts, Dohm, Klein, Engel, Zöllner in jener obenbenannten Lesegesellschaft, die wie jenes Teekränzchen durch hinzukommende Fremde vergrößert wurde, wie das durch La Roche und C. Dohm geschah. Später entstand die Feßlersche Lesegesellschaft, woran Künstler und Staatsmänner, Gelehrte und Frauen teilnahmen. Mehrere von diesen kamen in unser Haus, so wie fast jeder an

Geist bedeutende Fremde es besuchte. Zu den früheren großen Gesellschaften gehört auch ein Kränzchen, das wir mit Nicolai, Klein, Görke und einigen andern hatten, wozu jeder im Hause eingeführte Fremde eingeladen wurde. Herzens großer Ruf als Arzt führte ihm viele Fremde zu, so wie seine ausgebreitete Praxis uns mit vielen Leuten in Verkehr brachte, da H. s Verstand und Witz ihn zu einem sehr angenehmen Gesellschafter machte. Er hatte es gern, wenn wir oft eingeladen waren, und er hatte fern von aller Eifersucht seine große... [Mit diesen Worten endet das Manuskript.]

Marcus Herz und das Haus

Henriette Herz
Kupferstich von Albert Teichel
nach einem Gemälde von A. Graff

Herz, der auf Veranlassung des sehr wissenschaftlichen Kaufmanns David Friedländer und in dessen Begleitung von Königsberg nach Berlin gekommen war, hatte außer der Heilkunde auch Philosophie studiert. Er hatte schon in Königsberg einige scharfsinnige philosophische Schriften verfaßt und war Kants geliebter Schüler. Seine frühe Jugendzeit hatte er in sehr beschränkten Verhältnissen und in sehr gewöhnlicher Umgebung zugebracht, die spätere bloß in wissenschaftlichem Umgange. So lernte er eigentlich weder Menschen noch Welt kennen, und sein Geist wurde in viel höherem Grade ausgebildet als sein Charakter.

Schon in Königsberg hatte er viel von der Bildung gehört, welche in Berlin durch alle Stände verbreitet sei, und so kenntnisreich er war, so trat er doch aus diesem Grunde seine Reise hierher mit einer gewissen Bangigkeit an. Die Antwort eines Schusterburschen sollte ihn sehr bald in seiner Furcht bestärken. Er hatte unterwegs einen seiner Pantoffeln verloren, und kaum hier angekommen, bestellte er sich einen anderen genau nach dem Muster des übriggebliebenen. Diese Bedingung fand sich jedoch keineswegs erfüllt, als der neue Pantoffel ankam, und er fragte etwas erzürnt den Überbringer, den Burschen des Schuhmachers, ob er wohl in der Tat der Meinung sei, daß dieser Pantoffel dem anderen völlig gleiche? – So auffallend nun auch die Ungleichheit war, so brachte dies den Jungen doch nicht einen Augenblick in Verlegenheit. Er maß vielmehr Herz mit keckem Blicke von oben bis unten, und sprach dann: »Sie wissen wohl noch nicht, liebes Herrchen, daß es in der ganzen Welt nicht zwei völlig gleiche Dinge gibt?« – Herz sprang ganz verblüfft vom Stuhle auf, zahlte schweigend den Pantoffel und ließ eine ziemliche Zeit vergehn, bis er sich in eine Berliner Gesellschaft wagte.

Indes wurde er bald inne, daß er auch die geistreichste nicht zu scheuen habe. Nicht nur sein Wissen machte ihn für eine jede geeignet, sondern auch sein stets bereiter Witz, der ihm die schlagendsten, wenngleich bisweilen wenig schonenden Repliken eingab, die bald in der ganzen Stadt umliefen.

Schon zur Zeit unserer Verheiratung war Herz ein geachteter Arzt. Bald wurde er ein sehr gesuchter, und dies brachte uns in gesellige Beziehungen zu vielen, größtenteils sehr achtbaren Familien, welche er ärztlich behandelte. In kurzem fing er auch an, in unserer Wohnung philosophische Kollegia zu lesen, zu welchen sich ein sehr gewähltes Publikum einfand. Diese hatten um so mehr eine förderliche Ausdehnung unserer Verbindungen zur Folge, als er die tüchtigeren und ihm interessanteren unter seinen Zuhörern bisweilen zum Abendessen einlud. Später traten noch sehr beifällig aufgenommene Vorlesungen über Experimental-Physik hinzu, in welchen er durch vortreffliche Instrumente und Apparate unterstützt wurde. Sie wurden von Personen aus den höchsten Ständen besucht, sowohl Wißbegierigen als allerdings auch bloß Neugierigen, und führten unseren Gesellschaften viele der ausgezeichnetsten Notabilitäten zu. Diesen Vorträgen wohnten selbst die jüngeren Brüder des Königs [Friedrich Wilhelm III.] bei, und auch den damals etwa fünfjährigen Kronprinzen brachte dessen Erzieher Delbrück mit sich, um ihn einige interessante Experimente sehen zu lassen. Ich erinnere mich, selbst für den kleinen Prinzen einige mit Phosphor angestellt zu haben.

Unter so begünstigenden Umständen bildete sich unser Haus, von welchem ich ohne Übertreibung sagen kann, daß es in nicht langer Zeit eines der angenehmsten und gesuchtesten Berlins wurde. Zog Herz durch sein geistreiches Wesen sowie als berühmter Arzt an, so ich – die Zeit liegt jetzt weit hinter mir – durch meine Schönheit. Doch ich will nicht ungerecht gegen mich sein. Ich hatte wenigstens Sinn für alles Wissenschaftliche. Es gab kaum eine Wissenschaft, in welcher ich mich nicht einigermaßen wenigstens umgesehen hätte, und einige trieb ich ernstlich, so Physik und späterhin mehrere Sprachen.

Herz war ein scharfer Kritiker. Es gehörte nicht viel dazu, daß er ganze Werke der Unklarheit beschuldigte. Oft und gern führte er einen Ausspruch von Malebranche an, daß es eine ganze Klasse sehr fruchtbarer Autoren gebe, in deren Werken sich kaum eine Stelle finde, von welcher man behaupten könne, daß sie selbst sie verstanden hätten.

Das Erscheinen von Goethes Götz und Werther bezeichnete einen Wendepunkt in der schönen Literatur. Es ist begreiflich, daß ein solcher zugleich eine allgemeine literarische Parteiung zur Folge haben mußte. Sie fehlte selbst in unserer Ehe nicht. Mich, die junge, mit lebhafter Phantasie begabte Frau zog alles zu der neu auftauchenden Sonne, zu Goethe, hin. Mein Mann, älter, mit Lessing persönlich befreundet, in diesem nicht nur den größten Kritiker der

Deutschen, sondern, in Widerspruch mit Lessings eigener Ansicht, einen großen Dichter achtend, wies selbst in der schönen Literatur alles zurück, was nicht mit Lessingscher Klarheit und Durchsichtigkeit geschrieben war. Er teilte diesen Sinn mit mehreren seiner Freunde, unter anderen mit David Friedländer. Als dieser eines Tages mit der Bitte, ihm eine dunkle Stelle in einem Goetheschen Gedichte zu erklären, und die stille Hoffnung im Herzen, er werde es nicht vermögen, zu ihm kam, wies er ihn mit den Worten an mich: »Gehn Sie zu meiner Frau; die versteht die Kunst, Unsinn zu erklären!«

Als einst Karl Philipp Moritz eben bei mir war, trat Herz, Goethes Gedicht »Der Fischer« in der Hand, zu mir ein. – »Kühl bis ans Herz hinan!« rief er. »Erkläre mir doch gefälligst einer, was das hier sagen will!« – »Aber wer wird dies Gedicht auch da verstehn wollen!« erwiderte Moritz, den Zeigefinger auf die Stirn legend. – Herz sah ihn groß an. – Es gibt gewiß vieles in der Poesie, was nur demjenigen verständlich ist, welcher gleiches oder doch ähnliches selbst empfunden hat, und ich darf sagen, daß Herz nicht vieles solcher Art empfunden hatte.

Mit dem Auftauchen der romantischen Schule steigerten sich nun vollends meine ästhetischen Leiden. Hier war für Herz alles unwahr oder unverständlich. Aber den Höhepunkt erreichten sie mit Novalis. Für die Mystik hat freilich die bloße Wissenschaftlichkeit kein Organ. Und dazu kam, daß auch mir allerdings in den Schriften dieses Dichters manches unverständlich blieb, wenngleich ich seinen Geist und sein Streben im ganzen wohl begriff. Herz, der eben in Novalis' Schriften nur blätterte, um seinen Witz an ihnen zu üben, wußte meisterlich eben solche Stellen aufzufinden. Eines Tages las er mir wieder eine solche vor und wollte sie von mir erklärt haben. Nach einigen vergeblichen Versuchen mußte ich gestehn, daß ich sie nicht verstände. – »Aber du meinst wohl etwa« – sprach Herz mit einem sehr sarkastischen Lächeln –, »daß das Männchen selbst sie verstanden hat?«

So sehr Herz die Geselligkeit liebte, so suchte er doch eigentlich nur Erholung von seiner Tätigkeit in ihr. Denn diese war in der Tat unermüdlich, und er erachtete nichts feindlicher gegen sich, als was ihn an ihr hinderte. Daher vor allem die Migräne, an welcher er oft litt. Er trotzte ihr, so lange es irgend möglich war. War sie jedoch heftig genug, um ihn von seinen Berufsgeschäften abzuhalten, so stieg seine Ungeduld und sein Ärger, sie nicht überwinden zu können, aufs höchste. – »Aber«, rief er einmal in einem solchen Anfall dieses Übels, »wie ist es nun, wenn ein Feldherr am Tage einer Schlacht, die über das Schicksal eines Staates entscheidet, von solcher Migräne befallen wird?«

*Zur Geschichte der Gesellschaft
und des Konversationstones in Berlin*

Abendgesellschaft um 1810

Mit Moses Mendelssohn war das Streben, sich deutsche Bildung und Gesittung anzueignen, in den Juden Berlins und namentlich in der jüngeren Generation erwacht. Die Männer wendeten sich, durch ihn angeregt, philosophischen Studien zu. Aus diesen Bestrebungen gingen allerdings sowohl philosophisch gebildete Männer, wie z. B. David Friedländer, als tüchtige Philosophen von Fach, wie Salomon Maimon, Bendavid und andere hervor. Da jedoch die Philosophie von ihren Jüngern wissenschaftliche Vorbildung, geistige Tiefe und bedeutende Opfer an Zeit fordert, die meisten damaligen Juden aber Kaufleute waren und ihren Handelsgeschäften mit Eifer oblagen, so ist es begreiflich, daß ein Teil bald von diesem Studium gänzlich abließ, ein anderer es doch sehr dilettantisch betrieb. Die Frauen wendeten sich, teils durch Mendelssohn persönlich, teils durch seine Aufsätze in den »Briefen, die neueste Literatur betreffend« und in der »allgemeinen deutschen Bibliothek« veranlaßt, mit dem Feuer, mit welchem lebhafte Naturen ihnen bis dahin gänzlich Unbekanntes erfassen, der schönen Literatur zu. Ihnen standen natürlich in diesen Bestrebungen viel weniger Hindernisse entgegen als den Männern in ihren philosophischen. Die größten waren diejenigen, welche manchen von ihnen durch ihre Eltern entgegengesetzt wurden. Denn diese sahen nicht nur in einer deutschen Bildung zugleich eine auf christlichem Boden ruhende, sondern waren auch jeder Beschäftigung ihrer Kinder abhold, welche diese, ohne einem äußeren Berufe zu dienen, von dem Kreise und den Interessen der bis dahin patriarchalisch gestalteten Familie abziehen konnte. Aber der Widerstand wurde nur zu einer neuen Anregung. Die reicheren Juden, schon durch ausgebreitete Geschäftsbeziehungen in manchen Berührungen mit Christen, waren in dieser Hinsicht die läßlichsten.

Zuerst war es die am drastischsten wirkende Poesie, die dramatische, mit welcher man sich vorzugsweise beschäftigte. In den Häusern der reicheren Juden wurden bereits in meiner Kindheit Schauspiele aufgeführt. Schon etwa in meinem neunten Jahre, also ungefähr um 1773, wohnte ich, wie ich früher erzählt habe, in dem Hause eines jüdischen Bankiers der Darstellung eines Trauerspiels bei. Es war dies »Richard der Dritte« – von welchem Verfasser weiß ich nicht mehr [Wahrscheinlich von C. S. Weiße. Sein Richard III. war damals ein sehr beliebtes und selbst von Lessing in seiner

»Hamburgischen Dramaturgie« in vielen Beziehungen sehr gelobtes Stück] –, und die Töchter des Hauses hatten in demselben die weiblichen Hauptrollen übernommen. Der Eindruck dieser ersten dramatischen Vorstellung, welche ich überhaupt sah, wurde ein unauslöschlicher. Später war das Lesen mit verteilten Rollen sehr an der Tagesordnung und blieb es bis in das erste Jahrzehnt dieses Jahrhunderts hinein. Aber man war bald nicht bei der dramatischen Literatur stehengeblieben. Man suchte sich mit der deutschen schönen Literatur in ihrem ganzen Umfange bekanntzumachen, und eine besondere Gunst des Geschickes wollte, daß die Blütezeit derselben eben damals begann. Ihre Meisterwerke wurden mit uns, und es ist etwas anderes, eine große Literaturepoche zu erleben, schon was das Interesse an ihren Erzeugnissen und das Verständnis derselben betrifft, und an dem ersten Urteil über die letzteren mitzuarbeiten, als wenn sie als ein Abgeschlossenes nebst den fertigen Urteilen über sie und ihre Werke überkommen.

Der daneben noch fortdauernde Einfluß der französischen Literatur auf einen Teil der deutschen führte bald auch auf sie hin. Noch lebte Voltaire im Anfange der Epoche, von welcher ich spreche, ja er schrieb noch, und kein Name hatte einen Klang gleich dem seinen. Die französische Sprache war von den Töchtern der wohlhabenden Juden schon etwas früher, wie oberflächlich auch immer, betrieben worden. Die Alten hatten aus Gründen der Nützlichkeit nichts dagegen; sie war eine Sprache, durch welche man sich in allen zivilisierten Ländern verständlich machen konnte. Die Töchter hatten freilich meist ganz andere Gründe. Sie bezweckten hauptsächlich, ungeniert und in der Modesprache mit den Hofkavalieren und hübschen jungen Offizieren zu konversieren, die das Geld, welches sie von den Vätern erborgten, oft nur durch die Aufmerksamkeit bezahlten, welche sie den Töchtern erwiesen. Jetzt aber wurde sie aus besseren Gründen mit Eifer studiert, man wollte sich befähigen, die älteren und neueren Schriftsteller Frankreichs in der Ursprache zu lesen.

Aber doch hatte damals schon Lessing die dramatische Poesie der Franzosen mit seiner hellen kritischen Leuchte beleuchtet und zugleich die Aufmerksamkeit auf Shakespeare gelenkt. Die Übersetzungen der Dramen des letzteren, welche man vor der Schlegelschen besaß, waren weniger geeignet zu befriedigen, als auf die

Quelle hinzuleiten, und um dieser Weisung genügen zu können, suchte man sich Kenntnis der englischen Sprache zu erwerben. Sie eröffnete zugleich den Zugang zu manchen Romanen der Zeit, welche der Liebesschwärmerei der jugendlichen Mädchenherzen süße Kost boten. Und daß ich es gestehe, wir hatten alle selbst einige Lust, Romanheldinnen zu werden. Keine von uns, die nicht damals für irgendeinen Helden oder eine Heldin aus den Romanen der Zeit schwärmte, und obenan stand darin die geistreiche, mit feuriger Einbildungskraft begabte Tochter Mendelssohns, Dorothea. Aber auch an Wissen und geistiger Fähigkeit stand sie obenan.

Auch die Kenntnis der italienischen Dichter in der Ursprache eröffneten sich mehrere aus unserm Kreise, der allgemach um so mehr nun auch schon junge Ehefrauen enthielt, als die jüdischen Mädchen damals sehr früh heirateten. Da nun manche der jungen Ehepaare ihr Haus den beiderseitigen Bekannten eröffneten, so wurde dies Gelegenheit, daß der Geist, welcher sich durch die Beschäftigung der Frauen mit der Literatur, ihre Unterhaltung darüber, und die Ideen, welche sich durch beide in ihnen erzeugten, gebildet hatte, zur Kunde und Teilnahme weiterer Kreise gelangte. Und dieser Geist war in der Tat ein eigentümlicher. Er war allerdings einerseits aus der Literatur der neueren Völker hervorgegangen, aber die Saat war auf einen ganz ursprünglichen, jungfräulichen Boden gefallen. Hier fehlte jede Vermittlung durch eine Tradition, durch eine von Geschlecht zu Geschlecht sich fortpflanzende, mit dem Geist und dem Wissen der Zeit Schritt haltende Bildung; aber auch jedes aus einem solchen Bildungsgange erwachsene Vorurteil.

Einer solchen Natur dieses Geistes und dem Bewußtsein derselben in seinen Trägerinnen ist die Üppigkeit, der Übermut, ein sich Hinaussetzen über hergebrachte Formen in den Äußerungen desselben zuzuschreiben; aber er war unleugbar sehr originell, sehr kräftig, sehr pikant, sehr anregend, und oft bei erstaunenswerter Beweglichkeit von großer Tiefe. Die höchste Blüte dieses Geistes offenbarte sich etwas später in Rahel Levin. Sie war etwa sechs Jahre jünger als ich und die meisten meiner Freundinnen, aber die Wärme ihres Geistes und Herzens im Verein mit dem Unglück hatten sie früh gereift. Ich habe sie von ihrer ersten

Kindheit an gekannt und weiß, wie früh sie die hohen Erwartungen rege machte, welche sie später erfüllte.

Die christlichen Häuser Berlins boten andererseits nichts, welches dem, was jene jüdischen an geistiger Geselligkeit boten, gleichgekommen oder nur ähnlich gewesen wäre. Allerdings gab es auch schon damals hier Männer der Wissenschaft, wenngleich Berlin erst dreißig bis vierzig Jahre später eine Universität erhielt. Aber diese blieben, nachdem sie den größten Teil des Tages ihren Studien und ihren Amtsgeschäften gewidmet hatten, entweder zurückgezogen im engsten Kreise ihrer Familie oder trafen einander an irgendeinem öffentlichen Orte, wo sie bei einem Glase Bier sehr ernst und sehr pedantisch über gelehrte Gegenstände diskutierten, und ein sogenannter Montags-Club, dessen Teilnehmer aus den geistigen Notabilitäten der Stadt bestanden, brachte es damals selten nur auf zehn Mitglieder. Ihre Frauen hätten ihrer Eigenschaft als gute und ehrsame Hausfrauen Eintrag zu tun geglaubt, wenn sie geistigen Interessen irgend Raum in sich gegönnt hätten, und nächstdem wäre deren Gegenwart bei den gelehrten Gesprächen ihrer Eheherren diesen eine Störung geworden, hätte sie ihnen nicht gar eine Profanation ihres Heiligtums der Wissenschaft geschienen. – Zu den wenigen, welche bisweilen geladene Gesellschaft bei sich sahen, gehörte Nicolai. Er war auch gastfreundlich gegen fremde Gelehrte, so wie er denn auch später an einem Kränzchen teilnahm, welches sich abwechselnd bei dem Juristen Klein, dem General-Chirurgus Görcke, in unserem Hause und in dem einiger anderer Freunde versammelte, zu welchem auch jeder in das Haus des jedesmaligen Wirts eingeführte Fremde geladen wurde und welches für die damalige höhere Gesellligkeit Berlins nicht ohne Bedeutung war: Aber ein eigentliches Haus machte auch Nicolai nicht, ungeachtet er die Mittel dazu besessen hätte. Nur von einem Gelehrten Berlins läßt sich sagen, daß er ein Haus machte, wenn man es nämlich als ein Kennzeichen eines solchen betrachtet, daß Freunde und Eingeführte auch ungeladen guten Empfanges sicher sind, und dieser eine gehörte seinem äußeren Berufe nach dem Kaufmannsstande an. Es war Moses Mendelssohn. Das Haus dieses trefflichen Mannes, dessen Einkünfte als Disponent in einer Seiden-warenhandlung im Verein mit dem Ertrage seiner schriftstelleri-schen Arbeiten immer noch wenig bedeutend waren und welchem die Sorge für sechs Kinder oblag, war dennoch ein offenes. Selten berührte ein fremder Gelehrter Berlin, ohne sich bei ihm einführen zu lassen. Seine und der Seinigen Freunde kamen ungeladen, daher auch die geistreichen Freundinnen der Töchter des Hauses. Fehlten alte orthodoxe Juden ebenfalls nicht, gegen welche Mendelssohn sich stets als ein freundlich gesinnter Glaubensgenosse erwies, so waren es doch die intelligentesten der Stadt. Und Mendelssohn übte diese ausgedehnte Gastfreundschaft, ungeachtet die Familie sich ihrethalben große Beschränkungen auferlegen mußte, wobei dennoch die materiellen Genüsse, welche sein Haus den Gästen bot, die Grenzen strengster Mäßigkeit nicht überschreiten durften. Ich wußte, als genaue Freundin der Töchter, daß die würdige Hausfrau die Rosinen und Mandeln, damals ein Naschwerk *de rigueur*, in einem bestimmten Verhältnis je nach der Zahl der Gäste in die Präsentierteller hineinzählte, bevor sie in das Gesellschaftszimmer gebracht wurden. – Aber Mendelssohns Haus war immer nur eines und konnte nicht das geistige Bedürfnis vieler befriedigen.

Von einem christlichen bürgerlichen Mittelstande, welchem andere geistige Interessen innegewohnt hätten als diejenigen, welche der äußere Beruf etwa anregte, war damals hier noch nicht die Rede. Es gab da viele ehrenwerte Familientugenden, aber jedenfalls noch mehr geistige Beschränktheit und Unbildung. Der höhere christliche Kaufmannsstand zählte nur noch wenige Mitglieder, und es stand hier in geistiger Beziehung nicht viel anders. In den Häusern desselben wurden wohl große prächtige Gastmähler und Feste gegeben, die Töchter der Häuser wurden in dem verweichlichendsten Luxus erzogen, aber von Bildung ward nur der äußerlichste Firnis angestrebt. Von dem Beamtenstande war der niedere bei geringen Einkünften mit Amtsgeschäften überhäuft, die Not in den Bureaus und die Not im Hause, durch die oft zahlreiche Familie verursacht, drückte jede etwa erstrebte geistige Erhebung sofort nieder. – Die hohen Zivil- und Militärbeamten teilten das Geschick des Hofes, welchem der bei weitem größte Teil durch adlige Geburt angehörte und welchem eine geistreiche und anregende Geselligkeit gänzlich abging.

Das letztere war erklärlich genug. In einem monarchischen Staate kann nur der gesellige Kreis des Herrschers den Mittelpunkt für die Geselligkeit des Hofes bilden. Und an einem solchen fehlte es eben

50

unter der Regierung Friedrichs des Großen sowie unter der seines Nachfolgers. Den Umgang des ersteren bildete nur eine kleine Anzahl von Freunden, meist Franzosen. Wenige andere Personen, selbst vom Hofe, wurden zugezogen, und von einer aus Herren und Damen gemischten Gesellschaft war da nicht die Rede. Die Königin aber lebte getrennt von ihm in fast gänzlicher Zurückgezogenheit im Schlosse zu Schönhausen und kam nur mitunter zu Haupt- und Staatsaktionen nach Berlin. Unter seinem Nachfolger konnten die anderweitigen Verbindungen des Königs der Gemahlin desselben wenig Veranlassung sein, ihren Sinn für ruhige Bequemlichkeit zu überwinden, die Kreise des Königs aber konnten eben jener Verbindungen halber nicht der Mittelpunkt einer höheren Geselligkeit werden. Da gab es hergebrachte große Hoffeste, Couren, vorschriftsmäßige Assemblen bei den hohen Zivil- und Militärbeamten zur Karnevalszeit und tödliche Langweile, namentlich für die jungen Edelleute.

Diesen wehte von Frankreich schon die revolutionäre Luft entgegen, welche die Schriften der Enzyklopädisten angefacht hatten, in Deutschland hatte ihnen Goethe die Ahnung einer neuen geistigen Zukunft erschlossen, was konnten ihnen jene Gesellschaften bieten, was selbst das Haus, sogar wenn man in diesem nicht ohne geistige Interessen war! Hier waren Haller, Hagedorn, Gellert, Ewald von Kleist und die dramatischen Schriftsteller à la Gottsched und Bodmer noch die Heroen der deutschen schönen Literatur. Lessing war dort schon ein freigeistiger Neuerer. – Auch in den Familienkreisen Geistlosigkeit und Langeweile! – Wenn Alexander v. Humboldt in jenen Jahren einer gemeinschaftlichen Freundin und mir von dem seiner Familie gehörenden Schlosse Tegel aus schrieb, datierte er den Brief gewöhnlich von: Schloß Langeweile. Freilich tat er dies meist nur in solchen Briefen, welche er in hebräischen Schriftzügen schrieb, denn in dieser Schrift hatte ich ihm und seinem Bruder Wilhelm den ersten Unterricht erteilt, den später ein anderer auf sehr erfolgreiche Weise fortsetzte, und sie schrieben sie trefflich. In Briefen, deren Inhalt jedem zugänglich gewesen wäre, kundzugeben: man unterhalte sich besser in Gesellschaft jüdischer Frauenzimmer als auf dem Schlosse der Väter, war damals für einen jungen Edelmann doch nicht ganz unbedenklich!

War es aber zu verwundern, daß, als inmitten solcher gesellschaftlichen Verhältnisse, oder eigentlicher Mißverhältnisse, eine geistreiche Geselligkeit sich bot, sie trotz der damals gegen die Juden herrschenden Vorurteile begierig von denjenigen ergriffen wurde, welche überhaupt auf dem Wege mündlichen Ideen-Austausches geistige Förderung suchten? Nicht minder begreiflich aber ist es, daß es unter den Männern die jüngeren waren, welche sich zuerst diesen Kreisen näherten. Denn der Geist, welcher in diesen waltete, war der einer neuen Zeit, und nächstdem waren die Trägerinnen desselben durch eine Gunst des Zufalls zum Teil sehr schöne junge Mädchen und Frauen. Und ebenso lag es in den Verhältnissen, daß zuerst der strebende Teil der adligen Jugend sich anschloß, denn der Adel stand in der bürgerlichen Gesellschaft den Juden zu fern, um selbst, indem er sich unter sie mischte, als ihresgleichen zu erscheinen.

Freilich aber änderten sich innerhalb unseres Kreises die Verhältnisse früh genug. Der Geist ist ein gewaltiger Gleichmacher, und die Liebe, welche hin und wieder auch nicht unterließ sich einzumischen, wandelte oft den Stolz gar in Demut. Höfisches Wesen vollends hätte sich hier, wo Zwanglosigkeit eine Lebensbedingung war, bald der Satire ausgesetzt gesehen. Sie richtete sich ohnedies schon gegen die ganze Klasse des Hofadels mit seinem kalten, steifen Formenwesen. Da der Hof damals aber viel um allerlei Prinzen und Prinzchen trauerte, die niemand kannte, auch er selbst nicht, und man ihn daher kaum anders als mit sogenannten Pleureusen sah, so wurde der Hofadel in unserem Kreise gewöhnlich durch den Spitznamen »Pleureusenmenschen« bezeichnet.

In diesen Kreis war nach und nach wie durch ein Zauber alles hineingezogen, was irgend Bedeutendes von Jünglingen und jungen Männern Berlin bewohnte oder auch nur besuchte. Denn Selbstbewußtsein und Lebensfrische duldeten nicht, daß das einmal aufgesteckte Licht unter den Scheffel gestellt würde, und schon leuchtete es daher in weitere Fernen. Auch geistesverwandte weibliche Angehörige und Freundinnen jener Jünglinge fanden sich allgemach ein. Bald folgten auch die freisinnigen unter den reiferen Männern, nachdem die Kunde solcher Geselligkeit in ihre Kreise gedrungen war. Ich meine, *pour comble* wurden wir zuletzt Mode, denn auch die fremden Diplomaten verschmähten uns nicht.

Und so glaube ich nicht zuviel zu behaupten, wenn ich sage, daß es damals in Berlin keinen Mann und keine Frau gab, die sich später irgendwie auszeichneten, welche nicht längere oder kürzere Zeit, je nachdem es ihre Lebensstellung erlaubte, diesen Kreisen angehört hätten. Ja die Grenze ist kaum bei dem Königlichen Hause zu ziehen, denn auch der jedenfalls geniale Prinz Louis Ferdinand bewegte sich später viel in denselben. Rahels Briefwechsel, soweit er erschienen ist, kann einigermaßen zum Belege meiner Behauptung dienen. Ich sage einigermaßen, denn waren gleich die Freunde und Freundinnen, an welche ihre Briefe gerichtet, und die, welche in denselben erwähnt sind, mehr oder minder auch die der Genossen dieser Gesellschaft, so würde doch die vollständige Veröffentlichung desselben gewiß noch mehr bedeutende, ihr befreundete Persönlichkeiten vorführen; und nächstdem stand sie zu mehreren, einer etwas früheren Zeit angehörenden, nicht in Beziehung. Ja ebensowenig fürchte ich zu übertreiben, wenn ich ausspreche, daß der diesen Kreisen entsprossene Geist in die Gesellschaft selbst der höchsten Sphären Berlins eindrang, denn schon die äußere Stellung vieler, welche ihm angehörten, macht dies erklärlich. Nächstdem aber fand dieser Geist fast überall leere Räume.

Dorothea Schlegel

Am 24. Okt. 1763 wird Dorothea als erstes Kind des Philosophen Moses Mendelssohn in Berlin geboren. 1783 wird sie mit dem Bankier Simon Veit verheiratet. Aus dieser Ehe gehen zwei Söhne hervor: die späteren Maler Philipp und Johannes Veit. 1797 lernt Dorothea im Salon von Henriette Herz Friedrich Schlegel kennen und lieben. Henriette vermittelt zwischen den Eheleuten und erreicht Veits Zustimmung zur Scheidung, die 1799 ausgesprochen wird. Dorothea bezieht eine eigene Wohnung. Schlegel veröffentlicht 1799 seine *Lucinde*, die allgemein als frühromantischer Rechtfertigungsversuch eines unsittlichen Lebenswandels interpretiert wird und entsprechendes Aufsehen erregt. 1801 erscheint ihr Roman *Florentin*. 1804 heiraten sie; im gleichen Jahr Übertritt zum Protestantismus, 1808 zum Katholizismus. Nach dem Tode Friedrich Schlegels im Jahre 1829 zieht Dorothea nach Frankfurt in das Haus ihres Sohnes Philipp, wo sie am 3. August 1839 stirbt.

*Dorothea Schlegel
Gemälde von A. Graff, um 1800*

Moses Mendelssohn lebte streng nach dem mosaischen Gesetze. Die Leute glaubten jedoch den vertrauten Freund Lessings zu »aufgeklärt« und »vernünftig«, als daß es ihm um das Judentum Ernst sein könne. Ihrer Ansicht nach hielt er die jüdischen Gesetze und Gebräuche nur, weil er anderenfalls das Vertrauen seiner Glaubensgenossen verloren hätte und sein Zweck, sie aufzuklären, dadurch vereitelt worden wäre. Ich bin anderer Ansicht über ihn. Eben die Duldung und Nachsicht, mit welchen er auch die sogenannten Freidenker ertrug, sind mir ein Beweis für die innere Wahrhaftigkeit des ebenso weisen als milden Mannes, der Gott im Herzen trug, und sprechen mir dafür, daß er in der Tat auf dem Wege des Judentums zu ihm zu gelangen hoffte. Im Judentum erzogen, ohne Glauben für das Christentum, an welches er daher nur den Maßstab seiner Philosophie anlegte, lebte er gläubig in dem ersteren fort und hielt darauf, daß sein Haus nach jüdischen Gesetzen und Gebräuchen geführt wurde und seine Kinder Unterricht im Judentum erhielten. Indes blieben diese in einer Zeit des religiösen Indifferentismus, wie dies namentlich die spätere Zeit Mendelssohns schon war, nicht lange innerlich Juden. Die Freunde des Hauses, zum großen Teil sogenannte aufgeklärte Juden und Christen, d. h. eigentlich bloße Deisten, trugen eben auch nicht dazu bei, den Kindern einen anderen Sinn einzuführen als den, welcher im Geiste der Zeit lag, und um so weniger, als diese Freunde aus ihrem eigenen Inneren die Ansicht schöpften, daß der Vater es mit dem Judentume nicht ernst meinen könne. – Da, wo das religiöse Element in den Kindern hätte wohnen können, blieb nun eine Leere. Aber begabte Naturen, die sie alle waren, machte sich in allen später das Bedürfnis rege, diese Leere auf irgendeine Weise auszufüllen. Bei mehreren von ihnen brach eben das lang unterdrückte religiöse Bedürfnis um so mächtiger durch, so bei meinen Freundinnen Dorothea und Henriette Mendelssohn, welche sich später dem Katholizismus mit Eifer zuwendeten.

Der sonst treffliche Mendelssohn beging doch das Unrecht, die Neigung seiner Töchter bei ihrer Verheiratung nicht zu Rate zu ziehen, wenngleich er ihnen auch nicht gerade einen Zwang in dieser Beziehung antat. Dorothea war die Gespielin meiner Kindheit gewesen. Sie war, ebenso wie ich, in jugendlichem Alter verheiratet worden. Mendelssohns Scharfblick sah in dem Manne, welchen er ihr bestimmt hatte, dem Bankier Veit, schon alle die trefflichen Eigenschaften im Keime, welche sich später in ihm entwickelten, aber der Tochter genügte eine Anweisung auf die Zukunft nicht, und der Vater irrte, wenn er meinte, daß sie den Mann so erkennen würde, wie er es vermochte. Wie sollte aber auch das etwa neunzehnjährige, lebendige, mit glühender Einbildungskraft begabte Mädchen, gebildet von einem solchen Vater – er hatte für sie und ihren ältesten Bruder eigens die »Morgenstunden« geschrieben –, erzogen in einem Hause, das von den vornehmsten wie von den geistig hervorragendsten Personen besucht wurde, einen Mann lieben, der, damals noch von sehr beschränkter Bildung, ihr nur als ein philiströser Kaufmann erschien und nicht einmal durch äußere Vorzüge ihr irgendeinen Ersatz bot, denn er war unschön von Gesicht und unansehnlich von Gestalt? Erst später trat die hohe Moralität des Mannes hervor, bildete sich seine wahrhaft edle Gesinnung aus und gab sich ein Streben nach geistiger Ausbildung bei ihm kund, in welchem er dann bis zu seinem Lebensende nicht nachließ. – Sie liebte ihn nicht, als sie ihm ihre Hand gab, sie lernte ihn niemals lieben, und auch als sie ihn erkannt hatte, lernte sie nur ihn achten. Ihr junges Leben ward in seiner Blüte geknickt.

Ich hatte sie seit ihrer Hochzeit aus den Augen verloren. Wenige Tage nach der meinen begegnete ich ihr auf der Straße. Wir sprachen viel in wenigen Augenblicken. Ich wußte nun zu meinem Schmerze, daß sie nicht glücklich war.

Die Voraussetzung jedoch, daß sie, so wenig innere Befriedigung sie in ihrem ehelichen Verhältnisse fand, der Neigung zu einem anderen Manne Raum gegeben hätte, würde eine durchaus irrige sein, und ebensowenig bot das äußerliche Leben des Ehepaars ein Bild der Uneinigkeit dar. Aber sie verzehrte sich, und ich sah sie so unglücklich, daß ich später selbst mit ihr von einer Trennung von ihrem Gatten sprach. Sie wies den Vorschlag jedoch mit Entschiedenheit zurück. Sie wollte um keinen Preis den Ihrigen, und namentlich ihrem Vater, der noch lebte, den Schmerz verursachen, mit welchem dieser Schritt sie erfüllen würde. – Auch die Geburt zweier Söhne, der späteren Maler Johann und Philipp Veit, vermochte nicht, dem Verhältnisse eine höhere Weihe zu verleihen.

Nun aber kam Friedrich Schlegel nach Berlin. Er war mir durch

Reichardt zugewiesen worden, und bei mir sah er seine nachherige Frau zum ersten Male. Doch sogleich bei diesem ersten zufälligen Zusammentreffen machte sie einen so gewaltigen Eindruck auf ihn, daß er selbst mir bemerkbar wurde. Nicht lange, und das Gefühl war ein gegenseitiges, denn Schlegel konnte in der Tat ein liebenswürdiger Mann genannt werden und mußte allen Frauen gefallen, welchen er gefallen wollte.

Jetzt aber wurde die Trennung in der Tat eine Notwendigkeit. Das Herz erfüllt von einem anderen Manne, welcher eine soviel geistreichere und glänzendere Erscheinung war als ihr Gatte, den sie nie geliebt hatte, wäre die Fortdauer des ehelichen Verbandes für Dorothea wahrhaft zu einer Pein geworden. Auch bestand das Hindernis nicht mehr, welches sie früher vermocht hatte, jeden Gedanken an eine Trennung abzuweisen: Ihr Vater war längst tot. Als aufrichtige Freundin beider Eheleute eignete ich mich am füglichsten dazu, die betreffende Verhandlung zu führen, und ich unterzog mich dem allerdings kritischen Geschäfte im Interesse beider.

Veit wollte anfangs von einer Trennung nichts wissen. Bei dem äußerlich durchaus einträchtigen, ja freundlichen Verhältnisse zwischen den Eheleuten hatte er kaum eine Ahnung von der inneren Unbefriedigung seiner Frau. Ich war genötigt, ihm einen Blick in ihr Inneres zu eröffnen, und dies hatte seine endliche Einwilligung zur Folge. Er handelte dabei auf das Großmütigste gegen sie, denn sie war ohne väterliches Vermögen, und er konnte dies bewirken, ohne den Schein von Großmut anzunehmen, indem er ihr den ältesten Sohn überließ und eine ansehnliche Pension für ihn zahlte. Später ließ er diesem auf die dringendsten Bitten der Mutter auch den zweiten nachfolgen, ich glaube nach Bonn hin. – Nie ließ er in seiner lebendigen Teilnahme für seine frühere, in der Tat hochbegabte Gattin nach. Er sah sie nachmals öfter, einmal unter anderm in Dresden, und wann es dem Schlegelschen Ehepaare nicht eben gut erging, wie dies zum Beispiel zu einer Zeit sogar in Wien der Fall war, erhielt sie ansehnliche Unterstützung von ihm, ohne zu wissen, woher sie kam. –

Die Schließung der neuen Ehe konnte nicht unmittelbar auf die Trennung der früheren folgen. Dorothea bezog eine Wohnung in der Ziegelstraße, in einem damals sehr abgelegenen Teile der Stadt, denn die Umgegend desselben war noch fast gar nicht angebaut und machte dort eine eigene Menage. Ich erinnere mich nicht, daß Schlegel bei ihr wohnte, aber er aß bei ihr und war fast immer um sie; seine literarische Tätigkeit war eben damals eine bedeutende, und er arbeitete gern unter ihren Augen, ja mit ihrem Beirat. Das gegen die Sitte Verstoßende dieses Verhältnisses war nicht zu leugnen. Und wird schon überhaupt bei einem Weibe ein Verstoß gegen die Sitte einem gegen die Sittlichkeit fast gleich geachtet, so setzt auch die arge Welt nur zu gern selbst die Unsittlichkeit da voraus, wo sich nur irgendein Anlaß zu einer solchen Voraussetzung bietet. Es ist gewiß, daß das Verhältnis großes Aufsehen machte. Mein Mann hätte gewünscht, daß ich den Umgang mit der Freundin meiner Kindheit abgebrochen hätte. Ich erklärte ihm, daß er Herr in seinem Hause sei, daß ich ihn aber bitte, mir zu gestatten, hinsichts meines Umgangs außer seinem Hause auch ferner meiner Ansicht zu folgen, und daß ich eine so liebe Freundin in einer so schwierigen Lage nicht verlassen würde. – Auch Schleiermacher nahm keinen Anstoß an dem Umgang mit beiden: Er war eben in dieser Zeit viel sowohl mit Dorothea als mit Schlegel, mit welchem letzteren er damals die Übersetzung des Platon im Werke hatte, die er später allein fortsetzte. Gegen die Trennung der Veitschen Ehe hatte er gar nichts gehabt, weil, seiner damaligen Ansicht nach, eine Ehe gleich dieser eben eine Entheiligung der Ehe war.

Daß nun eben in der Zeit eines solchen Zusammenlebens Schlegels mit Dorothea die »Lucinde« erschien, machte das Verhältnis ihrer Freunde zu ihnen allerdings etwas schwierig. Denn von dem sofort als höchst unsittlich verschrienen Buche, mit welchem doch nur eine Verklärung der sinnlichen Liebe gemeint war, wurde nun von allen dem Paare ferner Stehenden behauptet, daß Schlegel, wie umhüllt auch, wesentlich darin sein Verhältnis zu Dorothea dargestellt habe. Dies war geradehin lächerlich. An Dorothea war nichts zur Sinnlichkeit reizend. Nichts war schön an ihr als das Auge, aus welchem freilich ihr liebenswürdiges Gemüt und ihr blühender Geist strahlten, aber sonst auch gar nichts, nicht Gesicht, nicht Gestalt, ja nicht einmal Hand und Fuß, welche doch an sonst unschönen Frauen mitunter wohlgeformt sind. – »Mit der Lucinde werden wir wohl beide unsere Not haben«, – schrieb mir Schleiermacher nach dem Erscheinen des Buches. »Der vertraute Freund eines Predigers soll so ein Buch schreiben, und dieser soll nicht mit ihm brechen! – Ich werde es machen wie Sie und habe es schon unterschiedlich so gemacht.« – Er meinte damit, daß er sich um das Gerede nicht kümmern werde.

Dorothea war anfangs mit dem Buche gar nicht zufrieden. Sie klagte sehr über das »Herauswenden alles Inneren in der Lucinde«. – Auch Schleiermacher hatte sich nicht sofort in dasselbe hineingefunden. Er schrieb mir gleich nach dem Erscheinen, daß er »doch eigentlich keine rechte Idee von der Lucinde habe«. Aber bald gewann er diese, und das oft fast vorsätzlich erscheinende Mißverstehen des Buches seitens des großen Lesepublikums und ein gewisser Oppositionsgeist, welcher ihm überhaupt und namentlich gegen alles einwohnte, was ihn philisterhaft dünkte, veranlaßte ihn, nach einiger Zeit mit seiner Ansicht über dasselbe in den »Briefen über die Lucinde« hervorzutreten. Ich will jedoch bemerken, daß einige dieser Briefe nicht von ihm, sondern von einer Dame sind, zu welcher er damals in sehr freundschaftlicher Beziehung stand, der Gattin des hiesigen Predigers Grunow.

Ich gestehe, daß ich seit der Verbindung meiner Freundin mit Schlegel nicht ohne Befürchtungen für ihr künftiges Lebensglück war. Ich glaubte nämlich bald die Überzeugung erlangt zu haben, daß es ihm an Gemüt fehle. Ich hatte diese namentlich aus seiner Beziehung zu dem für seine Freunde so durchaus hingebenden, gemütvollen Schleiermacher geschöpft und sie diesem auch sowohl mündlich als schriftlich ausgesprochen. Schleiermacher, unendlich mild in seinem Urteil über seine Freunde und ihrer Individualität selbst da, wo sie ihm verletzend entgegentrat, wie dies bei derjenigen Schlegels öfter der Fall war, stets große Rechnung tragend, wollte es nicht wahrhaben. Die Folge erwies, daß ich mich nicht getäuscht hatte. Ich glaube, daß meine Freundin, wie sie die geistige Höhe und die poetische Natur ihres zweiten Gatten um so wohltuender empfand, wenn sie ihn in dieser Hinsicht mit ihrem früheren verglich, doch das warme Gemüt des letztern, welches sich in der liebenden Sorgfalt für sie äußerte, bisweilen schmerzlich vermißte. Weniger schmerzlich jedoch, als es in ihren frühern Jahren der Fall gewesen wäre. Denn ihr späteres Leben war ein fortwährender innerer Läuterungsprozeß, in Folge dessen sie immer höhere Ansprüche an sich selbst und immer geringere an andere, namentlich sofern es deren Beziehungen zu ihr betraf, machte.

Nachdem die Liebenden ihren Bund durch die Ehe geheiligt hatten, gingen sie zunächst nach Jena. Schon dieser erste Ausflug brachte meiner Freundin unangenehme Tage zuwege, denn das Ehepaar wurde von August Wilhelm Schlegel und seiner ersten Frau, einer geborenen Michaelis, nicht eben freundlich aufgenommen. Hierauf lebten sie eine Zeitlang in Dresden, wo ich sie wiedersah, dann, nachdem sie in Köln zur katholischen Religion übergegangen waren, in Bonn. Später gingen sie nach Paris und dann nach Wien, wo Schlegel Anstellung fand. Es war ein Leben, das, wie interessant auch, doch ein unruhiges zu nennen war. Aber es gab Dorotheen eine Masse neuer Anschauungen von Welt, Kunst und Menschen, welche sie dazu benutzte – und bei der Schärfe ihres Geistes geeignet war, dazu zu benutzen –, das Richtige von dem Unvergänglichen immer mehr unterscheiden zu lernen, um nur das letztere festzuhalten.

Dann sah ich das Ehepaar im Jahre 1811 in Wien wieder. Ich fand ein zufriedenstellendes Verhältnis, aber wohin war die Poesie entschwunden, welche das frühere von der Welt so verpönte durchdrungen hatte! Freilich lag auch die poetische Jugendzeit hinter ihnen. Ich hatte meine Wohnung bei ihnen genommen, nachdem ich in dem etwas geräuschvollen Hause meiner Freundin, der Baronin Arnstein, vom kalten Fieber befallen worden war. Eines Abends war auch Dorothea leidend. Ich saß vor ihrem Bette. Wir klapperten beide ein wenig im Fieberfrost. Schlegel saß uns gegenüber an einem Tische, aß Orangen und leerte dazu eine Flasche Alicante! Ich weiß nicht, ob er auch uns dadurch von einiger südlichen Glut zu durchhauchen dachte.

Im Jahre 1818 ward mir von neuem die Freude, Dorothea in dem ewigen Rom zu sehen, wohin sie gekommen war, um ihre dort weilenden Söhne zu besuchen. Ich bekenne, daß ich in der ersten Zeit unseres dortigen Zusammenseins nicht von einer Art Unmut, ja von einem gewissen Gefühle von Eifersucht frei war. Es wendete sich damals bei den in Rom anwesenden deutschen Katholiken und namentlich bei den neubekehrten fast alles um den Katholizismus, und in allem freundlichen, ja vertraulichen Umgange hatte man mitunter wahrzunehmen, daß man als ein Heide, ja als eine Art Halbmensch angesehen wurde. Aber ich mußte doch bald durch alle Äußerlichkeiten den tiefreligiösen Kern in ihr entdecken. Sie war ganz mit Gott und mit sich einig. Die Klarheit, Sicherheit und Ruhe, welche sie in allem und über alles hatte, wurde mir wahrhaft wohltuend, und ein Sommeraufenthalt in Genzano in ihrer Nähe wird mir unvergeßlich bleiben.

Ich sah sie seitdem nicht wieder. Sie lebte später in Frankfurt bei ihrem Sohne, dem Maler Philipp Veit, von einer kleinen österreichischen Pension, welche in ihren letzten Lebensjahren um etwas erhöht wurde. Eine lange gehaltvolle Korrespondenz mit ihr habe ich auf ihren Wunsch vernichten müssen. Nur ihrem letzten, etwa zwei Monate vor ihrem Tode geschriebenen Briefe habe ich ein längeres Dasein gegönnt. Sie war müde und sehnte sich nach dem Jenseits, aber trotz der Unbilden des Alters und trotz dieses Sehnens ertrug sie das Leben mit Ruhe und Heiterkeit. Ein kalter Frühling hatte sie unangenehm affiziert. »Nun« – schrieb sie in diesem Briefe –, »man muß es sich eben gefallen lassen wie die Pflanzen und Blüten, die ihre Schuldigkeit tun und in ihrem Beruf fortblühen, als machte es ihnen das größte Vergnügen.« Und an einer anderen Stelle, in Beziehung auf eine Äußerung, die ich in einem Augenblicke des Unmuts niedergeschrieben hatte: »Alles, was wir Weltkinder sonst Poesie des Lebens genannt haben, das ist weit, weit! – Ich könnte sagen, wie Du, ich bin es satt. Aber ich sage es dennoch nicht, und ich bitte und ermahne Dich: sage auch Du es nicht mehr. Sei tapfer! Das heißt, wehre Dich nicht, sondern ergib Dich in tapferer Heiterkeit! – – Laß den Überdruß des Lebens nicht herrschend werden, ich bitte Dich darum, sondern denke beständig daran, daß dieses arme Leben weder Dein Eigentum noch Dir zur willkürlichen Benutzung oder zur angenehmen Beschäftigung verliehen worden ist; jeder Tag desselben ist ein Kleinod der Gnade, ein Kapital, das Du weder vergraben noch von Dir werfen darfst.« –

So dachte die teure, oft verkannte Freundin, und ich will ihrem letzten Rate folgen.

Karl Philipp Moritz

Karl Philipp Moritz wurde am 15. Sept. 1756 in Hameln geboren. Er wuchs in ärmlichen Verhältnissen auf und wurde nach pietistischen Grundsätzen erzogen. Er war zuerst Hutmacherlehrling, dann Schauspieler, bevor er in Erfurt und Wittenberg Theologie studierte. Von einer Englandreise zurückgekehrt, erhielt er eine Professur am vereinigten Cöllnischen und Grauen-Kloster-Gymnasium in Berlin. Auf einer Italienreise lernte er Goethe kennen, bei dem er den Winter 1788/89 in Weimar verlebte. Auf Verwendung des Weimarer Herzogs erhielt er einen Ruf als Professor für die Theorie der schönen Künste an der Akademie in Berlin. Sein autobiographisch gefärbter Entwicklungsroman *Anton Reiser* (4 Bde., 1785–90) gibt über die Sturm-und-Drang-Zeit Auskunft und hat deutlich sozialkritische Bezüge. Der Schriftsteller und Kunsttheoretiker Karl Philipp Moritz starb am 26. Juni 1793 in Berlin.

Karl Philipp Moritz
Gemälde von F. Rehberg, o. J.

Moritz war ein genauer Freund unseres Hauses. So lange er nunmehr (1838) auch schon tot ist, so habe ich ihn doch aufs lebendigste in der Erinnerung. Er war in der Tat ein genialer, aber ein kränklicher und hypochondrischer Mensch. Man hat dies bei seiner Beurteilung nicht genug in Anschlag gebracht. Unwahr gegen sich selbst, wie man ihn oft hat schildern wollen, habe ich ihn nie gefunden. Es war ihm mit allen Empfindungen, die er aussprach oder die seine Handlungen bestimmten, im entsprechenden Augenblicke Ernst, aber er war unstet, und daher mußte öfter sein Handeln ohne Konsequenz erscheinen. Sein Gemüt war von einer liebenswürdigen Kindlichkeit; da er jedoch gewohnt war, sich gehen zu lassen, so konnte es nicht fehlen, daß er bisweilen kindisch erschien. Die Gesellschaft stimmte ihn in der Regel zu schweigendem Ernste; regte ihn jedoch irgend etwas zur Munterkeit an, so lachte er, wie ich noch kaum einen Menschen lachen gehört habe. Selbst Unbedeutendes, aber ihm Neues, ja irgendein Gerät, ein Möbel, konnte ihn zu lauten Ausbrüchen des Erstaunens und der Freude hinreißen. »Ja, das lobe ich mir! Ja, wer so etwas auch haben könnte!« habe ich ihn bei solchen Gelegenheiten einmal über das andere ausrufen hören.

Den Eindruck, welchen einer unserer jungen feinen, wohlgeputzten, sprachgewandten und sprechseligen Gelehrten, das Entzücken der geistreichen Damen unserer Teezirkel, uns gibt, machte der lange Moritz mit seiner hektischen Gestalt auf diese Weise freilich nicht. Aber war er einmal durch irgendeinen Gegenstand angeregt genug, um sich zur Äußerung über ihn gedrängt zu fühlen, so war die Lebendigkeit, mit welcher er es dann tat, von um so größerem und dauernderem Eindruck. Nie werde ich in dieser Beziehung seine Schilderung der Peak-Höhle in Derbyshire vergessen, die er uns sogleich nach seiner Rückkunft von seiner von einem Spaziergange aus angetretenen Reise nach England mündlich machte, später aber in seiner Reisebroschüre auch dem Publikum gab. Auch las er ganz vortrefflich. In unserer damaligen Lesegesellschaft wurde fast jährlich einmal Lessings Nathan mit verteilten Rollen gelesen. Moritz las den Tempelherrn, und ich habe diese Rolle nie wieder so vortragen hören.

Als Herz die bekanntgewordene Kur mit ihm vornahm, war ich schon verheiratet. Eine lediglich eingebildete Krankheit war Moritzens Übel nicht. Er war in der Tat krank, jedoch nicht gefährlich.

Aber der Wahn, daß er ein Opfer des Todes sei, hatte ihm ein Fieber zugezogen, welches ihn aufzureiben drohte. Lebhaft erinnere ich mich noch der Besorgnis, welche Herz, der ihn sehr liebte, um ihn hegte. »Gott«, rief er an jedem Abende, »wenn ich doch dem Moritz helfen könnte!« – Eines Morgens jedoch, als er sich zur Umfahrt bei seinen Patienten bereitete, eröffnete er mir, er habe in der Nacht ein Mittel ersonnen, welches, wenn überhaupt Hilfe möglich sei, Moritz retten werde. Ich glaubte, es handle sich um eine Arznei; und da ich mit meinem Manne auf dem Fuße stand, über seine Berufsangelegenheiten mit ihm sprechen zu können, so bat ich ihn, mir das Mittel zu nennen. – »Laß es gut sein«, antwortete er mir. »Ich werde es dir mitteilen, sobald ich eine Wirkung davon wahrnehme.«

Er fuhr nun zu Moritz, dessen Fieber er noch gesteigert fand. Der Arme warf sich im Bette hin und her und rief wie gewöhnlich dem Arzte entgegen: »Aber muß ich denn sterben? – eben ich? – Ist denn keine Hilfe möglich?« – »Keine!« antwortete Herz. »Länger will ich es Ihnen nicht verhehlen. Aber es ziemt sich für einen Mann, und gar für einen Weisen, dem Unvermeidlichen mit Ruhe, ja mit Heiterkeit entgegenzutreten.« – Und nun sprach er trefflich, wie er sprechen konnte, weiter mit ihm, immer aber den Tod des Patienten dabei als gewiß hinstellend. Gründe der Religion konnte er ihm dabei freilich nicht anführen, denn gab es je einen Freigeist, so war es Moritz, und nie wurde er heftiger, als wenn es galt, gegen eine geoffenbarte Religion zu Felde zu ziehen.

Als Herz am nächsten Morgen seinen Kranken besuchte, fand er ihn zum ersten Male ruhig im Bette liegend, und dieses selbst mit Blumen geschmückt. – »Nun, wie geht es Ihnen?« fragte Herz. – »Sie sehen es!« antwortete Moritz. »Ich gehe mit Fassung, ja mit Seelenruhe meiner Auflösung entgegen. Der Tod soll in mir keinen Feigling finden.« – »Brav!« erwiderte Herz. »So habe ich Sie zu finden erwartet. Dies Bild will ich mir nach Ihrem Abscheiden von Ihnen bewahren!« – Er fühlte dem Kranken den Puls. Das Fieber hatte bedeutend nachgelassen. Nach drei Tagen, welche Moritz mit der Gemütsruhe eines sterbenden Weisen zugebracht hatte, war es gänzlich verschwunden und nicht lange darauf der Kranke völlig hergestellt.

Goethe interessierte sich stets aufs lebendigste für Moritz, und in jener früheren Epoche seines Lebens tat er dies selten für andere als für sehr bedeutende Menschen. Beide waren in Rom viel miteinander, und nach jenem auch durch Goethe bekanntgewordenen tragisch-komischen Ereignisse, dem Ritte zu Esel nämlich, welchen sie miteinander machten und bei welchem Moritz in einen Laden hineinritt, vom Esel fiel und ein Bein brach, pflegte Goethe ihn aufs freundschaftlichste. In Rom und seiner Nähe war zur Zeit meiner Anwesenheit daselbst, also dreißig Jahre nachher, das Andenken an Goethe und Moritz noch nicht erstorben. Man nannte sie oft gemeinsam, und namentlich erinnere ich mich, daß der Wirt in der »Sibilla« in Tivoli mir noch mancherlei von ihnen zu erzählen wußte.

Mir ist der Tag noch in lebendigster Erinnerung, an welchem Moritz mir seine Braut, eine geborene Matzdorff, in meiner Wohnung vorstellte. Kaum hatte er es getan, so winkte er mir, mit ihm in das anstoßende Kabinett zu treten, und fragte mich dort ganz ernst und trocken: »Nicht wahr, ich habe da«, hier wies er mit dem Zeigefinger auf das Zimmer, in welchem sich seine Braut befand, »einen sehr dummen Streich gemacht?« Ungeachtet schon diese Frage bewies, daß er einen gemacht hatte, denn wie konnte ein unter solcher Voraussetzung geschlossenes Ehebündnis zu seinem Heile ausschlagen, und trotz meines lebendigen Interesses für den Fragenden war ich im Begriff zu lachen, so komisch wurde die Frage durch Art, Zeit und Ort. Später ging denn auch die Frau mit einem gewissen Sydow oder Zülow – ich erinnere mich des Namens nicht mehr genau –, der ein Buch über die Art, sich in Gesellschaft zu benehmen, geschrieben hatte und, wie es schien, seine Theorie in der Gesellschaft der Frau Moritz mit gutem Erfolge angewendet hatte, auf und davon. Moritz eilte den Flüchtigen nach und kam ihnen endlich auf die Spur. In einem Dorfe oder Städtchen angekommen, erfährt er auf Nachfrage im Gasthofe, daß der Herr, welchen er bezeichnet, sich im Hause befinde, und man deutet ihm an, daß er bei Moritzens Ankunft sich unter einem umgestülpten Fasse versteckt habe. Moritz tritt an das Faß, steckt die Mündung eines Pistols in das Spundloch und ruft: »Meine Frau mir herausgeben, oder ich schieße!« Der geängstigte Entführer gibt das Versteck der Frau an, denn er weiß nicht, daß das Pistol nicht geladen ist. Moritz führt seine Frau zum zweiten Mal heim, und so unglaublich es scheinen mag, die Eheleute lebten nachher ganz erträglich miteinander, ja die Frau pflegte den Mann in seiner letzten Krankheit, einem Lungenödem, so treu, daß sie von ihr angesteckt wurde und gleichfalls an derselben starb!

Mirabeau

Honoré Gabriel de Riqueti, Graf von Mirabeau, wurde am 9. März 1749 geboren. Nach Aufenthalten in Amsterdam und in England (1784) arbeitete er als Publizist in Paris. Im Januar 1786 kam er im geheimen Auftrag nach Berlin und blieb bis zum Januar 1787. 1788 erschien seine vierbändige Darlegung der preußischen Monarchie zur Zeit Friedrichs des Großen. 1789 wurde er vom Dritten Stand in die Generalstände gewählt. Durch seine beeindruckende Beredsamkeit beherrschte er bald die Nationalversammlung, deren Präsident er 1791 wurde. Mirabeau trat für eine konstitutionelle Reform nach englischem Vorbild unter Erhaltung einer starken Monarchie ein. Die feudalen Vorrechte wurden von ihm leidenschaftlich bekämpft. Am 2. April 1791 brach Mirabeau auf der Rednertribüne der Nationalversammlung zusammen und starb.

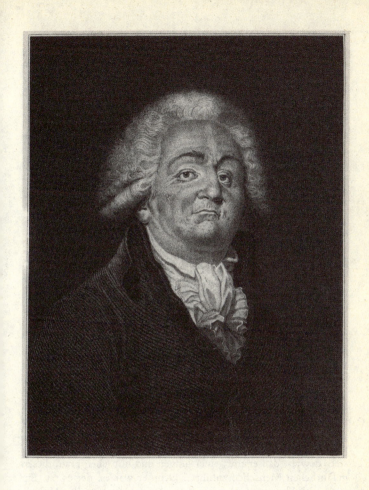

Honoré Gabriel de Riqueti, Graf von Mirabeau
Stahlstich von Carl Mayers Kunst-Anstalt in Nürnberg, o. J.

Auch Mirabeaus Gesicht schwebt mir, so viele Jahre vergangen sind, seit ich ihn sah, doch noch ganz deutlich vor. Denn es zu vergessen war schwer, wenn man ihn auch nur einmal gesehen hatte, wie es doch andererseits wegen seiner großen und ganz absonderlichen Häßlichkeit immer von neuem auffiel, wenn man ihn wiedersah. Am wenigsten trugen seine Pockennarben zu dieser Häßlichkeit bei, wenngleich sein Gesicht von ihnen gänzlich zerrissen war; weit mehr die Eigentümlichkeit, daß das Ganze sowie alle einzelnen Teile desselben auf eine kolossale Weise in die Breite gezogen waren. Breiteste Nase, erdenklichst größter Mund, mit dicksten wulstigen Lippen. Dabei war er zur Zeit seiner Anwesenheit in Berlin schon nahe den Vierzigern, und war gleich seine Gestalt noch von großer, ja auffallender Kräftigkeit, so waren über sein Gesicht die Ausschweifungen seiner Jugend nicht spurlos hingegangen.

Aber man vergaß alles, wenn er sprach. Denn er sprach hinreißend, wie ich nie jemanden sprechen gehört habe, und namentlich ist mir eine solche Eleganz der Sprache in der Leidenschaftlichkeit – und in diese geriet er leicht – nie weiter vorgekommen. Leider weiß ich nichts mehr vom Inhalte seiner Unterhaltungen mit mir, was vielleicht daran liegt, daß es das Ganze seiner Erscheinung war, was mich zunächst in Anspruch nahm. Aber ich weiß, daß, als er einige Jahre später einer der ersten Helden der Französischen Revolution wurde, nichts von dem, was man über die gewaltige Wirkung seiner Reden las und hörte, mich in Erstaunen setzte.

Übrigens genoß er schon bei seiner Anwesenheit in Berlin einen bedeutenden Ruf. Schon hatte er in Gutem und Üblem viel von sich reden gemacht. Man wußte auch, daß er alle Frauen, die er gewinnen wollte, für sich gewonnen hatte, seine eigene ausgenommen, und es sprach sehr für das Vertrauen, welches mein Mann mir stets bewies, daß er mir, einer jungen und hübschen Frau, diesen gefährlichen Menschen zuführte. Denn er war es, der es tat. Ein Baron Nolde, ein Kurländer, hatte ihn ihm vorgestellt. Aber da Herz nur schlecht Französisch sprach, so überwies er ihn mir; was der Einführende hatte erwarten können und auch dem Eingeführten weder unerwartet noch unerwünscht zu sein schien.

Friedrich Gentz

Friedrich Gentz wurde am 2. Mai 1764 in Breslau geboren. Er studierte in Königsberg Jura und hörte auch Vorlesungen bei Kant. 1785 trat er in den preußischen Staatsdienst und wurde 1793 Kriegsrat. 1795 gründete er die *Neue Deutsche Monatsschrift.* Zum Regierungsantritt Friedrich Wilhelms III. publizierte er ein *Sendschreiben, Sr. Königlichen Majestät Friedrich Wilhelm III. bei der Thronbesteigung alleruntertänigst überreicht,* das ihn als liberalen und aufgeklärten Denker ausweist. In der Folgezeit trat er für einen Zusammenschluß Preußens und Österreichs ein. 1802 wechselte er in den österreichischen Staatsdienst und wandte sich nun vehement gegen liberale Ansichten. 1809 wurde er ein vertrauter Mitarbeiter Metternichs und arbeitete maßgeblich an der Verabschiedung der Demagogengesetze mit. Er starb am 9. Juni 1832 in Weinhaus b. Wien.

Friedrich Gentz
Stich von J. Lindner, o. J.

Hat man, gleich mir, in Beziehung zu vielen bedeutenden Menschen gestanden, deren Leben später Gegenstand öffentlicher Besprechung geworden ist, so wird man oft sehr schmerzlich durch die Art berührt, auf welche es geschieht. Während ich die ausgezeichnetsten Menschen nicht nur nicht genug gewürdigt, sondern oft schwer verkannt, ja verlästert gefunden habe, und zwar letzteres oft wegen Handlungen, deren achtungswerte Motive ich wußte, und in Hinsicht auf Gesinnungen, mit denen es ihnen ein heiliger Ernst war, mußte ich Handlungen, deren nichtsnützige Beweggründe offen vor mir lagen, als Frucht trefflicher Gesinnung herausstreichen sehen. Das letzte möchte eher hingehen. Mögen immerhin Menschen, die im Leben nicht viel taugten, nach dem Tode auf solche Weise zu Ehren kommen. Doch immer ist solches Verfahren nicht nur eine Versündigung gegen die Wahrheit, sondern es wirft oft ein unverdient nachteiliges Licht auf diejenigen, welche sich eben im Interesse dieser in völlig entgegengesetztem Sinne aussprechen. Sind nun die dargestellten Personen gar etwa zu historischen geworden, so darf man sagen, daß eine Fälschung an einem Gemeingute begangen ist. Hat aber vollends die Ungerechtigkeit ihren Grund allein in persönlicher Neigung oder Abneigung gegen die Dargestellten, so kann ich sie nicht scharf genug tadeln. Denn von dieser sollte sich jeder freimachen, welcher sich öffentlich über Menschen ausspricht.

So soll Gentz jetzt durchaus ein Mann von Gesinnung gewesen sein! – Möge man immerhin bei der Beurteilung des Publizisten und des Politikers von seinem sittlichen Leben absehen, möge man die seinerseits so ohne Scheu affichierten Ausschweifungen seiner alten Tage mild, ja lobend der unvertilgbaren inneren Jugendlichkeit des Mannes zuschreiben, den ich doch schon lange vor jener so bekanntgewordenen zärtlichen Liaison als einen Graukopf mit zitternden Händen in Wien wiedersah und dem alten *aimable roué* deshalb beifällig zulächeln: Aber niemand soll mir sein Umspringen aus einem Erzliberalen in einen Konservativen als eine achtungswerte Folge geänderter innerer Überzeugung darstellen wollen! – Wüßte ich nur nicht allzugut und genau, wie es um diese Änderung stand. –

Ich habe Gentz viel gesehen, am meisten aber doch beim Ausbruche und in den ersten Zeiten der Französischen Revolution. Nie werde ich vergessen, wie hingerissen er gleich vielen von ihr war, namentlich zur Zeit der Versammlung der Notablen, aber auch nicht wie hinreißend. Denn mit seinem geistreichen Wesen und der Klarheit seines Verstandes verband er, damals wenigstens, eine Gewandtheit und Gewalt der Rede, hinter welcher seine treffliche, schlagende Schreibart noch weit zurückblieb. Diesem Vorzuge sind wohl auch die Erfolge, welche ihm bei den Frauen wurden, zuzuschreiben. Denn, wenngleich hoch gewachsen, war er doch nicht eigentlich hübsch, und von Gemüt, einer Eigenschaft, welche große Macht über die Frauen übt, habe ich nie etwas an ihm bemerkt. Freilich war er leidenschaftlich und dadurch geeignet, im Sturm zu erobern. Durch diese Leidenschaftlichkeit unterschied sich auch seine Genußliebe von der eines seiner später noch berühmter als er gewordenen Jugendfreunde und Gefährten auf den Pfaden der Sinnlichkeit, der sich stets sorglichst gegen jeden Affekt wahrte und heitere Ruhe als die Grundbedingung jedes Genusses betrachtete. In der Genußsucht selbst begegneten sich jedoch beide ganz und gar. Aber so wie diese Gentz zu allbekannten Perfidien verleitete, deren Form noch weniger zu rechtfertigen war als ihre Beweggründe, so war er auch gegen den anderen durch die nicht aufhörenden Verlegenheiten im Nachteil, in welche diejenigen seiner Genüsse, welche nur durch Geld zu erlangen waren, ihn stürzten. Und er war Bonvivant in jeder Beziehung. In solchen Augenblicken war ihm jedes Mittel, sich diesen Verlegenheiten zu entreißen, völlig gleichgültig, führte es nur nicht eine größere für ihn herbei, als diejenige es war, welcher er gerade entgehen wollte. So zog er einmal einer Frau meiner Bekanntschaft, auf deren Nachsicht er glauben mochte ein Recht zu haben, bei einem Besuche einen kostbaren Diamantring vom Finger. Vergebens stellte sie ihm vor, daß das Fehlen dieses Ringes ihr die empfindlichsten häuslichen Ungelegenheiten zuziehen würde; nur nach langem Flehen, vielleicht auch durch pekuniäre Opfer gelang es ihr, ihn wiederzuerhalten.

Doch in der Zeit seiner drückendsten Geldverlegenheiten huldigte er fortdauernd den freisinnigsten politischen Ansichten. Für die Französische Revolution hatte freilich seine Sympathie, gleich der so mancher anderer Zeitgenossen, nachgelassen, nachdem sie weit von ihrer ursprünglichen Richtung abgewichen war, aber er schwärmte noch für Pressefreiheit, welche er dem jetzigen Könige [Friedrich Wilhelm III.] bei seiner Thronbesteigung dringend anempfahl, sowie für möglichste Freisinnigkeit aller politischen Institutionen. An einem schönen Morgen jedoch war die allen, welche ihm näher standen, sehr bekannte Geldnot, wenn auch nicht gehoben – dazu hätte er sehr ansehnlicher Summen bedurft –, doch ganz augenscheinlich gemindert und die Freisinnigkeit verschwunden. Der Grund beider Änderungen war mir mit Gewißheit bekannt, ich wußte den Moment, in welchem er eintrat, und konnte die Gleichzeitigkeit von Ursache und Wirkung genau beobachten. Eine österreichische Pension hatte beide Wunder bewirkt. Er war damals noch und noch längere Zeit nachher als Kriegsrat beim General-Direktorium in preußischen Diensten. Durch den österreichischen Gesandten, Graf Stadion, auf ihn aufmerksam gemacht, der ihn nicht minder als der englische mit großer Auszeichnung behandelte, erkannte das Wiener Kabinett seine Brauchbarkeit, wie es seine Geldverlegenheit kannte.

Von da an schrieb Gentz, was dieses Kabinett begehrte, selbst wenn es gegen die Absichten und die Interessen der preußischen Regierung oder gar gegen deren Handlungen gerichtet war, wie einige seiner Schriften aus jener Zeit, deren ich mich erinnere, daß letztere in der Tat sind. Wenn er jedoch Österreich in manchen Beziehungen in Berlin nützlicher werden konnte als in Wien, so mußte ihm selbst doch eine so zweideutige Stellung auf die Länge unhaltbar erscheinen, und er ging die Quelle seines Heils aufzusuchen. Aber von Freisinnigkeit war keine Spur mehr in ihm, wenigstens in seinen Reden und Schriften nicht. Er verließ Berlin als vollkommener Konservativer, oder, wie man es damals ausdrückte, als eingefleischter Aristokrat.

Ein Tugendbund
Wilhelm von Humboldt

Wilhelm Freiherr von Humboldt wird am 22. Juni 1767 in Potsdam geboren. Zusammen mit seinem Bruder Alexander wird er ab 1784 von Henriette Herz in der hebräischen Sprache unterrichtet. Er gehört dem von ihr gegründeten *Tugendbund* an. Nach seinem Jurastudium in Göttingen lernt er in Erfurt Caroline von Dacheröden kennen, die er 1791 heiratet. Im gleichen Jahr scheidet er aus dem diplomatischen Dienst aus und widmet sich dem Studium des Altertums. Als Privatgelehrter pflegt er den Kontakt mit Schiller und den Gebrüdern Schlegel. 1810 gründet er in seiner Eigenschaft als Leiter des preußischen Unterrichtswesens die Berliner Universität. Ab 1819 kurzzeitig Minister des Inneren, wird er aufgrund seines Eintretens für eine Verfassung entlassen. Humboldt war ein universaler Gelehrter, ein maßgeblicher Vertreter des humanistischen Bildungsideals. Seine u. a. sprachwissenschaftlichen Arbeiten haben noch heute Geltung. Er stirbt am 8. April 1835 auf Schloß Tegel.

Wilhelm von Humboldt
Zeichnung von P. E. Stroehling, Dez. 1814

Die Kinderjahre der Brüder von Humboldt waren nicht eben heiter zu nennen. Sie hatten den Vater früh verloren. Die Mutter war eine kränkliche Frau, die durch ihren leidenden Zustand öfter verstimmt wurde und zu einer lebendigen Unterhaltung wenig geeignet war. Auch der Erzieher der Knaben, Kunth, später Geheimer Staatsrat und als tüchtiger Beamter wohlverdient, Freund und Gesellschafter der sehr zurückgezogen lebenden Mutter und von großem Einflusse im Hause, war ein ernster, dem regsamen Geiste seiner Zöglinge wenig entsprechender Mentor. Doch mußten die Knaben jeden Abend mehrere Stunden in der Gesellschaft beider zubringen, Stunden, welche besonders dem lebhaften und geistreichen Alexander langsam genug vergingen.

Auf ihren Unterricht wurde von früh an große Sorgfalt verwendet. Außer mehreren anderen Notabilitäten gehörten Campe und Engel zu ihren frühesten Lehrern. Kunth selbst erteilte ihnen wenig Unterricht und war auch bescheiden genug, sich nur geringen Anteil an der geistigen Höhe zuzuschreiben, welche sie später erreichten. Als Alexander von Humboldt im Winter von 1827 auf 1828 hier vor einem gemischten Publikum dem Inhalt wie der Form nach bewundernswerte Vorträge hielt und einmal die Blicke aller Zuhörer mehr als je von freudiger Befriedigung erstrahlten, flüsterte mir Kunth ins Ohr: »Von mir hat er's wahrhaftig nicht!«

Die Zurückgezogenheit seiner früheren Jahre hatte die lebhafte Empfänglichkeit Wilhelms von Humboldt für den Umgang mit Frauen nicht unterdrücken können. Er schloß sich sehr bald nachdem wir uns kennengelernt hatten an mich an. Er war damals etwa 17 Jahre alt, und obgleich ich nur einige Jahre mehr zählte, so war ich Frauenzimmer und Ehefrau und daher doch um vieles älter als er. Heute mag es anmaßend klingen, wenn ich es ausspreche, aber ich übte damals, ganz ohne es zu beabsichtigen, eine gewisse Superiorität über ihn. Ich führte ihn gewissermaßen in die Welt ein, und bald war er der Freund aller meiner Freundinnen geworden, deren Mehrzahl allerdings durch Geist und Herz hervorragte.

In dem Kreise der Bekannten wurde bald darauf ein Bund gestiftet, in welchen wir nach und nach auch uns persönlich Unbekannte, deren ernstes Streben und deren Bedeutung uns durch gemeinschaftliche Freunde kund geworden war, hineinzogen. Der Zweck dieses Bundes, einer Art Tugendbund, war gegenseitige ge sittliche und geistige Heranbildung, sowie Übung werktätiger Liebe. Es war ein Bund in aller Form, denn wir hatten auch ein Statut und sogar eigene Chiffren, und ich besaß noch in späteren Jahren manches von der Hand Wilhelms von Humboldt in diesen Chiffren Geschriebene. Zu den Mitgliedern gehörten unter anderen Carl von Laroche, Sohn der trefflichen Sophie von La Roche – mit welcher ich mich auf Anlaß ihres Sohnes in briefliche Verbindung setzte, aus der eine langjährige Korrespondenz erwuchs –, Dorothea Veit und ihre Schwester Henriette Mendelssohn [sie übernahm später in Paris die Erziehung der Kinder des Grafen Sebastiani, und nach dem Tode der Gemahlin des Grafen die Leitung seines Hauses], aber auch die uns persönlich unbekannten: Caroline von Wolzogen, Therese Heyne, die Tocher des berühmten Philologen, später Gattin des unglücklichen Georg Forster und dann L. Fr. Hubers, und Caroline von Dacheröden, mit welchen ein brieflicher Austausch von Gedanken und Gefühlen stattfand. Meine nur kurze Beziehung zu Therese Heyne wurde durch Wilhelm von Humboldt von Göttingen aus veranlaßt, wo der etwa siebzehnjährige Jüngling die Bekanntschaft der drei Jahr älteren Jungfrau gemacht hatte und in dem Maße ihr Verehrer geworden war, daß ich damals die feste Überzeugung hegte, er werde niemals eine andere als sie die Seine nennen. Ja ich darf sagen, daß, als ich mehr als dreißig Jahre später (1819) in Gesellschaft seiner nachherigen Gattin und seiner Kinder in Stuttgart ihre persönliche Bekanntschaft machte, es mir noch befremdend erschien, mich mit einer anderen Frau von Humboldt bei ihr zu sehen. – Ich will hier noch als ein eigentümliches Zusammentreffen bemerken, daß ich damals acht Tage später, und zwar in Frankfurt, eine andere der mir bis dahin persönlich unbekannt gebliebenen früheren Bundesschwestern kennenlernte, Caroline von Wolzogen. Sie gefiel mir, ich darf es sagen, besser als Therese Huber, in welcher jedoch vielleicht eben durch unseren Besuch manche Erinnerungen an frühere herbe Schicksale auf eine verstimmende Weise rege geworden sein mochten.

Unser Bund mußte in der Tat ganz achtunggebietend sein. Wir wollten auch Wilhelm von Humboldt in denselben aufnehmen, dieser kam jedoch an einem Sonnabend vormittag zu meiner Mutter, um mich dort aufzusuchen – ich weiß den Tag genau, denn ich brachte den Vormittag des Sonnabends stets bei ihr zu –, und erklärte mir mit sehr zerknirschtem Gemüte, er fühle sich nicht würdig, in unseren Kreis einzutreten! – Aber wir rechneten dem Jünglinge die Reue und die Strenge gegen sich selbst, vielleicht auch den Respekt vor unserer sittlichen Größe, hoch genug an, um ihn dennoch aufzunehmen. – Dieser Bund gab auch später Anlaß zu seiner Heirat. Der Briefwechsel mit Caroline von Dacheröden, in welchem sie uns Herz und Sinn auf die gemütvollste und geistreichste Weise eröffnete, hatte sie uns als seiner völlig würdig kennengelehrt. Therese Heyne hatte bereits Forstern geheiratet, und so konnten wir ihm raten, die Bekanntschaft dieser ihm geistig Ebenbürtigen zu machen. Er befolgte den Rat, fand sie unserer Schilderung mehr als entsprechend, und sie wurden ein Paar.

Wir Bündner duzten einander. Jedoch machten hinsichtlich mehrerer derselben spätere Lebensverhältnisse in Beziehung hierauf ihre Rechte geltend. Als Wilhelm v. Humboldt mit seiner jungen Frau nach Berlin kam, wo ich sie dann zum ersten Male sah, nannte sie mich »Sie«, und als fast notwendige Folge hörte später auch das »Du« zwischen ihrem Gatten und mir auf.

Mein Mann sah dem bündnerischen Treiben lächelnd zu, ohne jedoch irgend störend einzugreifen. Als ich jedoch in tugendhafter Werktätigkeit ein wunderschönes Kind, Tochter jüdischer Bettler, an mich nahm, welches ich auf der sogenannten Landwehr gefunden hatte (einem Hause außerhalb der Stadt, welches als Herberge für fremde Juden der ärmeren Klasse diente, die damals nicht in der Stadt übernachten durften), um es, wenngleich für den dienenden Stand, jedoch sehr zur Tugend zu erziehen, war er höchlich dagegen, ließ es jedoch am Ende geschehn. Aus meiner Erziehung ging aber leider ein Erztaugenichts hervor. Das Mädchen war mir, weit über das Bestehen des Tugendbundes hinaus, eine sehr herbe Frucht desselben. Sie machte mir vielen Kummer, und der Zögling der Tugend starb zuletzt, als Dienstmädchen, in der Charité im Wochenbette.

Doch zurück zu einer für mich erfreulicheren Frucht dieses Bundes, meiner näheren Beziehung zu Wilhelm von Humboldt. Auch in Rom brachte sie mir viele Annehmlichkeiten zuwege, denn die Aufmerksamkeit für seine Familie während ihres mehrjährigen Aufenthaltes daselbst, mit welchem der meine zum Teil gleichzeitig fiel, war überaus groß, und ich hatte mich der daraus hervorgegangenen Vorteile oft wenigstens mittelbar zu erfreuen. Pius VII. und der Kardinal Consalvi wußten nämlich sehr wohl, was Rom Wilhelm von Humboldt zu danken hatte. Denn sehr zu bezweifeln ist es, ob überhaupt noch ein Kirchenstaat existierte, hätte nicht er auf dem Wiener Kongreß sich so lebhaft dafür verwendet, dem Papst das frühere Gebiet zurückzugeben. Die meisten anderen Mächte waren dieser Restitution eher entgegen, keine eigentlich dafür, selbst die beiden einflußreichsten katholischen nicht. Ich betrachte Frankreich, wenngleich damals besiegt, als die eine derselben, weil es durch Talleyrand repräsentiert wurde, dessen Klugheit dem Schwerte eines Siegers gleich in der Waage der Unterhandlungen wog. Frankreich hatte jedoch in Wien zu viel um andere, ihm und zumal dem Sinne seines Vertreters näherliegende Interessen zu kämpfen. Österreich aber, die andere dieser Mächte, würde in dem Kirchenstaate ein gänzliches oder teilweises Besitztum für sich oder doch für einige Fürsten seiner Dynastie nicht verschmäht haben. Ob jedoch die geistliche Macht ohne den Rückhalt und Stützpunkt einer weltlichen und politischen wieder festen Fuß hätte fassen können, steht dahin.

Preußen wähnte kein unmittelbares politisches Interesse zu haben, welches gegen die Herstellung des Kirchenstaates spräche, und der milde Sinn des an trüben Erfahrungen reichen Pius VII. machte vergessen, daß er anders gesinnte Nachfolger haben könnte. Auch kamen mittelalterliche Ideen, zu welchen man sich nach den Befreiungskriegen bei uns und zumal in höheren Kreisen hinzuneigen anfing, dem historischen Humboldt entgegen, welchem es unmöglich war, sich, während alles ringsumher in geschichtlich begründete Rechte und Besitztümer wieder einzutreten strebte, den Kirchenstaat als Besitztum einer weltlichen Macht und dadurch seine mehr als tausendjährige Färbung immer mehr einbüßend zu denken.

So habe ich diese Verhältnisse aus bester Quelle kennengelernt, und so kannte man sie auch in Rom noch während meiner dortigen Anwesenheit. Sehr betrüben mußte es mich daher, als man später von dort aus so eifrig bemüht war, Preußen Verlegenheiten zu bereiten und sich jedes Dankes gegen dasselbe überhoben glaubte.

Alles hat seine Kehrseite. Auch die Annehmlichkeiten, welche mir aus der Geltung Humboldts in Rom erwuchsen, schlugen bei einer Gelegenheit in das Gegenteil um. Frau von Humboldt hatte nämlich für sich und ihre älteste Tochter Caroline am Fronleichnamstage 1818 Eintrittskarten zu dem Balkon eines Hauses auf dem Petersplatz erhalten, von welchem aus die Prozession sich sehr gut und bequem ansehen ließ. Sie wurde unwohl, ihrer Tochter kam eine Hinderung, und so bot sie mir die Billetts an. Ich wollte sie nicht annehmen, weil sie auf ihren Namen lauteten. – »Nehmen Sie sie!« rief sie in ihrer Freundlichkeit. »Sie sehn das so nicht wieder!« Endlich nahm ich sie an und ließ mich von einem Dänen nach dem bezeichneten Hause begleiten. Bald trat ein Hauptmann von der Schweizergarde auf den Balkon und fragte laut nach Eccellenza Umbolde. Als die Frage öfter wiederholt wurde, sah ich mich, wie ungern auch, endlich genötigt, Eccellenza Umbolde zu spielen, worauf denn die Mitteilung erfolgte, daß Eminenza Cardinale Consalvi sich erkundigen ließen, ob Eccellenza Umbolde von ihrem Platze aus gut sähen. – Aber damit war es nicht abgetan. Als die Prozession der Geistlichkeit vorüber war und nur noch das Militär vorüberzog, ertönte wieder die Frage nach Eccellenza Umbolde aus dem Munde eines Offiziers, welcher uns dann hinuntergeleitete, und uns vier Schweizergardisten übergab, um uns nach der Peterskirche zu eskortieren. Der Zug des Militärs mußte haltmachen, um uns durchzulassen, und unsere Begleiter trieben und stießen dann mit solchem ihnen ohne Zweifel zur Pflicht gemachten Eifer alles, was von Zuschauern irgend unserem Vordringen hinderlich war, auseinander, daß dagegen meine lebhaftesten Vorstellungen vergeblich waren. Ja, ich bot ihnen zuletzt Geld, wenn sie uns nur verlassen wollten, aber auch dies Erbieten blieb fruchtlos. Ich nahm mir heilig vor, niemals wieder eine andere Person darzustellen als meine eigene, am wenigsten aber in Rom jemals wieder die Eccellenza Umbolde, vor welcher auf höchsten und heiligsten Befehl alles mit Kolbenstößen aus dem Wege getrieben wurde.

Friedrich Schleiermacher

Friedrich Daniel Ernst Schleiermacher wurde am 21. Nov. 1768 in Breslau geboren und in strenger Frömmigkeit erzogen. Seit 1787 studierte er Theologie in Halle, anschließend in Berlin, wo er 1790 das Examen machte. Im Sept. 1796 wurde er Prediger an der Charité in Berlin. Als häufiger Gast im Salon der Henriette Herz lernte er hier Friedrich Schlegel näher kennen, der Weihnachten 1797 zu ihm zog. 1799 veröffentlichte er seine Schrift *Über die Religion*. In den *Vertrauten Briefen über Schlegels Lucinde* verteidigte er F. Schlegels frühromantische Moralvorstellungen. 1802 ging er als Hofprediger nach Stolp, wo ihn der Ruf als Professor für Theologie in Halle erreichte. 1807 wechselte er von Halle nach Berlin. Er engagierte sich für die Gründung der Berliner Universität, deren erster Dekan der Theologischen Fakultät er wurde. Der Philosoph und Theologe Friedrich Schleiermacher starb am 12. Febr. 1834.

Friedrich Daniel Ernst Schleiermacher
Stahlstich-Portrait, um 1850

Ich machte Schleiermachers Bekanntschaft zuerst um das Jahr 1794, als er noch in dem Schullehrerseminar angestellt war, welches unter Gedikes Leitung stand. Der Graf Alexander Dohna war es, der ihn mir zuführte. Aber diese erste Bekanntschaft war nur flüchtig, weil er bald als Hilfsprediger nach Landsberg an der Warthe ging, wo er etwa zwei Jahre blieb. Erst nach seiner Rückkehr von dort, im Jahre 1796, wurde unsere Verbindung enger. Schleiermacher war damals Prediger an der Charité und wohnte auch in dem Charité-Gebäude, dessen Umgegend noch wüst, unangebaut, ja ungepflastert war. Dennoch kam er fast jeden Abend zu uns, die wir damals in der Neuen Friedrichsstraße nahe der Königsstraße wohnten. An Winterabenden war sein Weg zu uns, namentlich jedoch der Rückweg, gar nicht ohne Beschwerlichkeit. Aber er wurde noch weiter und beschwerlicher, ja an Winterabenden sogar bedenklich, als Schleiermacher während eines Umbaues in der Charité eine Wohnung auf der jetzigen Oranienburger Chaussee bezogen hatte, damals eine abends unbeleuchtete Landstraße, an welcher nur wenige Häuser in weiten Entfernungen voneinander lagen. Er hatte sich bereits in dem Maße an meinen Mann und mich attachiert und wußte seinerseits uns ihm so aufrichtig befreundet, daß er dadurch nicht von seinen allabendlichen Besuchen abgehalten wurde. In unserer Besorgnis um ihn verehrten wir ihm eine kleine Laterne, solcher Art eingerichtet, daß er sie in ein Knopfloch seines Rockes einhaken konnte, und so angetan ging dann der kleine Mann an jedem Winterabend von uns, wenn er nicht schon so ankam.

Von einer Berühmtheit oder auch nur von einem Rufe Schleiermachers war damals noch nicht die Rede. Erst in jener Zeit fing seine literarische Tätigkeit insofern an, als er Predigten aus dem Englischen übersetzte; aber diese Art derselben war nicht geeignet, ihm zu einem Namen zu verhelfen. Doch ich darf sagen, daß sowohl mein Mann als ich sehr früh seine Bedeutung erkannten.

Als Friedrich Schlegel nach Berlin kam, beeilte ich mich, ihn mit Schleiermacher bekannt zu machen, überzeugt, daß ein näheres Verhältnis beiden förderlich sein würde. Auch Schlegel wurde bald inne, welch ein Schatz an Geist der kleine Körper seines neuen Freundes barg, denn die Beziehung war in kurzem eine vertraute geworden. Schlegel und ich nannten ihn daher bald nicht anders als unser Bijou. Wir waren es auch, welche ihn zuerst aufmunterten, selbständig als Schriftsteller aufzutreten, indem wie ihn veranlaßten, einen Beitrag zu dem von den Brüdern Schlegel herausgegebenen »Athenäum« zu liefern. Dies war die erste Original-Arbeit, welche von ihm im Druck erschien. Schon im Sommer 1798 wurde dann zwischen ihm und Friedrich Schlegel die erste Verabredung hinsichts der Übersetzung des »Platon« getroffen, zu welcher der Vorschlag von Schlegel ausging. Aber sie war, größtenteils durch Schlegels Schuld, noch sehr wenig vorgerückt, als dieser im Jahre 1802 Berlin verließ und auch Schleiermacher als Hofprediger nach Stolp ging. Von da an ließ Schlegel den letzteren ganz im Stich, so daß er, nicht ohne Kampf und Zagen, sich entschloß, das Werk allein fortzuführen. So konnte erst im Jahre 1804 der erste Band erscheinen.

Schleiermachers erstes größeres und selbständiges Werk waren die »Reden über die Religion«. Er schrieb sie in Potsdam, und zwar von etwa Mitte Februar bis Mitte April 1799. Wir korrespondierten während seines dortigen Aufenthalts, welcher sich noch bis in den Mai hinein verlängerte, fast täglich miteinander, und während er die »Reden« schrieb, gab er fast in jedem seiner Briefe Rechenschaft über das Fortschreiten des Werks, sowie er mir auch stets jede fertige Rede zuschickte, die ich dann gewöhnlich Friedrich Schlegeln und unserer gemeinschaftlichen Freundin Dorothea Veit mitteilte, bevor sie zur Zensur und in die Druckerei ging. Wir sagten ihm auf seinen Wunsch auch stets redlich unsere Ansicht über die fertigen Teile des Werks, ohne daß jedoch unsere hie und da von der seinen abweichende Ansicht irgend eine Änderung zuwege brachte, denn er war zu einig mit sich, bevor er ans Werk ging, als daß dies hätte der Fall sein können, und nur die Änderungen, welche jedem Autor die Ausführung des im ganzen und großen konzipierten Werkes im einzelnen, die Feder in der Hand, fast notwendig auferlegt, fanden statt; aber auch über diese gab er uns Rechenschaft.

Überhaupt legt seine Korrespondenz mit mir von den Jahren 1798 bis 1804, einer Zeit großer innerer und äußerer Tätigkeit Schleiermachers, ja vielleicht seiner eigentlichen Entwicklungs-Periode, das lebendigste Zeugnis für Geist und Gemüt des trefflichen Mannes ab. Wir waren in Berlin gewohnt, uns täglich zu sehen, und waren wir von einander getrennt, so mußte briefliche Mitteilung den mündlichen Verkehr tunlichst ersetzen. Nun war er in dieser Zeit oft länger von Berlin abwesend, unter anderem zwei ganze Jahre als Hofprediger in Stolp, und andererseits brachte ich, solange er in Berlin war, den Sommer größtenteils auf dem Lande zu; daher Anlaß zu vielen Briefen. Und der Drang, sich Freunden mitzuteilen, ja sich ihnen ganz bis in alle kleinsten Falten des Sinnes und Herzens hinein hinzugeben, war mächtig in ihm. Ebenso nötig jedoch waren ihm Lebens- und Liebeszeichen seiner Freunde, die er, und ich rechne mich selbst dazu, wenn er einmal von ihrer Freundschaft überzeugt war, über Verdienst hochstellte. Eine Stelle eines Briefes von ihm an mich – wie fast immer trotz der tiefen Empfindung nicht ohne die ihm eigene Beimischung von Humor – charakterisiert den Mann in den erwähnten Beziehungen ganz. »Ach, Liebe«, heißt es darin, »tun Sie Gutes an mir, und schreiben Sie mir fleißig. Dies muß mein Leben erhalten, welches schlechterdings in der Einsamkeit nicht gedeihen kann. Wahrlich, ich bin das allerabhängigste und unselbständigste Wesen auf der Erde, ich zweifle sogar, ob ich ein Individuum bin. Ich strecke alle meine Wurzeln und Blätter aus nach Liebe, ich muß sie unmittelbar berühren, und wenn ich sie nicht in vollen Zügen in mich schlürfen kann, bin ich gleich trocken und welk. Das ist meine innerste Natur, es gibt kein Mittel dagegen, und ich möchte auch keins.«

So war der Mann, der hin und wieder des Mangels an Liebe beschuldigt worden ist, bloß weil er sich in seiner Polemik bisweilen da der Form der Ironie bediente, wo ihm eben keine andere passender und eindringlicher erschien. Freilich berührte diese Ironie, wenngleich nur gegen Sachen gerichtet, doch auch die Personen der Gegner unangenehm, aber das wäre auch bei einer anderen Form kaum weniger der Fall gewesen.

Es ist begreiflich, daß Leute, welche soviel mit einander verkehrten wie Schleiermacher und ich, auch außer dem Hause oft miteinander gesehen wurden. Und da mag denn der Kontrast zwischen mir, der sehr hochgewachsenen und damals noch mit ziemlicher Fülle begabten Frau, und dem kleinen magern, nicht eben gutgebauten Schleiermacher wohl sein Komisches gehabt haben. So verstieg sich denn der Berliner Witz gar bis zu einer Karikatur auf uns, einer damals hier noch überaus seltenen Äußerungsweise der Satire. Ich spazierte nämlich mit Schleiermacher, indem ich ihn als

Knicker, einer damals gebräuchlichen Art kleiner zusammenzule-
gender Sonnenschirme, in der Hand trug, während ihm selbst
wieder ein solcher Knicker im kleinsten Format aus der Tasche
guckte. Diese Karikatur blieb uns nicht verborgen, und ich glaube,
daß niemand in Berlin mehr über sie gelacht hat als Schleiermacher
und ich, denn der Witz derselben war eigentlich ziemlich wohlfeil.

Es fehlte auch nicht an Leuten, welche, die Innigkeit unseres
Verhältnisses kennend, ein anderes Gefühl als das der Freundschaft
in uns voraussetzten. Dies war ein Irrtum. Man konnte sich mit
niemandem unumwundener über das gegenseitige Verhältnis aussprechen als mit Schleiermacher, ja es war recht eigentlich sein
Bestreben, sich und den anderen über dasselbe ins Klare zu setzen,
damit nicht irgendeine Täuschung in dieser Beziehung ein Verhältnis trübe, welches so, wie es eben in Wirklichkeit bestand, ein
schönes und das allein angemessene war. So haben wir uns denn
auch öfter darüber ausgesprochen, daß wir kein anderes Gefühl
füreinander hätten und haben könnten als Freundschaft, wenngleich
die innigste, ja, so sonderbar es scheinen mag, wir setzten uns
schriftlich die Gründe auseinander, welche verhinderten, daß unser
Verhältnis ein anderes sein könne.

Schleiermachers großes inneres Wohlwollen war Ursache, daß
er, so vorzugsweise erfreulich ihm auch eine geistig anregende
Unterhaltung war, doch auch sehr gern mit Leuten umging, die
nicht auf gleicher geistiger Höhe mit ihm standen, ja überhaupt
geistig nicht bedeutend waren, denn schon Gemütlichkeit allein
konnte ihn aufs mächtigste anziehen. Deshalb waren auch seine
geselligen Beziehungen sehr ausgedehnt und haben ihn viel Zeit
gekostet, ja sie tragen vielleicht allein die Schuld, daß er seine
Vorlesungen nicht für den Druck bearbeitet hat. Nun konnte er
zwar zu jeder ihm beliebigen Zeit arbeiten und war stets gesammelt
genug zur Arbeit, auch ging ihm jede aufs leichteste und schnellste
vonstatten, aber eben deshalb glaubte er noch mehr Zeit übrig zu
haben, als er in der Tat hatte. Selten nur wies er eine Einladung
zurück, und ebenso sah er viele Leute in seinem Hause. Aber freilich
konnte er sich auch unmittelbar nach dem reichsten und fröhlich-
sten Diner oder Souper, und nach letzteren oft in später Nacht, an
den Schreibtisch setzen und war im Augenblick mitten in der
tiefsinnigsten Spekulation. Hatte er am nächsten Tage zu predigen,

so pflegte er sich, und wenn er Gesellschaft hatte im Gesellschaftszimmer, auf etwa eine Viertelstunde an den Ofen zu stellen und denkend vor sich hinzublicken. Seine näheren Freunde wußten, daß er dann über seine Predigt dachte und ließen ihn ungestört. In kurzem war er wieder mitten in der Unterhaltung. Auf irgendeinem kleinen Papierstreifchen hatte er sich wohl mit Bleistift einige Notizen gemacht, dies war jedoch alles, was er von einer Predigt zuvor aufschrieb. Und nach solcher scheinbar flüchtigen Vorbereitung habe ich ihn oft am nächsten Morgen die gedankenreichste und gefühlteste Predigt halten hören.

Nie gab es überhaupt wohl einen Menschen, dessen Geist eine gleiche Macht über seine physische Natur geübt hätte, wie der seine. Noch auf dem Sterbebette, und mit der Gewißheit, daß er nur noch Stunden zu leben habe, berichtete er über seine inneren – seligen – Zustände, zum Teil auch in der ausgesprochenen Absicht, seinen Lieben damit kundzugeben, daß er nicht so viel leide, als es wohl scheinen möchte. Die Geschichte seiner letzten Tage, wie sie seine Witwe niedergeschrieben hat, gibt uns das erhabenste Bild eines bis zum letzten Atemzuge liebenden, selbstbewußten, geistesklaren, in sich befriedigten großen Menschen.

Jean Paul

Jean Paul (eig. Johann Paul Friedrich Richter) wurde am 21. März 1763 in Wunsiedel geboren. Er studierte ab 1781 Theologie, dann Philosophie in Leipzig, mußte sein Studium jedoch wegen völliger Mittellosigkeit abbrechen. Von 1790–94 leitete er eine von ihm gegründete Elementarschule. Er verbrachte die Jahre nach dem Tod seiner Mutter (1797) in Leipzig und schließlich in Weimar, wo ihn eine herzliche Freundschaft mit Herder verband. 1800 reiste er nach Berlin und lernte dort Henriette Herz und Schleiermacher kennen. Im gleichen Jahr erschien der erste Band seines *Titan*. 1801 heiratete er Karoline Meyer, mit der er seit 1804 ständig in Bayreuth lebte. Von Goethe und Schiller mit Distanz behandelt, gehörte er doch zu den am meisten bewunderten Erzählern seiner Zeit. Sein weder der Klassik noch der Romantik zuzuordnendes Werk reicht von der bissigen Satire und der humorvollen Idylle bis hin zum großen Erziehungsroman. Jean Paul starb am 14. November 1825.

Jean Paul
Zeitgenössischer Stich, o. J.

Ich lernte Jean Paul schon bei seiner ersten kürzeren Anwesenheit in Berlin im Frühjahr 1800 kennen. Er wohnte damals in einem ziemlich obskuren Wirts- oder eigentlich Kaffeehause, ja das vulgäre Wort »Kneipe« möchte für dasselbe das bezeichnendste Wort gewesen sein. Mit ihm, dem überaus Unbefangenen, wohnte dort die schon von mir erwähnte Sophie Bernhard, geborene Gad, welche später Domeier, den Leibarzt des Herzogs von Sussex, heiratete, dessen Bekanntschaft sie in Berlin gemacht hatte, wohin er im Gefolge des Herzogs gekommen war. – Sophie Bernhard war eine geistreiche und sehr gutmütige Frau, nichts weniger als schön, aber sehr empfänglichen Herzens, und vorzugsweise richtete sich ihr Gefühl auf Literaten. Da sie mit einer großen Fülle des Busens gesegnet war, so wurde in Berlin scherzweise von ihr gesagt: sie lege die Gelehrten an ihre Brüste.

Richter war im allgemeinen in Berlin nicht eben wählerisch hinsichts seiner Wohnungen, und einmal hatte er sich in dem Hause in der Neuen Friedrichsstraße, in welchem ich wohnte, ein ziemlich schlechtes Stübchen im Hofe gemietet. Dies hinderte jedoch nicht, daß die ausgezeichnetsten und vornehmsten Damen dort bei ihm vorfuhren und ihn besuchten, und besonders viel war die bekannte Gräfin Schlaberndorf, zugleich eine Freundin Sophiens, dort bei ihm.

Überhaupt ist es kaum zu beschreiben, wieviel Aufmerksamkeit ihm von den Frauen, selbst von denen der höchsten Stände, erwiesen wurde. Sie wußten es ihm Dank, daß er sich in seinen Werken so angelegentlich mit ihnen beschäftigt und bis in die tiefsten Falten ihres Sinnes und Gemüts zu dringen gesucht hatte; hauptsächlich aber dankten es ihm die Frauen von höherer Bildung und die vornehmen Damen, daß er sie so viel bedeutender und idealer darstellte, als sie in der Tat waren. Dies hatte jedoch seinen Grund darin, daß, als er zuerst Frauen der höheren Stände schilderte, er in Wirklichkeit noch gar keine solchen kannte und einer reichen und wohlwollenden Einbildungskraft hinsichtlich ihrer freien Spielraum ließ, diejenigen aus diesen Klassen jedoch, welche er später kennenlernte, alles anwendeten, um die ihnen schmeichelhafte Täuschung in ihm zu erhalten und ihm möglichst ideal zu erscheinen. So hat er die Frauen der höheren Stände, so viele er deren auch später sah, eigentlich niemals kennengelernt, ja diejenigen, deren Bekanntschaft er machte, in gewisser Beziehung immer falsch beurteilt. Nicht als ob er die Bedeutenden für unbedeutend gehalten hätte – das Umgekehrte begegnete ihm wohl bisweilen –, aber die Kenntnis der Eigenschaften, welche eben ihre Eigentümlichkeit ausmachten, erlangte er am wenigsten, weil fast keine sich ihm gab wie sie war, sondern meist alle ihm nur ihre glänzendsten Seiten zuwendeten, welche selten ihre bezeichnenden waren. Dadurch verwirrte sich auch sein Urteil hinsichtlich der wenigen, welche ihm für nichts anderes gelten wollten als für das, was sie wirklich waren, und ich rechne mich zu diesen. Er war viel, und ich glaube gern in unserem Hause, aber zu meinem Verdruß glaubte ich zu bemerken, daß er in mir vor allem eine von ihm vorausgesetzte Gelehrsamkeit achtete, eine Eigenschaft, auf welche ich weder Anspruch hatte, noch machte.

Zeichnete ihn die Berliner Gesellschaft aus, so stellte er seinerseits diese sehr hoch. Es war die Mischung aller Stände innerhalb derselben, welche ihm besonders behagte, und allerdings kontrastierte die hiesige Gesellschaft in dieser Beziehung sehr von der damaligen sächsischen, welche er bis dahin vorzugsweise gekannt hatte.

Man darf übrigens von seiner Schreibart keinen Schluß auf seine Unterhaltung ziehen, wozu man um so eher geneigt sein könnte, wenn man findet, daß fast jedes seiner kleinsten Handbilletts den Stil seiner Schriften trägt. Er sprach anspruchslos, klar, geordnet und sehr selten humoristisch. Dabei war er sehr eingehend und ließ noch lieber mit sich sprechen, als daß er selbst gesprochen hätte. Er war von tiefem Gefühl, namentlich für seine Freunde, und es war mir immer rührend, wenn er mir von seinem Freunde Emanuel sprach, für welchen, als einen Juden, er ein besonderes Interesse in mir voraussetzen konnte. Emanuel wollte im Herbst 1801 nach Berlin kommen. Er empfahl ihn mir brieflich als »seinen Glaubensgenossen in höherem Sinne«, der nach Berlin, »der hohen Schule seiner Religionsgenossen« reisen wolle. Aber Emanuel, der jedenfalls ein ausgezeichneter Mann gewesen sein muß und dessen Bekanntschaft ich gern gemacht hätte, kam nicht, schickte jedoch den Brief.

Von den Damen, welche von der zuvorkommendsten und schmeichelhaftesten Aufmerksamkeit für Richter waren, sind selbst die Königin Louise und ihre Schwester, die damalige Prinzeß Louis von Preußen, nicht auszunehmen. Die Königin führte ihn selbst in Sanssouci umher, und die Aufmerksamkeiten, welche ihre hohe Stellung sie verhinderte ihm persönlich zu zollen, ließ sie ihm durch ihren ebenfalls für ihn sehr eingenommenen Bruder, den Prinzen Georg, jetzigen Großherzog von Mecklenburg-Strelitz, erweisen. Unter den Damen des Hofes war viel und mit hoher Anerkennung die Rede von Jean Paul, und als er beabsichtigte, sich in Preußen niederzulassen, wurde der König sogar bewogen, ein Kabinetts- schreiben an ihn zu erlassen, in welchem er ihm erklärte, daß ihm seine Übersiedelung nach Preußen angenehm sein würde. Als er jedoch später beim König um eine Präbende anhielt, wurde sie ihm nicht bewilligt. Dem König war es zuletzt der Begeisterung für Jean Paul zu viel geworden. Ich habe dies von einer Freundin der Königin, irre ich nicht, von Frau v. Berg. Der König äußerte: »Höre denn doch zu viel diesen Jean Paul herausstreichen. Mag ganz gute Romane geschrieben haben – für den Liebhaber, denn mir war das, was mir davon zu Händen gekommen ist, ein bißchen gar zu kraus – aber dies ist doch ein Verdienst, das sich noch halten läßt. Wie will man erst von einem großen Staatsmann sprechen, oder von einem Helden, der das Vaterland gerettet hat? Die Damen verstehen immer das Maßhalten nicht.«

Ich hatte Jean Paul mit Schleiermacher bekannt gemacht, dessen ganze Persönlichkeit ihm sehr wohl gefiel, und ihm auch dessen »Reden über die Religion« zu lesen gegeben, welche er mir mit einem Schreiben voll begeisterten Lobes zurückschickte. Später kamen ihm auch Predigten Schleiermachers zu. Auch über diese schrieb er mir. Sie seien vortrefflich, sagte er in diesem Schreiben, und nur seine Reden seien zehnmal besser.

Viel weniger zufrieden als Jean Paul mit Schleiermachers Leistun- gen war dieser es mit denen des anderen. Dem Manne der klassi- schen Form konnte Jean Pauls Formlosigkeit nicht behagen. Aber auch der Inhalt mancher seiner Werke befriedigte ihn wenig, und selbst an dem hochgefeierten »Titan« hatte er viel auszusetzen. Er schrieb mir kurz nach dem Erscheinen über diesen: »Es sind doch wahrlich alles die alten Sachen und auch in der Geschichte und den Dekorationen die alten Erfindungen, welches eine schreckliche Armut verrät. Selbst die Charaktere sind, wenn auch nicht geradezu kopiert, doch ganz in dem alten Genre. Indes ist vieles besser als in

dem ›Hesperus‹ und der ›Loge‹, selbst die Geschmacklosigkeit.«
Nachdem er den Anhang und die Clavis gelesen hatte, fuhr er fort:
»Nachgerade wird doch Richter so klug, die Sachen, die gar nicht in
das übrige hineinwollen, allein zu drucken, er richterisiert aber doch
so sehr, daß sie dem anderen angehängt werden müssen und daß sie
auch unter sich nicht zusammenhängen dürfen. Nur wie er den
Anhang komisch und satirisch nennen kann, ist schwer zu begreifen. Das einzige recht Komische ist eine Satire auf ihn selbst, eine
Anweisung, seine Bücher zu machen, nämlich ein Erzählungsspiel,
wo man in eine angefangene Erzählung hineinbringen muß, was
einer sagt. Doch wird es nicht übelgenommen, wenn man auch
bisweilen nur scheint es hineingebracht zu haben. Auch fängt er an,
Noten zu machen zu seinem Witz, und schließt sogar mit einer
solchen, und wenn noch mehrere Frauen ihm sagen, daß er schwer
sei, -fällig nämlich, so wird er gewiß noch mehrere Verbesserungen
dieser Art anbringen.«

Doch würde man unrecht tun, diese brieflichen Expektorationen
Schleiermachers an eine Freundin so zu betrachten, als sprächen sie
seine vollständige Ansicht über Jean Pauls schriftstellerische Lei-
stungen aus. Er wußte auch vieles an diesen zu schätzen. Um eine
erschöpfende Kritik war es ihm in solchen flüchtigen Mitteilungen
nicht zu tun.

Auf meiner Reise nach Italien ging ich hauptsächlich deshalb über
Bayreuth, um Jean Paul nach sechzehn Jahren wiederzusehen. Ich
verfehlte ihn, denn er war verreist. Aber in seinem Hause, wo ich
seine Frau und Kinder fand, wurde mir sein von Maier gemaltes
Portrait gezeigt, welches sehr ähnlich sein sollte. Ich hätte es nie für
das seine gehalten. Nach diesem Bilde hatte sich sein Äußeres
durchaus nachteilig verändert. Sein sonst schmales und bleiches
Gesicht war ganz rot und bierdick geworden. Seine Augen, welche
außer dem immer schon etwas sonderbaren Blick früher schon klein
waren, waren durch die Aufgedunsenheit des Gesichts noch kleiner
geworden. Ich wünschte, daß hinsichts der Ähnlichkeit eine Täuschung obwalte. Sah er in der Tat so aus, so schien mir meine
Folgerung, daß die kleine bierselige Stadt überhaupt nicht vorteilhaft auf ihn gewirkt habe, nicht zu kühn.

Der Zufall wollte, daß ich ihn auf meiner Rückreise von Italien
gegen Ende des Juni 1819 in Stuttgart bei Cotta traf. Das Bild war

ähnlich gewesen. Wir waren gegenseitig erstaunt über die Änderung unseres Äußeren. Er war wohlbeleibt, ich war mager geworden. Meine Voraussetzung, daß er einiges von dem Spießbürgertum der kleinen Stadt angenommen habe, war nicht unrichtig. Dennoch war genug von dem früheren Richter geblieben, und wir freuten uns sehr miteinander. Es war das letzte Mal, daß ich ihn sah.

Ludwig Börne

Ludwig Börne wurde am 6. Mai 1786 in Frankfurt als Sohn eines jüdischen Wechslers geboren. Im Nov. 1802 schickten ihn seine Eltern zu dem Mediziner und Philosophen Marcus Herz, der ihn unterrichtete. Im Frühjahr 1803 wechselte er auf Veranlassung von Henriette nach Jena. 1817 trat er zum Protestantismus über und gründete die Zeitschrift *Die Waage*, die er bis 1820 herausgab. Aufgrund seiner radikalen Kritik an der Politik Metternichs wurde er vorübergehend inhaftiert. Ab 1830 lebte er als Publizist in Paris. Dort entstanden seine *Briefe aus Paris*, die vom Frankfurter Bundestag verboten wurden. 1837 verfaßte er die Streitschrift *Menzel, der Franzosenfresser*, in der er sich gegen den Bundestagsbeschluß gegen die Jungdeutschen, unter denen er eine führende Rolle spielte, wandte. Er verfocht die These, daß sich Literatur den Interessen des politischen Fortschritts unterzuordnen habe. Ludwig Börne starb am 12. Februar 1837 in Paris.

*Ludwig Börne
Lithographie nach einem Gemälde
von M. Oppenheim, o. J.*

Ludwig Börne war von seinem Vater, dem Bankier Baruch in Frankfurt a. M., für die Arzneikunde bestimmt worden. Da dieser Bedenken trug, den 16- bis 17jährigen jungen Menschen ohne Aufsicht auf eine Universität zu schicken, so wendete er sich an meinen Mann mit der Bitte, daß er ihn in sein Haus aufnehmen und seine Studien leiten möge. Schon vor Errichtung der Universität bestanden hier nämlich medizinische Lehranstalten und Institute.

Börne, damals noch Louis Baruch und in unserem Hause schlichtweg Louis genannt, tat wenig in seinem Fache, zu welchem er keine Neigung zu haben schien, ja im ganzen sehr wenig. Es schien ihm überhaupt nicht darum zu tun zu sein, sich eine wissenschaftliche Bildung anzueignen. Aber auch die Gelegenheit, sich durch den Umgang mit bedeutenden Menschen zu bilden, welche unser Haus ihm in reichem Maße bot, benutzte er nicht, wie er gekonnt hätte. Ja er schien solche Leute vielmehr zu meiden. Ihr freundliches Entgegenkommen, sogar ihre bloße Nähe, schien oft ihm drückend zu sein. Aber dennoch gab sich mitunter ein bedeutendes Selbstbewußtsein bei ihm kund, welches, da es unbegründet erscheinen mußte, für Dünkel galt und ihm manche der Besucher unseres Hauses entfremdete. Was er tat und unterließ, sollte nächstdem den Anschein haben, als geschähe es aus Grundsatz, und vielleicht verhielt es sich auch so. Er gebärdete sich daher auch nie, als wenn er irgend fleißig sei und seine Kenntnisse zu vermehren strebe, vielmehr gab er zu verstehen, daß er seine Trägheit und Gleichgültigkeit in dieser Beziehung nicht überwinden könne, es aber auch nicht wolle, daß jedoch diese Zeit seines Lebens deshalb doch keine verlorene sei. Warum nicht? – darüber schwieg er.

Ich weiß nicht eigentlich Rechenschaft davon zu geben, warum er unter solchen Umständen nicht mir, wie manchen sehr scharfsichtigen unter meinen Freunden, als ein kleiner selbstzufriedener Faulenzer erschien. Allerdings hatte ich mehr Gelegenheit als andere, welche weniger oft in seiner Nähe waren, mitunter irgendeine geistreiche oder witzige Bemerkung einem Blitze gleich ihm entsprühen zu hören, auch verriet sich mir oft, eben wenn er völlig teilnahmslos schien, ein aufmerksames Beobachten der Menschen. Nächstdem sah er viel zu klug aus, um beschränkt sein zu können. Kurz, mochte auch vielleicht das einigermaßen Mysteriöse in seinem Wesen dazu beitragen, er war mir interessant. Sprach ich es aber meinen Freunden aus, daß er ein interessanter junger Mensch sei, so sahen diese mich ziemlich befremdet an.

Er war nicht lange bei uns, als mein Mann starb, aber er bat mich so dringend, ihm ferner den Aufenthalt in meinem Hause zu gönnen, daß ich, die ich füglich seine Mutter hätte sein können, ganz arglos seinen Bitten nachgab. Ich wurde zuerst aufmerksam, als mir eines Tages, da ich mich eben bei meiner Mutter befand, von einem meiner Dienstmädchen ein Zettel, von ihm an den Apotheker Lezius in der Königsstraße gerichtet, gebracht wurde, in welchem er diesen unter Beifügung von zehn Friedrichsd'or, als Zahlung seiner Rechnung, welche bedeutend weniger betrug, bat, ihm durch Überbringerin eine Dosis Arsenik zu schicken, weil er in seinem Zimmer sehr von Ratten und Mäusen geplagt sei und seine Abwesenheit während einer vorhabenden kurzen Reise zu deren Vertilgung durch dieses Mittel benutzt werden solle. Dem Mädchen war jedoch sowohl der Inhalt des – offenen – Zettels, als das Benehmen des Absenders aufgefallen, und dies war der Grund, weshalb sie den Zettel statt zu dem Apotheker zu mir brachte. Ich erschrak so heftig, daß es mir unmöglich war, sogleich nach Hause zu gehen, schickte jedoch sogleich meine Schwester Brenna zu dem jungen Menschen. Und durch sie wurde mir denn zu meiner großen Betrübnis zuerst die Gewißheit, daß er andere Empfindungen für mich hegte als die für eine mütterliche Freundin. Aber sie glaubte, ihn zur Vernunft zurückgebracht zu haben.

Doch eine Zeit nachher, als ich eben wieder nicht zu Hause war, fand das Stubenmädchen beim Reinigen seines Zimmers einen an mich gerichteten Zettel auf seinem Tische, in welchem er mir erklärte, daß wir uns in diesem Leben nicht wiedersehen würden, und Abschied von mir nahm. Sie brachte mir auch diesen, ich hieß sie ihn still wieder auf sein Zimmer legen und folgte ihr sehr bald nach Hause. Ich traf Louis schon auf der Straße in der Nähe meiner Wohnung und forderte ihn auf, mir nach Hause zu folgen. Es ist begreiflich, daß ich ihn nicht aus den Augen ließ. Am Abend ging ich mit ihm ins Theater, um es ihm um so weniger möglich zu machen, sich von meiner Seite zu entfernen.

Doch war es mir unter solchen, mich zugleich betrübenden und ängstigenden Verhältnissen nicht ferner möglich, den jungen Mann in meinem Hause zu behalten. Ich fragte bei Reil in Halle an, ob er ihn

bei sich aufnehmen wolle, denn ich wußte, daß er dort gut
aufgehoben sein würde, und als dieser es bewilligt hatte, schrieb
ich seinem Vater, es gehe nicht wohl an, daß sein Sohn ferner in
meinem Hause bleibe, ich hätte jedoch seinetwegen Schritte bei
Reil getan, und wenn er damit einverstanden sei, daß er sich zu
diesem begebe, möge er ihm befehlen, augenblicklich Berlin zu
verlassen und nach Halle zu gehn. Der Vater tat dies, und der
Sohn mußte gehorchen. Bei seinem Abschied übergab er mir als
ein Andenken das Tagebuch, welches er in den letzten Monaten
geführt hatte, und an mich gerichtete Briefe, die ich damals
jedoch zuerst zu Gesicht bekam. Ich muß gestehen, daß ich bis
dahin sein Benehmen einer romanhaften Grille zugeschrieben hatte, aber nachdem ich diese Papiere gelesen hatte, mußte ich von
dieser Ansicht zurückkommen. Es sprach eine Leidenschaft aus
ihnen, die mir allerdings als eine wahnsinnige erscheinen mußte,
die mich aber den Entschluß segnen ließ, ihn aus meiner Nähe
entfernt zu haben.

Doch ließ ich ihn nicht abreisen, ohne ihm dringende Empfeh-
lungen an meine Freunde in Halle mitzugeben, namentlich an
Schleiermacher, welcher damals schon als Professor dort angestellt war und ihn schon von Berlin aus kannte. Im Anfang war
das gegenseitige Verhältnis ein recht freundliches. Börne war oft
und gern mit Schleiermacher, wie er mir berichtete, und Schleiermacher hatte den besten Willen, ihm nützlich zu sein. »Daß Louis
gern mit mir ist«, schrieb er mir unterm 21. November 1804,
»freut mich; ich mag ihn auch sehr wohl leiden und denke, ihm
noch nützlich zu werden, wenn wir recht zusammenkommen.« –
Aber nach und nach wurde dem unermüdlich tätigen Manne,
dem Manne, der durch eigene gewaltige Kraft sich über alle
Ungunst äußerer Verhältnisse sowie über alle wie auch begründete innere Mißstimmungen hinaushob, der untätige junge Mensch,
der gar keine Anstrengung machte, sich aufzuraffen, ja sich in
seiner Untätigkeit zu gefallen schien, unangenehm. Seine Teilnahme für ihn nahm stets mehr ab, und Börne seinerseits mied
ihn fast. Ja Schleiermacher wurde vielleicht ungerecht gegen ihn,
indem er ihn aufgrund widersprechender Äußerungen über an
sich unwesentliche Dinge, deren Verschiedenheit vielleicht eben
nur Wirkung einer ungleichen Laune war, des Mangels an Wahr-

haftigkeit beschuldigte. Ich suchte zum Besten meines früheren Zöglings noch aus der Ferne diese Mißverhältnisse auszugleichen, als ich durch den letzteren davon erfuhr, aber mit geringem Erfolg.

Mein Interesse für Börne machte, daß ich immer noch in meinen Bemühungen nicht nachließ, aber der Riß wurde stets größer. »Mit Louis und mir, liebe Jette«, schrieb er noch zuletzt am 10. Oktober 1806, »ist es weiter nichts geworden. Er liebt und hätschelt seine Faulheit und Eitelkeit und will von allen Menschen entweder gehätschelt werden oder hochmütig über sie wegsehen.« [Siehe Schleiermacher an Henriette Herz, S. 173 f.]

Und doch blickt für denjenigen, welcher Schleiermacher kannte, durch alle diese, wenn auch ungünstigen Äußerungen über den jungen Mann, eine größere Teilnahme für ihn hindurch, als er selbst zugestand. Die gänzliche Nichtigkeit hätte ihn kaum zu einer Betrachtung veranlaßt, viel weniger zu einer Auseinandersetzung des Wesens und Charakters eines Menschen, wie jene Briefe sie enthalten. Sprach er jedoch Börne ein entschiedenes Talent ab, so mußte man ihm darin beistimmen. Ein solches schlummerte gewiß schon in ihm, aber erst spätere politische Zustände erweckten es, und ohne das Eintreten derselben wäre Börne als ein wirkungsloser, unberühmter, ja anscheinend unbedeutender Mensch gestorben. Doch konnte auch Schleiermacher in allem seinem sittlichen Zorne über ihn nicht ganz in Abrede stellen, wie es manche andere taten, daß er ein interessanter Mensch war. Wie wäre dies jedoch möglich gewesen, hätte nichts in dem Jüngling auf geistige oder sittliche Anlagen mindestens schließen lassen?

Auch war Schleiermacher einer der ersten, seinen früheren Irrtum einzusehen, sobald Börne als politischer Schriftsteller aufgetreten war. Stimmte er auch mit manchen Ansichten desselben nur teilweise überein, war ihm gleich die, wie auch witzige und humoristische Form, in welcher er andere aussprach, zu herb und bitter – ich war in gleichem Falle mit ihm –: als er im Jahre 1819 eine Reise an den Rhein vorhatte, lud er den faulen Louis, der sich seit einigen Jahren in einen der tätigsten politischen Schriftsteller umgewandelt hatte, zu einem Rendezvous ein.

Auch ich sah ihn, der inzwischen ein berühmter Mann gewor-

113

den war, in demselben Jahre auf meiner Rückkehr aus Italien zuerst, und zwar in Frankfurt a. M., seinem damaligen Wohnorte, wieder. Ich ließ ihn sogleich nach meiner Ankunft zu mir einladen. Er war sehr bewegt, als er mich wiedersah, wenngleich er, Gott sei Dank, von seiner tollen Leidenschaft geheilt war. Ich fand ihn vorteilhaft verändert. Durch alle Einfachheit seines Wesens blickte eine gewisse Genialität hindurch. Ich sah ihn während meines zweimaligen Aufenthalts in Frankfurt fast täglich und las die meisten seiner bis dahin erschienenen Journal-Artikel hier zuerst; denn da sie noch nicht gesammelt waren, so waren sie schwer zu erreichen, auch hatte er die bedeutendsten derselben erst während meiner Reise geschrieben. Ich gestehe, daß mich namentlich die Darstellungsweise höchlichst überraschte. Sein Vater, welchen er mir zuführte, erschien mir als ein recht gescheiter und wackerer Mann, und sehr gefiel mir seine Freundin, eine verwitwete Frau Wohl. Sie war eine ruhige, verständige, unterrichtete Frau von gefälligem Benehmen, und ich hätte es für ein Glück für ihn erachtet, hätte sie ihm ihre Hand gegeben, denn ein eheliches Band war ihm notwendig. Als ich ihn später bei seiner Anwesenheit in Berlin fragte, warum sie nicht ein Paar würden, antwortete er mir: »Sie traut mir nicht!« – Aber der Grund muß ein anderer gewesen sein, denn es war damals schwer, an seiner Aufrichtigkeit und an seiner Treue zu zweifeln, wenn man ihn so genau kannte wie diese vieljährige Freundin. Und ich hörte von anderen, daß die Rücksicht auf ihre alte, sehr orthodox-jüdische Mutter sie hinderte, Börne ihre Hand zu geben, der längst zur christlichen Religion übergetreten war. Sie heiratete bekanntlich später einen Herrn Strauß, der ihre Verehrung für Börne teilte und dessen vielbesprochener Auftritt mit Heinrich Heine, der sich Verunglimpfungen Börnes erlaubt hatte, seinerzeit großes Aufsehen erregte.

Was mir noch zur Kenntnis Börnes, des gereiften Mannes, fehlte, ergänzte mir sein späterer Aufenthalt in Berlin. Es war damals in manchen Kreisen Berlins an der Tagesordnung, ihn, wenn die Rede auf ihn kam, mit Heine gewissermaßen in einen Topf zu werfen. Wenngleich ich keineswegs mit allem, was er schrieb, einverstanden bin, so muß ich ihn doch gegen diesen Vergleich verwahren. Es war ihm um alles, was er schrieb, heiliger

Ernst, der sich nur hinter der Form des Scherzes und der Satire versteckte. Bei Heine scheint mir grade das Umgekehrte der Fall zu sein. Er affektiert den Ernst zuweilen, lediglich um die Wirksamkeit des Spaßes, um welchen es ihm eigentlich zu tun ist und dessen plötzliches Eintreten nur selten bei ihm ausbleibt, zu erhöhen.

Madame de Staël

Anne Louise Germaine, Baronin de Staël-Holstein, wurde am 22. April 1766 in Paris geboren. Als Tochter des Finanzministers Ludwigs XVI. wuchs sie umgeben vom Salongeschehen ihrer Mutter auf. Die Revolutionswirren zwangen sie 1792 zur Flucht aus Paris. Seit 1802 reiste sie, von Napoleon aus Frankreich verbannt, durch Deutschland, wo sie Schiller, Goethe und die Gebr. Schlegel aufsuchte. Mit A.W. Schlegel, der Erzieher ihrer Kinder wurde, verband sie seit 1804 eine enge Freundschaft. Er war ihr literarischer Berater. Ihr epochales Werk *Über Deutschland,* 1814, trug wesentlich zum Deutschlandbild der Franzosen bei. Mit großem Erfolg schrieb sie Romane, die die sozialen Benachteiligungen zum Thema hatten und die ihren späteren Ruf als Frauenrechtlerin begründeten. Sie starb am 14. Juli 1817.

Germaine de Staël-Holstein
Stahlstich von A. Max nach einer Zeichnung
von A. Chaillot, o. J.

Eine Frau ganz anderer Art als Frau von Genlis war freilich Frau von Staël, welche fünf bis sechs Jahre später in Berlin war als jene und zu welcher ich in mannigfachen Beziehungen gestanden habe. Es ist nicht möglich, sich eine lebendigere und geistreichere Unterhaltung zu denken als die ihre. Allerdings aber wurde man von ihr fast bis zum Übermaß mit Geistesblitzen überschüttet. Und nicht minder lebhaft als im Antworten war sie im Fragen, ja ihre Fragen folgten einander mit solcher Schnelligkeit, daß es kaum möglich war, ihr genügend zu entgegnen. Ihr unersättlicher Durst nach Vermehrung ihrer Kenntnisse ließ ihr keine Ruhe, aber ihre Sucht, den subtilsten Geist, welcher aus den Tiefen der Wissenschaft aufsteigt, im Fluge von der Oberfläche wegzuhaschen, war schon bei ihrer Anwesenheit in Berlin Gegenstand leichten Spottes, und dieser blieb ihr nicht immer verborgen. Prinz August fragte sie einmal in meiner Gegenwart: ob sie denn nun schon glücklich in den Besitz der ganzen Fichteschen Philosophie gelangt sei? – »Oh, j'y parviendrai!« antwortete sie mit großer Entschiedenheit, zugleich aber auch mit einer Schärfe des Tons, welche bewies, daß sie die Meinung des Fragenden wohl verstanden hatte.

Mit dieser Fichteschen Philosophie hat sie manche gute Leute nicht wenig gequält. – Ich begegnete eines Tages dem Professor Spalding, dem Philologen. »Ach«, rief er mir schon in der Entfernung einiger Schritte entgegen, »morgen soll ich ein Werk, das ich nicht ganz verstehe, in eine Sprache übertragen, die mir nicht geläufig ist.« Und es ergab sich, daß er zu Frau von Staël eingeladen war, um ihr beim Diner so nebenher ein philosophisches Werk Fichtes in französischer Sprache beizubringen.

Ein Diner, und zwar bei der Herzogin von Kurland, war es auch, bei welchem ich ihre Bekanntschaft machte, und zwar ein sehr interessantes, denn in der nur kleinen Gesellschaft befand sich außer ihr und Johannes Müller noch Prinz Louis Ferdinand.

Ich sah sie seitdem öfter bei mir. Sie hatte kaum August Wilhelm Schlegel kennengelernt, als der Wunsch, daß er sich ihr anschließe und sie begleite, sehr rege in ihr ward, und da Schlegel demselben anfangs nicht entsprechen wollte, so bat sie mich, ihn dazu zu bestimmen. – »Vous avez quelque ascendant sur lui!« sagte sie mir. »Ich will ja nichts von ihm, als daß er meinen Sohn und meine Tochter im Deutschen unterrichte, alle übrige Zeit soll ihm ja bleiben! – Er schützt die Übersetzung des Shakespeare vor. Aber ich sehe die Notwendigkeit nicht ein«, rief sie mit großer Lebhaftigkeit, »den englischen Dichter eben in der Hauptstadt Preußens zu übersetzen!«

Es konnte ihr jedoch nicht lange verborgen bleiben, daß es in der Tat nicht der englische Dichter, sondern eine berlinische Dame war, die ihn an Berlin fesselte. Schlegel hing mit zärtlicher Freundschaft an Sophie Bernhardi, geb. Tieck, nachherige Frau v. Knorring. Sobald Frau von Staël dies erfahren hatte, drang sie in mich, Schlegel und seine Freundin zu mir einzuladen, damit sie die letztere kennenlerne. Vergebens stellte ich ihr vor, daß Frau Bernhardi nicht Französisch speche, während sie das gesprochene Deutsch nicht verstehe. »Je la verrai parler!« rief sie mit ihrer überwältigenden Lebhaftigkeit. – Ich mußte nun eine größere Gesellschaft einladen, um durch sie die Absicht der Frau von Staël möglichst zu maskieren.

Ein Wunder wäre es jedoch gewesen, hätte Frau Bernhardi nicht bemerken sollen, worauf es abgesehen war. Denn kaum hatte sie irgend etwas gesprochen, so rief Frau von Staël Schlegel aufs Lebhafteste zu: »Qu'est ce-qu'elle dit?« – und dieser, der hinter ihrem Stuhl stand, mußte das Gesagte übersetzen. Dabei verfuhr er denn aber aus Treue so treulos als möglich. Denn hatte Frau Bernhardi irgend etwas gesagt, was möglicherweise der Staël nicht behagen konnte, so gab er etwas anderes dafür. Dies erregte dann in der Gesellschaft ein Lächeln, von welchem ich befürchten mußte, daß es der Frau von Staël, weil sie es eben nicht zu deuten wußte, befremdlich werden könnte. Um daher einer möglichen größeren Unannehmlichkeit vorzubeugen, benutzte ich eine Gelegenheit, dem trügerischen Dolmetscher in scherzendem Tone das Handwerk zu legen. Als nämlich Frau Bernhardi einmal behauptete, die französische Sprache sei eine durchaus unmusikalische und für den Gesang im geringsten nicht geeignet, Schlegel aber auf das: Qu'est-cequ'elle dit? der Frau von Staël der anderen eine Äußerung in den Mund legte, welche einem Lobspruch auf das melodische Element in der französischen Sprache ziemlich ähnlich sah, berichtigte ich den Übersetzer und machte so den Fragen der Frau von Staël ein Ende, die sich alsdann in der Tat hinsichts der Frau Bernhardi mit dem voir parler begnügte.

Frau von Staël gab während ihres Aufenthalts in Berlin an jedem Freitag eine Soirée, aber sie lud jedesmal nur drei Damen dazu ein. Ich gehörte öfter zu den Eingeladenen und erinnere mich des letzten dieser Abende als eines vorzugsweise geistvollen und anregenden. Die drei weiblichen Mitglieder der Gesellschaft waren diesmal, außer der Wirtin, die Herzogin von Kurland, Frau von Berg und ich. Besonders geistreich und liebenswürdig erwies sich an diesem Abend Prinz Louis Ferdinand, wie er denn überhaupt einer der liebenswürdigsten Fürsten war. Es ist wahr, daß er bei alledem einen gewissen Ton de corps de garde nie völlig unterdrücken konnte. Doch machte ihn dieser nicht irgend unangenehm, er diente nur dazu, ihm eine bestimmte, eigentümliche Färbung zu verleihen. So verfuhr er eben an jenem Abend hinsichts meiner auf eine Weise, die, von jedem anderen geübt, unzart, ja verletzend gewesen wäre, bei ihm jedoch sich wie gemütliche Teilnahme darstellte. Er faßte mich nämlich bei der Hand und führte mich vor die Herzogin von Kurland. »Betrachten Sie diese Frau!« rief er. »Und diese Frau ist nie geliebt worden, wie sie es verdiente!« Recht hatte er in letzterem freilich. So unendlich gut mein Mann gegen mich war, so liebend er sich die Bildung meines Geistes angelegen sein ließ, so vertrauensvoll er mir alle Freiheit gewährte, die mir das Leben verschönen konnte, eine Liebe, wie ich sie im Herzen trug, kannte er nicht, ja wenn ich sie äußerte, wies er sie gleich einer Kinderei zurück.

Schon vor dieser Szene hatte ich gegen den Prinzen geäußert, daß ich ihn noch nie spielen gehört hätte, und er war so freundlich, mir zu versprechen, daß er am nächsten Freitag sein Piano zu Frau von Staël bringen lassen wolle. Doch an diesem Freitag gab es keine Soirée bei dieser mehr. Sie hatte die Nachricht von der Krankheit Neckers, ihres Vaters, erhalten und war eiligst abgereist, um ihn noch zu sehen. Aber sie fand ihn nicht mehr unter den Lebenden.

Kurze Zeit darauf, bei der Anwesenheit Schillers in Berlin, wendete sich das Gespräch zwischen ihm und mir auf Frau von Staël. Er verhehlte mir seine Abneigung gegen sie nicht. An Anerkennung ihrer geistigen Vorzüge ließ er es zwar keineswegs fehlen. Er sagte mir in dieser Beziehung unter anderem, daß er erstaunt über die Fortschritte gewesen sei, welche sie in kurzer Zeit in der deutschen Sprache gemacht habe. Sie habe Manuskripte, welche Goethe und er ihr zum Durchlesen gegeben, vollkommen verstanden, was sich aus ihren Äußerungen über sie deutlich erwiesen habe. Aber von Schillers Ideal von Weiblichkeit war freilich Frau v. Staël weit genug entfernt. Und eben der Mangel an Weiblichkeit, von welchem ich meinerseits zwar glaube, daß ihr lebhaftes, rasches Wesen ihn mehr voraussetzen machte, als daß er wirklich vorhanden war, mochte ihn hauptsächlich gegen sie eingenommen haben. – Sie hatte in Jena in einem Hause gewohnt, welches wegen eines Spukes – eines Papiermännchens, welches darin umgehen sollte – anrüchig war, und wußte sich etwas damit, daß während ihrer Anwesenheit sich von diesem nichts habe merken lassen. Schiller erzählte mir davon. »Aber«, schloß er, »hätte denn selber ein Geselle Satans mit der zu schaffen haben mögen?«

Wilhelm von Humboldt war bei seiner Anwesenheit in Paris im Jahre 1799 viel mit Frau von Staël, ja mehr vielleicht als mit irgend jemand anderem. Aber es war doch auch nur ihr Geist, der ihn zu ihr hinzog, einen Mangel echter Weiblichkeit glaubte doch auch er, und zwar auf eine wenig wohltuende Weise, bei ihr zu verspüren. Doch die übrigen Menschen in Paris genügten ihm damals so wenig, daß er sich vergleichsweise bei ihr wohl fühlte. Ihn erfreute überhaupt damals dort kaum etwas anderes, als die Verehrung, welche man – in jener Zeit schon, noch vor dem Antritt der Reise, welche den Grund zu seiner Weltberühmtheit legte – für seinen Bruder Alexander hatte. Diese Verehrung eines ausgezeichneten Menschen, dessen Inneres er so ganz kannte, schien ihm ein besserer Kultus als der, welchen er damals in den Kirchen von Paris sah, »in diesen Kirchen mit ihren moralischen Inschriften, ihren gipsernen Statuen der Freiheit und den paar Theophilanthropen, welche sich an jeder Dekade darin versammeln, um Gebote vorlesen zu hören, die nicht befolgt werden«, wie er mir schrieb. Ihm wurde erst wieder wohl in dem Tempel der Natur, der sich ihm auf der Grenze Frankreichs, welches er ohne irgendein Bedauern verließ, in den Pyrenäen auftat. Madrid, wohin er von da ging, interessierte ihn unendlich mehr, als Paris es damals getan hatte. Er schwelgte in den Kunstschätzen dieser Stadt, und besonders in denen des Escorials. Und konnte er auch viele der Motive nicht teilen, welche die herrlichen spanischen Kirchen füllten, immer gaben sie und ihre Besucher ihm ein schöneres, erhebenderes Gefühl als jene französischen. So sprach er sich auch hierüber in seinen Briefen an mich aus. – Aber dennoch sehnte er sich, sobald er sich von seinem Bruder hatte trennen müssen, der von Coruña aus seine Reise um die Welt antrat, aufs lebhafteste von Spanien hinweg und wieder nach Deutschland. Er war durch und durch Deutscher.

Doch zurück von dem teuren heimgegangenen Freunde zu Frau von Staël. Hatte diese geistreiche Frau den Nutzen, welchen ihr August Wilhelm Schlegel bringen konnte, sehr richtig erkannt, so hatte sie doch auch eingesehen, daß dieser sich seinerseits bei ihr wohlfühlen, daß das Leben, welches er bei und mit ihr führen werde, ihm ein anregendes und förderliches sein müsse. So war es auch in der Tat. Von eigenen Produktionen war der ›Jon‹ die letzte bedeutendere vor seiner Bekanntschaft mit der Staël, ein Werk ohne Eigentümlichkeit und Leben. Er erhob sich wieder an dieser Frau, und was er während seines Zusammenlebens mit ihr teils ausführte, teils konzipierte, gehört zu seinem Besten.

Am wenigsten an seiner Stelle war er als Universitätslehrer in Bonn. Er paßte nicht zu einem deutschen Professor, er paßte nicht zu dem derben Wesen deutscher Studenten. Oft mußte er diesen lächerlich, seinen Kollegen mindestens fremd vorkommen. Ich sah ihn auf meiner Rückkehr aus Italien im Jahre 1819 als Professor in Bonn wieder, wo er sich überaus freundlich gegen mich erwies. Wie war er schon äußerlich verändert! – das sonst so glänzende Auge war erloschen, der Teint bleich, verschossen, die früher schlanke Gestalt aufgedunsen, sein sonst so geistreiches Wesen war nur noch zu ahnen! – Wir machten eine Land- und Wasserpartie mit Bonner Professoren und ihren Frauen. Sie waren lustig und laut, aber je mehr sie dies wurden, desto ernster und stiller wurde Schlegel. Zuletzt saß er mit völliger, aber anständiger Teilnahmslosigkeit da, ganz wie ein ältlicher Franzose, der nicht Deutsch versteht, in einer deutschen Gesellschaft dasäße, und auch sein Äußeres widersprach diesem Bilde nicht. Eigentlich verstand er auch nicht, was um ihn her gesprochen ward, wenn er auch die Worte verstand. – Er machte einen schmerzlichen Eindruck auf mich.

Schiller – Goethe

Johann Wolfgang Goethe wurde am 28. Aug. 1749 in Frankfurt/M. geboren († 22.3.1832 in Weimar). Nach Abschluß seines Jurastudiums war er seit 1776 als Geheimer Legationsrat in Weimar ansässig. Bereits 1773 und 74 erschienen seine schon damals vielgelesenen Werke *Götz von Berlichingen* und *Die Leiden des jungen Werthers*. 1782 wurde er geadelt. Zwischen 1786 und 90 bereiste er zweimal Italien.

Friedrich Schiller, am 10. Nov. 1759 in Marbach/Württbg. geboren († 9.5.1805 in Weimar), trat 1773 auf Befehl Herzog Karl Eugens in die Militärakademie ein, studierte Jura und seit 1776 Medizin. Die Uraufführung der *Räuber* (1782) brachte ihm das Verbot jeglicher literarischer Tätigkeiten ein.

Nach einer ersten flüchtigen Begegnung zwischen Goethe und Schiller 1788 trafen die beiden im Juli 1794 in Jena zu einem bedeutsamen Gespräch zusammen. Dieses Treffen bildete die Grundlage zu einem intensiven Briefwechsel und einem bis zum frühen Tode Schillers andauernden Schaffensbund.

Friedrich Schiller
Zeichnung von Karl Bauer, o. J.

Johann Wolfgang Goethe
Zeichnung v. C. A. Schwerdgeburth, o. J.

Schiller mußte auf die Mehrzahl der Menschen notwendig einen angenehmeren Eindruck machen als Goethe. Die äußere Erscheinung sprach allerdings im ersten Augenblick mehr für den letzteren. Aber er gab sich denjenigen gegenüber, welche ihn nicht besonders zu interessieren wußten, gar zu sehr seiner augenblicklichen Stimmung hin und schien die Verehrung, welche ihm entgegengebracht wurde, als einen schuldigen Tribut zu betrachten, der auch nicht die kleinste Erwiderung seiner Seite erheische. Gewiß mag ihn die Neugier unbedeutender Menschen oft ungebührlich geplagt und um eine edle Zeit betrogen haben, von welcher er fühlte, daß er sie ersprießlicher anwenden konnte. Aber ich habe ihn auch bisweilen von einem Kreise anerkannt tüchtiger Männer und strebender Jünglinge umgeben gesehen, welche alle, entbrannt von dem Wunsche, irgendeine Ansicht, eine Meinung nur von ihm ausgesprochen zu hören, an seinen Lippen hingen und doch als die Beute eines langen, vielleicht ihr ganzes Leben hindurch ersehnten Abends nichts mehr als ein gedehntes: »Ei – ja!« oder »So?« – oder »Hm!« – oder bestenfalls ein: »Das läßt sich wohl hören!« – davontrugen. Schiller war eingehender. Auch sein Äußeres war jedenfalls bedeutend. Er war von hohem Wuchse, das Profil des oberen Teiles des Gesichtes war sehr edel; man hat das seine, wenn man das seiner Tochter, der Frau von Gleichen, ins Männliche übersetzt. Aber seine bleiche Farbe und das rötliche Haar störten einigermaßen den Eindruck. Belebten sich jedoch im Laufe der Unterhaltung seine Züge, überflog dann ein leichtes Rot seine Wangen und erhöhte sich der Glanz seines blauen Auges, so war es unmöglich, irgend etwas Störendes in seiner äußeren Erscheinung zu finden.

Bis zum Jahre 1804, wo ich ihn zum ersten und letzten Male, und zwar hier in Berlin sah, hatte ich ihn nur aus seinen Schriften gekannt, und wie es begreiflich ist, daß wir uns das Bild der Persönlichkeit eines Dichters, den wir kennen und lieben, aus seinen Werken gestalten, so hatte ich ihn mir in seiner Ausdrucksweise feurig und in seinen Reden rückhaltlos seine Überzeugung ausdrückend gedacht. Ich meinte, er müsse so im Laufe eines Gesprächs etwa wie sein Posa in der berühmten Szene mit König Philipp sprechen. Zu meinem Erstaunen nun stellte er sich in seiner Unterhaltung als ein sehr lebenskluger Mann dar, der namentlich höchst vorsichtig in seinen Äußerungen über Personen war, wenn er durch sie irgend Anstoß zu erregen glauben durfte.

Doch half ihm in Berlin die Zurückhaltung nicht viel. Die schlauen Hauptstädter wußten bald, daß seine Frau gegen ihre fein gesponnenen Fragen weniger gewappnet war als er, wie ich denn überhaupt gestehen muß, daß sie auf mich nicht den Eindruck einer geistig bedeutenden Frau gemacht hat, namentlich nicht, wenn ich sie mit ihrer Schwester Caroline von Wolzogen vergleiche; und so erfuhr man denn von der Frau, was der Mann zu verschweigen für gut achtete. – Den auf ihre Bühne sehr eitlen Berlinern, deren Hauptinteresse sich damals auf Schauspiel und Schauspieler richtete, unter welchen letzteren sie sich in der Tat sehr großer Künstler, wie eines Fleck, eines Iffland, einer Bethmann zu rühmen hatten, lag es besonders daran, Schillers Urteil über die hiesige Darstellung seiner Stücke zu hören. Nun war grade über die der Thekla im Wallenstein das ganze intelligente Berlin in zwei Parteien geteilt. Diese Rolle wurde von Flecks Gattin dargestellt, einer hübschen, mit einem weichen und tönenden Organ begabten Frau, die später als Madam Schröck in den Rollen der edlen Mütter und Anstandsdamen alle Stimmen für sich vereinigte, als jugendliche Liebhaberin jedoch von einem Teil des Publikums bis in den Himmel erhoben wurde, während ein anderer sie einer falschen, langweiligen Sentimentalität beschuldigte, die bei ihr zur unaustilgbaren Manier geworden sei. So auch in der Rolle der Thekla. Aber von Schiller war nichts darüber herauszubringen. Seine Frau jedoch, so bemerklich ihr auch das Ausweichen ihres Mannes werden mußte, war bald zu der Mitteilung zu vermögen, daß diesem die Darstellung der Thekla gar nicht behage. Und allerdings konnte dies bei der gehaltenen und gemessenen, wenngleich wenig erwärmenden Art der Rezitation, welche Goethe und Schiller auf der Weimarschen Bühne eingeführt hatten, kaum anders sein.

Goethe hatte ich noch nie gesehen, als ich während eines Aufenthalts in Dresden im Jahre 1810 in einer Soirée bei Frau Seidelmann, der trefflichen Sepiazeichnerin, plötzlich seine Ankunft berichten hörte. Ich äußerte meine Freude so lebhaft, daß der ebenfalls anwesende, noch sehr junge Herzog Bernhard von Weimar ihn durchaus herbeiholen wollte, um mir seine Bekanntschaft sogleich zu verschaffen. Ich weiß nicht, wie er dies gegen Goethe hätte

129

verantworten wollen, aber gewiß ist es, daß ich ihn noch in der Tür am Rockschoße zurückhalten mußte, um ihn von seinem Vorhaben abzubringen. Am anderen Morgen jedoch kam Frau Körner zu mir, um mich zu benachrichtigen, daß Goethe auf der Galerie sein werde. Natürlich eilte ich dahin. Hatte ich ihn gleich nie gesehen, dennoch erkannte ich ihn auf der Stelle, und ich hätte ihn erkannt, wäre mir auch nie ein Bildnis von ihm zu Gesicht gekommen. War schon seine ganze Erscheinung in aller Einfachheit imposant, so zeichnete doch vor allem sein großes, schönes, braunes Auge, welches sogleich den bedeutenden Menschen verriet, ihn vor allen Anwesenden aus. Er war so freundlich, sich durch die Frau Seidelmann mir vorstellen zu lassen. Und da diese, eine Venezianerin von Geburt, nur Italienisch und Französisch sprach, so wurde die Unterhaltung anfangs in der letzteren Sprache geführt. Er drückte sich in derselben gut und mit Geläufigkeit aus. Da man jedoch in einer fremden Sprache, spreche man sie auch gut, immer nur sagt, was man kann, in der eigenen aber, was man will, so suchte ich es bald dahin zu wenden, daß wir deutsch sprachen.

Am Abend fand ich ihn bei Körners wieder. Da umstand ihn eben auch solch ein Kreis von Leuten, die nichts von ihm zu hören bekommen konnten. Und bald trat er zu mir heran und sagte: »Geht's Ihnen wie mir und hat das heutige Sehen der Gemälde Sie angestrengt, so setzen wir uns ein wenig, und nebeneinander.« Nichts konnte mir erwünschter sein. – Die Gemälde gaben den Stoff zur Unterhaltung. So Treffliches er auch über manche historische Gemälde sagte, so war ich doch hier nicht überall mit ihm einverstanden, denn ich gehörte damals, gleich dem ganzen Kreise meiner Freunde, der romantischen Richtung an, auch spukte schon von unseren deutschen Künstlern in Rom etwas von jener, bald auf die deutsche Kunst so einflußreich gewordenen Nazarenischen Richtung über die Alpen herüber. Und so hörte denn z. B. die italienische Kunst für mich so ziemlich mit dem Meister auf, mit welchem sie für Goethe eben recht begann, mit Raphael. Aber da mir vor allem darum zu tun war, ihn zu hören, so hütete ich mich sehr, ihm hierin zu widersprechen. Über Landschaftsmalerei jedoch sagte er das Trefflichste. Hier war er ganz zu Hause. Der Dichter, der Kritiker, der Naturbeobachter und der ausübende Künstler gingen hier bei ihm Hand in Hand. Denn bekanntlich war er selbst meisterlicher Landschaftszeichner.

Wir sahen uns nun während seiner Anwesenheit in Dresden fast jeden Abend, denn alle seine Freunde und Bekannten waren auch die meinigen.

Diesen glänzenden Stern habe ich nun auf- und untergehen sehen, denn ich erinnere mich noch der Zeit, als sein *Götz* und sein *Werther* soeben erschienen waren, und die Aufmerksamkeit aller, die sich für Literatur interessierten, auf ihn richteten. Habe ich ihm daher, nächst der Auszeichnung, welche er mir persönlich erwies, unendliche Genüsse, welche der Dichter mir gewährte, zu danken, so hat er mich doch auch in einem von mir hochverehrten Freunde sehr verletzt, und ich will nicht verhehlen, daß ich ihm dies stets ein wenig nachgetragen habe. Der Fall beweist, daß er sogar bis in seine Familienverhältnisse hinein sein Bestreben trug, alles was ihm unbequem war oder auch nur dies zu werden drohte, rücksichtslos zu beseitigen. Als die Tochter seiner einzigen geliebten Schwester, der Gattin Schlossers, Nicolovius heiratete, hatte er etwas gegen diese Verbindung. Der geistige und sittliche Wert der letzteren gibt mir ein Recht zu der Voraussetzung, daß diese Unzufriedenheit nicht eine des Dichters, sondern eine des Ministers war und nur die, allerdings damals noch nicht glänzende, äußere Stellung Nicolovius' betraf. Doch mußten die Äußerungen derselben verletztend genug gewesen sein, namentlich wenn man den milden und versöhnlichen Sinn des guten Nicolovius in Anschlag bringt. Denn nie haben Goethe und er einander gesehen, so leicht dies auch von dem Augenblicke an zu bewirken gewesen wäre, wo Nicolovius als Mitglied des Staatsrats nach Berlin versetzt wurde, und so manche Anlässe sich auch dazu boten. Auf die Kinder des letzteren übertrug Goethe jedoch seinen Mangel an Freundlichkeit nicht, und namentlich hatte er für Alfred Nicolovius viel Teilnahme.

II Briefe von und an Henriette Herz

Briefe von Wilhelm von Humboldt an Henriette Herz

Tegel, Sonnabend nachmittag [1786]

Eben habe ich eine recht glückliche Stunde genossen. Jetzt muß ich Ihnen schreiben, beste Freundin, mein Brief wird heiterer werden, und Sie sind sicher, daß ich, wenn ich von den Ursachen meiner Unruhe oder meines Mißmutes rede, gewiß nicht übertreibe. Ich war eben ausgeritten. Es ist hier im Walde ein kleines, niedliches Birkental, abgelegen vom Wege, am Fuße eines ziemlich hohen Berges. Da hab' ich Ihren Namen in eine recht schöne Birke gegraben, und deswegen, und weil man da so still und einsam sitzen kann, besuche ich diesen Ort so oft. Mein kleines Pferd findet nun schon den Weg ohne Zügel dahin und bleibt jedesmal bei dem Baume stehen, dann steig' ich ab und es graset indes. Klingt das nicht romantisch? Freilich wohl. Aber mag es immer. Ich danke doch einmal diesem kleinen Tale die süßesten Stunden dieses Sommers, und meine reinsten Empfindungen, meine besten Vorsätze; und wie Sie auch darüber urteilen mögen, ich kann mich Ihnen einmal nicht anders zeigen, als ich bin. Verzeihen werden Sie mir doch gewiß. Ich hatte Ihren Brief bei mir; ich habe ihn recht oft gelesen. Wie kann ich Ihnen je genug für Ihre herzliche Teilnehmung an meinem Schicksal, für Ihre freundschaftliche Besorgnis danken. Wahrlich, wenn ich noch so traurig, noch so niedergeschlagen wäre, ein Brief wie der Ihrige würde mich wieder aufheitern. Wenn Sie es je fühlten, und gewiß fühlten Sie es, wie erquickend die Teilnahme der Freundschaft in jedem traurigen Augenblicke ist, und wenn Sie wissen, was Sie, teuerste Henriette, mir sind, welchen Einfluß Sie und das, was Sie mir sagen oder was Sie mir schreiben, auf mich und die ganze Stimmung meiner Seele hat; oh, so glauben Sie mir gewiß, daß ein Brief, wie Ihr letzter, mich ganze Tage von Kummer vergessen macht.

Tegel, Mittwoch abend

So ist er denn wieder verstrichen, der frohe, glückliche Tag, an dem ich Sie so lange sehen und so ungestört mit Ihnen reden konnte! Oh, wie vielen, vielen Dank bin ich Ihnen noch schuldig, teuerste

Freundin, für alle die Güte, die Freundschaft, die Sie mir erwiesen, für das Vergnügen, das ich in Ihrer Gesellschaft genossen habe! Ach bald, bald werde ich es nicht mehr genießen, noch wenige Wochen, und ich kann Sie in einem ganzen halben Jahre nicht sehen. Oh, wer, liebe Henriette, wer wird mir diese lange Zeit ertragen helfen? Wer könnte es, als nur Ihre lieben, innigen, freundschaftlichen Briefe, und die, die soll ich entbehren! Aber warum rede ich schon jetzt von dieser traurigen Zukunft? Warum quäle ich mich schon jetzt mit der Vorstellung davon? Wird mich das wirkliche Gefühl nicht genug schmerzen? Wäre doch der heutige Tag mit dem Augenblick geendigt gewesen, da Sie von uns wegfuhren! Aber nach Ihnen noch ein paar Stunden in Tegel zuzubringen, in einer völlig gleichgültigen Gesellschaft nach Hause zu fahren und nicht einmal ruhig und ununterbrochen an Sie denken zu können, oh, das war schrecklich. Ich wäre so gern noch heute abend wegen des Pelzes der Meyern selbst zu Kircheisens gekommen; ich hätte Sie doch vielleicht noch gesehen. Allein die gute Salomon nötigte mich herein, und nun durfte ich doch wohl nicht gleich wieder fortgehen, ohne die Achtung zu verletzen, die ich Ihrer Freundin schuldig bin. Desto mehr habe ich mit der (Rahel) Levin von Ihnen gesprochen; es ist ein amüsantes kluges Mädchen. Was wir geredet haben, wird sie Ihnen wohl selbst morgen erzählen. – Ob ich Sie wohl Freitag sehen werde? Daß ich es so gern täte, das wissen Sie. Aber wenn ich Sie auch nicht sehe, so danke ich Ihnen doch von ganzem Herzen, beste Freundin, schon für das Versprechen, zu machen, daß wir gebeten würden. Ach, Sie sind so gut, so gut gegen mich, liebe Henriette, so viel mehr, als ich es verdiene. Und ich sollte je aufhören können, Ihnen gut zu sein, je aufhören können, Sie zu lieben, Sie je nur weniger innig, weniger herzlich lieben können als jetzt? Nein, Henriette, halten Sie mich jeder Schwachheit, jedes Fehltritts fähig, nur keiner Untreue, keiner Unbeständigkeit, ich bitte Sie darum. Wenn Sie wüßten, wie Sie, und nur Sie allein meine ganze Seele beschäftigen, wie ich nur dann recht froh, recht zufrieden bin, wenn ich bei Ihnen sein oder doch recht ungestört an Sie denken kann, wie meine Aussicht in eine glücklichere Zukunft sich nur darauf gründet, daß Sie, meine Teuere, fortfahren, mir so gut zu sein, als ich oft glaube, daß Sie mir jetzt sind; oh, dann würden Sie nicht besorgen – wenn es denn eine Besorgnis für Sie ist–, daß ich je aufhören könnte, das für Sie zu empfinden, was ich jetzt empfinde. Wie lange schon suchte ich, sehnte ich mich nach einer Freundin, der ich mein ganzes Herz ausschütten, deren Vertrauen ich verdienen, die ich recht, recht innig lieben und dadurch glücklich sein könnte. Diese Freundin habe ich jetzt gefunden, gewiß in Ihnen gefunden, teuerste, innigstgeliebte Henriette, denn Sie haben mich ja Ihrer Freundschaft gewürdigt, erlauben mir ja, Ihnen jede Empfindung meines Herzens zu entdecken – und ich sollte jetzt dieses Glück nicht zu schätzen wissen, sollte es nicht genießen, nicht so lange genießen wollen, als Sie mir es zu genießen verstatten? Ist denn auch das, was ich für Sie empfinde, von der Art, daß es so leicht wieder erlischt, so leicht von Gegenstand zu Gegenstand flattert? Oh, Henriette, klagen Sie die Freundschaft, die reinste, innigste, herzlichste Freundschaft nicht so ungerecht an! Ich fühle zu sehr, daß meine ganze Ruhe, meine ganze Zufriedenheit nur von Ihnen abhängt, daß Ihre Freundschaft mir unentbehrlich geworden ist, als daß ich nicht alles tun sollte, sie mir zu erhalten. Möchten Sie doch mein ganzes Herz sehen können, nur Ihnen, beste Freundin, würde ich mich nicht scheuen, es zu zeigen, Sie würden dann gewiß sehen, daß ich nie anders gegen Sie denken kann. Wie gern hätte ich Ihnen das schon öfter gesagt, wie gern hätte ich Ihnen schon öfter versichert, daß ich Sie gewiß ewig, ewig lieben werde.

[Herbst 1787]

Möchte ich doch erst wieder in diesem Zirkel sein. Wie glücklich wollte auch ich mit Ihnen leben. – Aber ich bin nicht bei Ihnen, nicht bei der Veit, nicht bei Karl. Darin allein liegt die Quelle meines Mißvergnügens. Oh! ich danke Ihnen herzlich, daß Sie mir diese Einsamkeit noch durch Ihre Briefe ertragen helfen. Was machte ich ohne diese? Sie sind doch nicht böse darüber, Liebe, daß ich immer einen hier behalte? Aber den kann ich gewiß in acht nehmen, der fällt gewiß niemand in die Hände. Und ich kann unmöglich ganz ohne einen Brief von Ihnen sein. Ich trag' ihn immer bei mir, und wenn ich Muße habe, so lese ich ihn, und danke Ihnen in meinem Herzen, daß Sie mir ihn schrieben. Ich kann so Ihren Ring hier nicht tragen. Darum freue ich mich auf Göttingen. Da kann ich ihn tragen. Weil ich von Göttingen rede, es ist nun gewiß, daß S. mitgeht. Seine Eltern

haben es erlaubt. Es ist mir sehr lieb. Er ist ein herzlich guter und
fleißiger Junge. Sehr viel Kopf hat er zwar nicht, aber doch genug,
doch soviel, um ein recht brauchbarer, nützlicher Mann zu werden,
und was kann man mehr verlangen. Ich für mein Teil bin mit diesem
Ruhme zufrieden, wenn ich ihn nur erlangen kann; ach und sollte ich
das nicht? – Ich will nun für heute schließen, Henriette, morgen abend
schreibe ich weiter. Was sagen Sie denn zu der Verwirrung, die in meinen Briefen herrscht? Ich schreibe Ihnen, wie ich's denke. Und das
wird Ihnen, hoff' ich, lieb sein. Sie sind ja die Vertrauteste meines Herzens. Nicht wahr, ist's Ihnen nicht lieb? – Gute Nacht, liebe Henriette.

[1787]

Arme Henriette, also sind auch Sie unglücklich! Oh, das, das fehlte nur
noch, um mich die Härte meines eigenen Schicksals ganz fühlen zu
lassen. Ihr Brief hat mich in Unruhe und in Bestürzung gesetzt. Ich
habe ihn zwei, dreimal überlesen, und soll ich Ihnen noch sagen,
welche Empfindungen er in mir hervorgebracht hat? Und was noch
das Schlimmste ist, so muß ich diese Empfindungen verbergen.
Kunth fragte mich schon ein paarmal diesen Nachmittag, was mir
fehle? Warum ich so ungewöhnlich traurig sei? Ich schützte Kopf-
schmerzen vor. Was sollte ich antworten? Aber was ist denn
vorgefallen, liebste, beste Henriette? Oh, ich bitte Sie, schreiben Sie es
mir, schreiben Sie es mir, und ganz so wie es ist. Jetzt bitte ich Sie um
Vertrauen, jetzt bitte ich Sie, mir die eigentliche Ursache Ihres
Kummers zu entdecken. Denn jetzt kann ich Ihnen vielleicht nützlich
werden, jetzt Ihnen vielleicht durch manches, was auch ich hörte,
Aufschlüsse geben. Sie schreiben, daß man sie so falsch beurteilt, daß
das so weit geht, daß Sie Berlin deswegen zu verlassen wünschen,
Gott, Henriette, was ist das, und wer ist daran schuld? Und wie ist das
so plötzlich entstanden? Ich weiß wohl, daß man schon immer
unwürdige, nur Verachtung verdienende Urteile von Ihnen gefällt
hat. Ich weiß, daß Meyering davon, wenn nicht die Schuld, doch
wenigstens die Veranlassung ist; daß man wenigstens jetzt von ihm am
meisten spricht. Ich habe Sie selbst so oft verteidigt, mich so oft nur
hüten müssen, nicht durch zu große Heftigkeit und Erbitterung den
Leuten Gelegenheit zu geben, zu glauben, daß auch ich parteiisch für

Sie sei, und Ihnen dadurch mehr schädlich als nützlich zu sein. Ich erinnere mich noch besonders einesmals diesen Sommer, wo – Sie sollten es kaum glauben – Carmer, den Sie nicht leiden können, mit ungewöhnlicher Wärme Ihre Partei nahm – Sie wußten dies alles, Sie sprachen einigemal mit mir davon und sagten mir sogar, daß Sie das nicht beunruhige, weil es in Berlin jeder jungen und auch nur leidlich hübschen Frau so gehe. Wie kommt es nun, daß Sie jetzt auf einmal so bewegt darüber sind? Bing scheint mir ein zu unbedeutender Mensch, um auch mit aller Bosheit Ihnen viel schaden zu können. Oh, erklären Sie es mir, ich bitte, ich beschwöre Sie darum. Ich werde nicht eher nur etwas ruhiger sein. Sie können ja – soll ich es Ihnen noch beteuern – auf meine Verschwiegenheit rechnen. Ich müßte ja der verabscheuungs-würdigste, verworfenste aller Menschen sein, wenn ich Sie, gütige, freundschaftliche Henriette, hintergehen könnte. Und auch durch Unbesonnenheit verrat' ich gewiß nichts. Ich spreche sogar überhaupt ungern von Ihnen. Nur mit der Veit und Laroche tue ich's gern; sonst verrät mein Mund und mein Gesicht zu sehr, was ich für Sie empfinde, und das wird oft falsch beurteilt. Und daß Sie sogar wünschen, sich von Berlin auf eine Zeitlang zu entfernen! Um Gottes willen, arme unglückliche Henriette, es muß weit gekommen sein. Ich weiß, wie wert Ihnen Berlin ist, wie wert Ihre Veit; wie wert – ich kann's doch hinzusetzen, Laroche, der nun bald hinkommt, und ich weiß, daß Ihre Schwester keine Frau für ihn ist. – Doch ich muß nun zu Tisch gehen. Sobald ich wiederkomme, noch soviel ich kann. Leben Sie wohl solange, meine liebe, liebe Henriette. Gott, wenn ich Ihnen doch helfen könnte. Gern, gern wollt' ich noch jede glückliche Stunde dafür einbüßen, die ich jetzt noch habe. Oh, Sie gute, liebe Henriette! Ich kann den Namen nicht genug wiederholen, der meinem Herzen so über alles, so unendlich mehr als jeder andere teuer ist und ewig sein wird!

[Ende 1787]

Wundern Sie sich nicht über die neue Gestalt meines Briefes, liebe Henriette. Sie fragen mich in Ihrem vorletzten Briefe, ob es mir wohl gleichviel sei, ob wir uns deutsch oder hebräisch schrieben? Ich schließe aus der Frage, daß Sie lieber deutsch schreiben wollen. Hab' ich Sie unrecht verstanden, so sagen Sie's mir, und Sie sollen wieder hebräische Schrift bekommen. Aber warum fragen Sie mich erst? Ist es nicht Bewegungsgrund genug, etwas zu wollen, daß Henriette es will? Gewiß, meine Teure, das ist es, und nicht bloß in Kleinigkeiten, wie diese, sondern auch in wichtigen Dingen. Glauben Sie darum nicht, daß ich Ihnen überall blindlings folgen werde. In vielen Stücken werd' ich's gewiß, aber in allen wird Henriette selbst es nicht wollen. Aber mein Herz, das gesteh' ich, wird zuerst immer Ihrer Meinung sein, und mein Verstand wird viel Mühe haben, es zu überzeugen, daß doch auch Sie sich vielleicht geirrt haben, daß es Ihnen vielleicht nicht möglich war, die Sache von allen Seiten zu sehn. Aber, um auf das Hebräische zurückzukommen, so ist es mir wirklich gleichviel, wie wir uns schreiben. Das Hebräische ist mir freilich teuer, weil wir uns darin zuerst geschrieben haben. Man liebt auch solche leblose, an sich nichtssagende Dinge wegen der Ideen, die man damit verknüpft. Es ist vielleicht eine Schwachheit, aber geht es Ihnen nicht auch so, teure Henriette? Doch auf der andern Seite schreiben wir wahrscheinlich beide das Deutsche geläufiger als das Hebräische, und dann können wir uns vielleicht, ohne mehr Zeit auf unsren Briefwechsel zu verwenden, länger schreiben. Und soll ich Ihnen noch sagen, wie wichtig es mir ist? Und auch Ihnen, gute Henriette, weiß ich, ist es lieber. Es ist nicht mehr bloß Stolz, wenn ich das sage. Es wäre Undankbarkeit, Ihre Liebe zu verkennen. Gott! Sie macht mich so glücklich! Mehr zu befürchten haben Sie gewiß auch nicht, wenn wir uns deutsch schreiben. Fände man einen Ihrer hebräischen Briefe, so wäre die Verfasserin doch bald erraten, und je versteckter dann, je schlimmer. Und gewiß, Sie brauchen nichts zu befürchten, meine Beste. Ich schicke Ihnen ja die Briefe immer wieder zurück; und wer müßte ich sein, wenn ich weniger vorsichtig damit umginge? Ich kenne die Menschen, die mich umgeben, ich weiß, daß sie Sie nicht verstehn würden, selbst Kunth nicht, und an meinen Bruder, so gut er sonst ist, ist gar nicht zu denken. Ach, und ich freue mich so innig, daß ich Sie verstehe, und daß Sie mir das zutrauen und mir so naiv, so offenherzig schreiben. Oh, Henriette, sich eines reinen Herzens und schuldloser Absichten bewußt zu sein und sich dann ganz einer dem andren zu vertrauen, das ist das seligste Gefühl. Sagen Sie mir, könnte ich bei der heißesten, aber nicht so edlen, nicht so reinen Liebe des schönsten, klügsten, besten Weibes, eines Weibes wie Henriette, wenn solch ein Weib auch einer solchen Schwachheit fähig wäre, nur halb so glücklich sein, als ich es jetzt bin? Oh! meine Teuerste, ich bin von gewissen Seiten beneidenswert glücklich, beneidenswert glücklich, daß ich Sie gefunden, daß Sie mich lieben. Der Gedanke an Sie tröstet, richtet mich bei jedem Kummer, bei jedem Verdrusse auf; und wenn er mich manchmal nicht heiter zu machen vermag, so macht er mich doch ruhig und versetzt mich in einen Kummer, der selbst so süß ist!

Ludwig Börne: Briefe und Tagebuchaufzeichnungen

Tagebuch   *9. Nov. 1802*
Mir ist nicht wohl, mir ist nicht weh. Ich bin nicht froh, ich bin nicht traurig... Mein Herz klopft in langsamen, starken Schlägen... Wenn nur bald jemand käme, mir wird die Zeit lange. Jetzt schlägt es 12. Es wird erst um halb 3 gegessen. Diese Einrichtung gefällt mir nicht, doch ich will und muß mich darum schicken und mein Mißbehagen verbergen. Ich bin so ängstlich. Warum? Ich wollte, ich hätte Herzen schon gesprochen. – Wie gefällt mir Madame Herz? Ich habe sie noch nicht recht angesehen. Schön ist sie, auch höflich und zuvorkommend gegen mich. Wenn sie nur nicht stolz ist: das wäre mir fatal; denn ich mache nicht gern Komplimente, und Madame Herz wird wissen, daß sie sehr gelehrt ist und den Ruf dafür hat. Lion, Lion, nimm dich in acht und sei nicht dumm! Wenn sie nur alle möglichen Vollkommenheiten hätte, damit ich ihr nicht zu schmeicheln brauche. – Wer ist denn wohl das Mädchen, das ich bei Madame Herz gesehen habe? Ihre Tochter? Nein. Sie ist ja schon ziemlich erwachsen. Ihre Schwester? Das kann sein. Wenn sie nur auch im Hause wohnte, sie gefällt mir sehr. – Ich bin neugierig, was der Bruder der Madame Herz für ein Mensch ist. Wenn wir nur gute Freunde werden. – Mein Zimmer gefällt mir nicht. Es wird mir wohl noch manches mißfallen. – Ich habe mir aber auch alles zu schön, zu herrlich ausgemalt... Wie träumte ich diese Nacht mit offnen Augen, so freundliche, liebliche Träume! – Und nur Träume? – Wird die Wirklichkeit meinem Bilde nicht entsprechen? Geduld, es muß sich bald zeigen. – Oh, nur Menschen, guter Gott,

nur gute Menschen, die mich lieben, die ich lieben kann. Jetzt wird mir besser. Ich fühle mich leichter. – Es ist eine Leere in meinem Herzen, ein Verlangen in meiner Brust; soll denn nie diese Lücke ausgefüllt, dieses Sehnen nie gestillt werden? – niemals? – Nur eine Seele, nur ein Herz, dem ich ergeben bin, und weiter nichts – Henriette, gute Henriette! – Die Gedanken, die ich in Gießen in den ersten Stunden meines dortigen Aufenthaltes hatte, dieselben drängen sich mir auch heute am ersten Tage meines Hierseins auf. – Jetzt schlägt es halb 3, jetzt wird Professor Herz bald nach Hause kommen. – Ich bin sehr froh, daß die Frau Professorin keinen Puder im Haar und keine Ringe am Finger trägt. – Ich wollte mich sehr freuen, wenn ich Madame Herz recht lieb bekommen könnte. – Was soll ich denn zu Herz sagen? Ich bin ein wenig verlegen.

An die Eltern

13. Nov. 1802

Montag abend bin ich hier angekommen. Ich war sehr müde und blieb die Nacht im Gasthofe. Den andern Morgen um 10 Uhr ging ich zu Herrn Professor Herz. Ich traf ihn nicht zu Hause, aber seine Frau ... Sie können sich denken, liebe Eltern, daß ich ein wenig Herzklopfen hatte, als ich zu Madam Herz in die Stube trat. Meine Ängstlichkeit verlor sich sogleich, nachdem ich sie gesehen und gehört hatte. Sie empfing mich sehr freundlich. – Herz ist ein sehr guter Mann. – Madam Herz besucht mich oft in meinem Zimmer ... Sie kann mich sehr gut leiden. – Sie kennt 4 fremde Sprachen. Haben Sie das je von einer Frau gehört? Sogar Griechisch. – Ich will mich recht gut aufführen, liebe Eltern, und fleißig sein, damit Mad. Herz mit mir zufrieden ist. – Ich war auch schon in der Comedie, unsre gefällt mir besser. Aber Iffland müßten Sie spielen hören. – Es geht sehr vornehm zu. –

An die Schwester Amalie

13. Nov. 1802

Gut, liebe Schwester, Du willst es, und ich habe es Dir versprochen... aber ich weiß gar nicht *wo* und *wie* ich anfangen soll. Welcher Mensch könnte aber auch hier *beschreiben?* – Nein, gute Schwester, sei nicht böse, sie ging soeben von mir weg, und – ich kann nicht. Ein andermal werde ich geflissentlich einen ganzen Tag ihren Augen auszuweichen suchen, damit ich Dir von ihr schreiben kann. Das größte Opfer meiner brüderlichen Liebe, das ich Dir je gebracht habe und bringen werde!... Alles was man bei uns von ihr sprach, und alles was man uns von ihr erzählt hat, ist nichts. Du mußt sie selbst sehen.

Tagebuch

21. Nov. 1802

Wenn ich Stunde bei ihr habe, das ist meine schönste Zeit; aber lernen werde ich nicht viel. Wer kann aber auch da aufmerksam sein, wenn man ihr so nahe ist, so nahe ihren schwarzen Augen. –

Ich wollte, Madam Herz wäre meine Mutter, oder ich könnte meine Mutter so lieben wie sie. –

Ich merke jetzt, daß ich Mad. H. lieber habe als alle Menschen. Wenn sie's nur wüßte. Ich habe es ihrem Manne schon gesagt; bei der ersten Gelegenheit will ich's ihr selbst sagen. –

Man hat mir zu Hause viel gesagt, wie mäßig man hier ißt. An unserm Tische finde ich das nicht. – Auch fühle ich nicht das Feuer und die Wißbegierde in mir, die man haben muß, um etwas Großes zu werden. –

Ganz sonderbar ist's, daß mir Brenna manche Tage gefällt, und manche Tage gar nicht. –

Ich möchte Mad. Herz immer ehrfurchtsvoll den Rock küssen, wenn sie zu mir kommt. Ich finde darin so was Erhabenes, Herablassendes.

3. Dez. 1802

Als ich gestern mittag Madam Herz fragte, wer der Schleiermacher sei, von dem sie so oft sprächen, und sie mir antwortete: »Ein sehr guter Freund von mir«, kam ich in einige Verlegenheit; aber ich dachte gar nichts dabei und wußte mir einen *solchen* Eindruck dieser Worte gar nicht zu erklären. (Und auch jetzt, da ich dies abschreibe, weiß ich nicht, was ich davon denken soll.)

Das Essen an unserm Tisch ist sehr gut gekocht.

Ich kann mich in der Tat nicht genug verwundern, daß Madam Herz für ihr Alter noch so jung aussieht. Ich antwortete ihr gestern, ich schätzte sie 28 bis 30 Jahre; eigentlich glaubte ich bestimmt zu wissen, daß sie erst 24 Jahre alt sei, denn Herr Fränkel hat mir es gesagt. Ich schämte mich aber, ihr zu sagen, daß ich sie noch für so jung hielt. Warum? kann ich selbst nicht begreifen. Ich setzte also noch einige Jahre zu. Aber 34, das ist erstaunlich. Mir wäre es lieb, sie wäre 10 Jahre älter, und noch lieber 10 Jahre jünger. (Sie werden lachen, wenn ich Ihnen gestehe, daß mich ihre 36 Jahre denselben Abend ein wenig verdrießlich gemacht hatten.)

30. Dez. 1802

Ich sagte, Mad. Weil hat mich sehr lieb gehabt; und als sie [H.H.] mich fragte, ob sie denn auch *diese* Ähnlichkeit mit ihr habe – allmächtiger Gott, *was* ich da fühlte, was *da* in mir vorging, vermag ich nicht mit Worten zu sagen. Ich habe ihr geantwortet, ich kann mich aber nicht besinnen, was. Ich zitterte leise; eine laue Wehmut ergriff mein klopfendes Herz; ein schmerzhaftes, namenloses Gefühl beherrschte mein Innerstes. – Der Vorhang ist weggezogen, und mit Flammenzügen steht's gräßlich vor meinen Augen: *Du liebst sie,* und diese Liebe wird Dich unaussprechlich elend machen. – Oh, daß ich in ihr Herz blicken könnte, daß ich wüßte, was sie dachte, als sie mir das sagte. – Ahnte sie, was ich ihr nicht sagen darf. Und warum sollte sie es nicht wissen? Kann es denn ihren Augen entgangen sein, wie verlegen ich war? Und wenn sie es weiß, war es Mitleid, Spott, Scherz das in ihren Worten lag? – Da helfe mir jemand heraus, ich will ihn wie einen Gott verehren. – Wie mich das bewegt, wie mich das foltert! – Morgen schenke ich ihr Blumen und schreibe ihr alles, was

ich fühle. Sie wird's ihrem Manne sagen, das will ich. – Kein Mensch
ist und war mir jemals wert, und das wußte ich wohl, daß, wenn ich
liebe, ich rasend liebe.

Und diese Liebe wird mich und meine Eltern durch ihren Sohn
glücklich machen, oder sie bringt mir grenzenloses Verderben.

19. Jan. 1803

Er [Marcus Herz] ist tot, und alle meine Freuden sind hin. Ich muß
Madam Herz verlassen und das schönste Glück! – Alle meine Gefühle
sind abgestumpft; und ich brüte dumpf über mein schreckliches
Geschick. Und keinen Freund, an den ich mich festhalte; einsam und
verlassen stehe ich da. *Er* lebt nicht mehr, und man blickt nicht auf
mich; ich bin wie unter der Menge verloren, und man sucht mich
nicht. – Von meiner Liebe soll ich scheiden, von meiner Liebe, die an
meinem Leben hängt. – Dies Unglück kam mir zu schnell, ich *kann* es
nicht ertragen. – Ein schöner Traum war's, ein wonnevoller Traum,
und jetzt habe ich ausgeschlafen. – Und wie wird *sie* ihr Unglück
tragen können? – Allgütiger! Nimm nur von *ihr* die Last, lege *mir* sie
auf, daß ich völlig zu Boden gedrückt werde. Mache *sie* nur froh und
glücklich und laß mich sterben. Sterben? Wie kann ich sterben, ist
denn ein Leben ohne sie?? — Könnte ich meinen Schmerz nur
denken, dann wollte ich mich eher beruhigen; hätte ich nur Worte,
ich würde mich trösten. –

An einen Freund

4. März 1803

Bist Du böse, daß ich Dir so lange nicht geschrieben habe? Geh,
Närrchen, ich bitte Dich. – Ich bin krank, ich kann Dir und mir nicht
sagen, was mir fehlt, aber gewiß, ich bin sehr krank. – Madam Herz
geht eben von mir weg. Madam Herz? Ich sage Dir's ganz im
Vertrauen, da ist's; halte es fest, und bewahre es fest in Deiner tiefsten
Seele. Da liegt's. Der Kerker meiner Freude. – Hier, Freund, stehe
still und küsse diesen Namen; oder komme her zu mir und wische mir

die Tränen ab. Hörst Du nicht? Gott schicke mir einen Engel, einen wohltätigen – den Engel des Todes mit dem Schwerte in der Hand.

6. März 1803

»Werden Sie mir nicht bald wieder eine Stunde geben können?« fragte ich Madam Herz. »So lange Sie bei dieser Laune sind, nicht«, gab sie mir zur Antwort. – Freund, was soll ich machen? Rate mir. Den ganzen Tag schwimmen meine Augen in Tränen. – Ich kann nicht mehr. – Ich tröste mich: mein Mißmut kann nicht *höher* steigen.

8. März 1803

Wie mir so wohl ist, wenn ich mich in ihren großen schwarzen Augen spiegeln kann! Wie ich mich so selig fühle, Freund, teuerster Freund.

An Henriette Herz

11. März 1803

Sie sind grausam; Sie behandeln mich so kalt, Sie sind sehr grausam gegen mich. Reicht man doch dem Verurteilten noch Wein und Kuchen; und was bin ich anders? – Doch danke ich dem liebevollen Gotte, daß er mir das Gefühl für diese Schmerzen nahm. – Wer dem Richtplatze entgeht, fühlt kein Kopfweh mehr. Wollen Sie tun, worum ich Sie bat?

Ich sende Ihnen hier einen Teil von dem, was ich gestern in mein Tagebuch geschrieben habe. Nicht alles; es wäre sonst zu viel gewesen, und ich wünsche, daß Sie es nicht mit Unbehagen lesen möchten. Was mir noch übrigblieb, schicke ich Ihnen morgen, so wie überhaupt jeden Tag zwei Seiten voll. Ich habe den Wunsch, Ihnen zu gefallen, soviel als möglich zu unterdrücken gesucht, damit er auf die freie und wahre Vorstellungsart meiner Gedanken und Empfindungen keinen Einfluß habe. Auch habe ich von Ihrem hellen Verstand und edlen Herzen eine zu hohe Meinung, als daß ich zu befürchten brauchte, mir durch meine freien Geständnisse bei Ihnen zu schaden; oder mich durch manche Fehler und Schwächen, die ich aufdecke, in Ihren Augen herabzusetzen.

Louis.

Sollten Sie etwas finden, worin ich mich geirrt habe, oder sonst etwas, das Ihnen Gelegenheit gibt, mich zu berichtigen oder zurechtzuweisen, so bitte ich Sie, mit mir darüber zu sprechen.

Tagebuch

17. März 1803

So wäre es geschehen, *unabänderlich* geschehen? – Ja. Der Pfeil, der einmal abgeschossen, kehrt nicht zurück, und das Wort, das meine verschwiegene Brust bisher bewahrte, ist gesprochen. – Gott! erhalte meine Besinnung, feßle mein Bewußtsein. Jetzt liest sie's... jetzt hat sie's gelesen... jetzt schwebt Leben und Tod auf ihren erstaunten Lippen... Mein Herz will springen; ich zittre wie ein Verurteilter; kalter Schweiß dringt aus meinen Gliedern... Erbarmen? Sterben?... Ist der Stab über mich gebrochen? Ahnungsvolles, furchtsames Herz, fasse Dich. – Mein Herz spricht: hoffe, und die Vernunft ruft mir: verzweifle, zu. Ich werde gedrängt von innen und von außen. – Barmherzigkeit! Himmel!

19. März 1803

Das Leben ist ein Traum, und ich träumte hier ein schönes Leben. Ich bin nun aufgewacht, es ist zu Ende. Haltet mich fest, ihr guten Engel, kettet mich an diesen fürchterlich schönen Gedanken: ich will sterben. Sie stößt mich von sich, das schmerzt; sie tut es mit feindlicher Kälte, das bringt mich zur Verzweiflung. Sie liebt mich nicht, das will wenig sagen; aber sie haßt mich nicht, *das* ist das schrecklichste. – Nicht lieben und nicht hassen. Gleichgültig. Gleichgültigkeit und meine glühende Liebe, Feuer und Wasser. – Was habe ich nun von meinem ganzen Leben? Welchen Genuß? – Oh, hätte ich geschwiegen und mich bis ans Grab mit der lieblichen

Hoffnung gelabt! Ich zog aber den Vorhang mit neugieriger Hand und unersättlichem Herzen hinweg, und jeglicher Wahn ist vorüber, es liegt sonnenklar vor meinen Augen, welch ein Kind, welch ein eitler Tor ich war. – Oh, ich kenne euch, Ihr Menschen, ganz gut.

»Nach Jahren wollen wir von der jetzigen Zeit sprechen.« Gute Frau, die Toten sprechen nicht.– Ich soll fort; gut, das kann mich heilen; ich soll mir einen Arm abnehmen lassen; ich genese, wenn ich die Operation überstehe, aber wie, wenn ich ihr unterliege? Ich bin sehr schwach, ertrage wenig Schmerz.

Ich habe mich einschläfern lassen, ich fühle keine Schmerzen mehr, nicht weil ich gesund bin, sondern weil ich schlafe. Ich erwache und mit mir die Schmerzen.

Was habe ich versprochen? Die Flamme will ich verbergen, in mir verschließen, ruhig und fleißig sein? Ich Tor betrüge ja mein eignes Herz. – Ich soll kalt sein, wo ich liebe, und höflich, wenn ich glühe? – Vater im Himmel, ich falle vor Dir nieder und flehe Dich mit reinem Herzen an; ende meine Qual, oder gib mir Kraft und Ausdauer, sie geduldig zu ertragen. Sende mir einen Freund, der meine Schmerzen lindre und mit warmer Teilnahme meine Tränen trockne. – Segne meine Angebetete, meine Heißgeliebte, mache sie froh und glücklich, und mich – nimm weg von dieser Erde, die mir so wenig Freude trägt. – Oh, Gott, vergib mir, es war ein Ausbruch meiner Schmerzen. Ich werde ohne Murren dulden. Du weißt, was mir gut ist, und wirst gewiß noch alles zu meinem Besten lenken.

Mag mich das Glück noch einst bis zum Himmel erheben, es wiegt mir diesen unglücksvollen Tag nicht auf.

An Henriette Herz

März 1803

(Ich bin überzeugt, es wäre ein fruchtloses Unternehmen, wenn es ein junger Mensch versuchen wollte, eine heftige Liebe mit Gewalt auszurotten, und es ist eine selbstmörderische Tat, wenn ihm dieser Versuch gelingt. Dies ist ein Urteil meiner Vernunft; es mag falsch sein, aber ich beteure, daß mein *Herz* nicht den mindesten Teil daran hat.)

Ich bin ein Mensch. – Sie haben mein Urteil gesprochen: ich kann nicht bestehen. Sie gossen Öl zu der Flamme, es verzehrt mir das Herz. Ich muß zugrunde gehen, wenn ich noch länger in Ihrer Nähe bleibe. Ich will fort von hier, das will ich meinem Vater schreiben.

Ihre Vernunft wird mich tadeln, Ihr Herz mich bedauern!

Lachen Sie? – So möge Sie in Ihrer Todesstunde das Gedächtnis verlassen, daß Sie sich dieses Vergehens nicht erinnern.

Louis.

Mir zittert die Hand, mir klopft ängstlich das Herz. Ich konnte nicht länger an mir halten. Das Haus steht in Flammen, ich muß mich retten, sonst gehe ich zugrunde.

Wenn ich zu Ihnen komme, erwähnen Sie mit keinem Worte dieses Billetts, darum bitte ich Sie.

An den Apotheker Lezius

20. März 1803

Da ich auf einige Zeit meiner Gesundheit wegen von hier abreisen werde, so bitte ich Sie, mir meine Rechnung zu schicken. Ich werde in meiner Stube sehr von Ratten und Mäusen geplagt, die ich bisher nicht habe vertilgen können, da ich jetzt verreise, so könnte ich in meiner Stube Gift legen; wollen Sie mir wohl durch Überbringerin eine Quantität Arsenik versiegelt schicken?

Der Ihrige
Louis.

An Henriette Herz

31. März 1803

Lesen Sie dieses Billett und zürnen Sie nicht! Es sind die letzten Worte *dieser* Art, die ich Ihnen schreiben werde. Die Antwort, die Sie mir vorhin gaben, hat mich so niedergeschlagen, als ich wünschte, daß Sie mich froh gemacht hätten. Sie sagten, Sie können mich nicht froh machen. Das kam Ihnen unmöglich von Herzen, denn wer anders als Sie ist die Ursache meines Kummers, wer anders könnte die Quelle meines Frohsinns sein? Da ich Sie so unaussprechlich liebe, wie können Sie mir es verargen, daß ich in Ihr Wohlwollen mein höchstes Glück setze und daß die Erwartung desselben mein einziger, mein heißester Wunsch ist? Sie waren sonst so freundlich, so teilnehmend, so herzlich gegen mich? Warum sind Sie es jetzt nicht mehr? Soll mich dies nicht schmerzen? Oh, erbarmen Sie sich meiner, daß mir das Leben nicht so jammervoll, so freudenleer dahinfließt.

Ich bitte Sie um Antwort, ich bitte Sie recht sehr darum. Seien Sie nicht böse, es sind die Sterbeworte meines kranken Herzens.

Henriette Herz an Börne

Es ist völlig wider unsere Abrede, daß ich dergleichen Worte von Ihnen annehme, Louis, deshalb schicke ich sie Ihnen zurück. Ich wollte, daß strenger Ernst immer der herrschende Ausdruck in meinem ganzen Wesen gegen Sie gewesen wäre, vielleicht hätte ich dann anders auf Sie gewirkt und glücklicher, oder Sie hätten es wenigstens nicht zu sagen gewagt, wie ich auf Sie gewirkt habe.

Ich wiederhole, was ich erst gesagt, Sie allein können sich froh machen; ich *kann* nichts dazu tun.

Sie wollen diesen Mittag nicht zu Tische kommen, Louis, sagt mir meine Schwester, warum nicht? Gehen Sie in die schöne Frühlingsluft, lieber Louis, und lassen Sie darin ihr Gemüt froher werden und kommen dann zu uns. Ich erwarte Sie zu Tische.

Ernst zu sein haben Sie Recht, aber nicht so gedrückt und unglücklich wie Sie aussehen. Antworten Sie mir nicht, aber kommen Sie.

An Henriette Herz

1. April 1803

Sie sehen, was ich für Sie tun kann. Ich entziehe mir die einzigen glücklichen Stunden, wo ich Sie ohne zu stören sehen könnte, bloß um Ihren frohen Kreis durch kein verdrießlich Gesicht zu stören. – Doch ich merke, Sie wollen mich, wie Sie es nennen, *taufen* lassen, Sie tun sehr wohl daran, Frau Professorin; und ich wundre mich recht sehr, daß Sie zur Anwendung dieses Mittels nicht früher geschritten sind, da Sie doch die Unfehlbarkeit der guten Wirkung dieser Arznei gewiß genau berechnet haben werden.

So ist's recht, so will ich's gerade haben. Entweder Sie heben mich *ganz* hinauf, oder Sie stürzen mich *ganz* hinab. Ich kann, wie ich Ihnen schon einmal gesagt habe, die Dämmerung nicht leiden. Licht oder Finsternis. – Nur das bitte nicht, spannen Sie nicht meinen Witz auf die Folter, er könnte in seinem Schmerze fatale Dinge bekennen.

Sie haben mich sehr aufgeheitert, ja sogar lustig gemacht. *»Ich kann Ihre Liebe zu nichts brauchen.«* Ich danke für diese Worte, sie machen mich um 100 Jahre klüger, nur lassen Sie sie ja nicht laut werden, sie könnten die beißendste Satire auf Ihr Geschlecht abgeben.   L.

Wenn Sie nur nicht glauben möchten, daß ich, wenn ich Ihnen klage, Hilfe *fordere*. Sie *können* mir nicht helfen, mit dem besten Willen nicht; denn das Herz nimmt keine Befehle an; aber eben darin liegt die Unendlichkeit meines Elends.   L.

Sie können mich für keinen schlechten Menschen halten, dazu bin ich Ihnen zu gut, aber Sie halten mich für einen gewöhnlichen Menschen, und darin irren Sie sich, ich bin grade *das* nicht. Ich könnte mich von der niedrigen Stufe, auf der ich stehe, bis zur höchsten hinaufschwingen, wenn mich das meinem Himmel näher brächte; aber daß ich weiß, *dahin* kannst Du kommen und *weiter* nicht, das lähmt alle meine Kraft. – Wenn ich sagte, *es genüge mir nicht an Ihrer Freundlichkeit,* das wäre Undank, und auch würde ich anders sprechen, als ich denke, aber daß ich hier die Schranken sehe, das – macht mich verdrießlich! – Die Grenzen Ihres Wohlwollens könnten enger gezogen sein, nur dürfte ich diese Grenzen nicht kennen.   L.

(Ein Billett mit Vernunft und Überlegung geschrieben.)

Henriette Herz an Börne

Ich muß wiederholen, was ich Ihnen schon unzählige Male gesagt habe: mehr als freundlich kann ich Ihnen nicht sein. Lügen mag und werde ich nicht, ich muß also Ihre für mich sehr drückende Verdrießlichkeit ertragen, wenn das Bekanntwerden mit der Grenze meines Wohlwollens Sie nicht endlich heben wird. Ich halte Sie bei Gott weder für schlecht noch gemein, das könnte ich Ihnen beweisen, wenn ich Briefe hier hätte, in welchen ich von Ihnen geschrieben; könnte ich Sie aber durch eine Lüge zum herrlichsten Menschen machen, ich würde dieser Lüge mich nicht schuldig machen. Daß Sie mich übrigens mehr als viele Menschen interessieren, gegen die ich auch freundlich bin, das liegt in unserm ganzen Verhältnis. Verderben Sie sich und mir das Zusammensein nicht. Müssen Sie mir denn ewig von dieser unseligen Leidenschaft sprechen. Ich darf es eigentlich gar nicht anhören.

An Henriette Herz

15. April 1803

Sie gestehen mir selbst mit kalten, trocknen Worten, ich sei Ihnen nicht mehr als jeder andere Mensch, das heißt – *gleichgültig.* Gewiß, ich habe Sie nie trostloser und trauriger verlassen als diesmal. Noch jedesmal, wenn ich mit Schmerzen und Qualen in der Brust und mit blutendem Herzen zu Ihnen kam, noch jedesmal vernahm mein

Ohr tröstende, freundliche Worte; ich beschwätzte mein Herz, und ich verließ Sie beruhigt und war wieder heiter auf einige Tage. Diesmal haben Sie mir mein Elend zergliedert und recht klar und deutlich vor Augen gelegt; diesmal haben Sie mir alle Hoffnung geraubt, die doch auch das härteste, unerbittlichste Schicksal nie den Menschen nimmt. Diesmal haben Sie mich betrübter entlassen, als ich zu Ihnen kam.

Liebe gute Frau, um eins bitte ich Sie: *hassen Sie mich*. Ich kann Ihren Haß eher ertragen als Ihre Gleichgültigkeit, die mich noch rasend machen wird. Meine Bitte ist so klein, und Sie werden sie so leicht und gern erfüllen. Nicht wahr? –

Vor einigen Wochen war ich einmal einige Tage sehr munter. Das gefiel Ihnen, und Sie sagten: *Lieber Louis, wenn Sie immer bei dieser Laune, und fleißig sind, habe ich Sie sehr lieb*. Als Sie diese Worte sprachen, war Sara gegenwärtig, ich wollte meine Empfindungen nicht zeigen, wendete mich herum und affektierte ein Lachen, um meine freudige Rührung zu verbergen. – Als ich mich gestern abend zu Bette legte, erinnerte ich mich an diese Szene, und ich hätte mich gewiß zu Tode darüber gelacht, wenn mich nur nicht – meine Tränen daran verhindert hätten.

Wenn ich auch die Sage vom goldenen Zeitalter für eine bloße Fabel halte, so bin ich doch gewiß, daß jeder Mensch eins hat. Vor 6 Wochen hatte ich goldene Stunden. Jetzt liegen sie schon in grauer Ferne, und ich träume davon, wie ein Greis von seinen frohen Jünglingsjahren. –

Wie wird das enden? Wann?   *Louis.*

9. Juli 1803

Ich grüße Sie herzlich, liebe Mutter. Leben Sie recht wohl und wünschen Sie mir Glück zu meiner Reise. Ich wollte nicht mehr nach Charlottenburg kommen, ich fürchtete so sehr das Abschied-nehmen von Ihnen, als ich mich freue auf die Zeit, wo ich Sie wiedersehen werde. Möge ich Sie froh und glücklich wiedersehen, wie ich Sie verlasse. Vergnügen Sie sich recht in Dresden und kommen Sie gesund zurück. Den Ort, wo ich so frohe und so traurige Tage verlebt habe, die Menschen, die ich anbetete und die ich doch so oft gekränkt habe, verlasse ich mit gepreßtem Herzen, das wissen Sie. Ich danke Ihnen für das, was Sie mir *waren,* nicht für das, was Sie mir haben *sein wollen;* dafür habe ich keine Worte; möge es Gott belohnen! Ich werde mich bestreben zu werden, was ich nicht bin; und was Leidenschaft in mir verdarb, soll Leidenschaft wiedergutmachen. Bleibe ich wie ich bin, so sehen Sie mich nicht wieder, so wahr Gott lebt. Von dem was ich Ihnen je gesagt oder geschrieben habe, nehme ich kein Wort zurück; ist es wünschenswert, daß ich meine Gesinnung verändre, so wird es kommen mit der Zeit, und mit der Verderbnis meines Herzens. Adieu!

Empfehlen Sie mich der Dmlle. Itzig und Blanc und Mad. Levi.

Louis.

10. *Juli 1803*

Ich habe oft Ihr Billett gelesen und habe es benetzt mit reichlichen Tränen, mit Tränen der reinsten Freude und der schönsten Hoffnung. Ich fühle, wie sich in mir alles hinzieht auf jenen Punkt, den Moment des Wiedersehens. Das bedeutet was Gutes. Ich fühle es und trockne meine Tränen und freue mich des Glücks, Sie meine Freundin nennen zu können, und mich Ihren Freund.   *Louis.*

Ich habe meinem Vater geschrieben.

Henriette an Börne

Juli 1803

Adieu, mein lieber Louis, sage ich Ihnen schriftlich lieber als mündlich; alle meine Gedanken waren wie heute, ich dachte für Sie und in Ihnen. Wenn Sie den Punkt, auf welchem Sie jetzt stehen, so recht beherzigen wollten, so könnten Sie ein trefflicher Mensch werden; wenn nicht, so gehen Sie zugrunde, ohne einmal das Bewußtsein davon zu haben. Louis, man muß sich entweder umbringen oder alles sein, was man nach seinen Kräften sein kann, und hat man einmal den Mut zum ersten nicht, so muß man ihn zum anderen haben, und es ist großer Genuß dabei.

19. Juli 1803

Liebe Mutter!

Seit vergangenen Donnerstag, also erst 6 Tage, bin ich hier, und schon hänge ich mit Leib und Seele an Halle. Vergessen ist Berlin und alles, was mir dort teuer war. Mir ist's, als wäre ich hier geboren, und Zufriedenheit und Frohsinn erfüllen mein Herz. Nicht wahr, das kam geschwinder, als Sie es erwarteten? Glauben Sie, daß ich traurig bin über meinen veränderte Lage? – Nichts weniger als das. Wandelt mich ja zuweilen ein schmerzliches Gefühl an, so mache ich einige Gänge durch das Zimmer, weide meine Augen an der schönen Fußdecke, betrachte mit Wohlgefallen die eleganten Meubles, und weg ist aller Schmerz; Sie wissen, ein Sofa war immer der Gegenstand meiner heißesten Wünsche gewesen; jetzt habe ich eins, und es wiegt mir zum wenigsten den Tiergarten auf. – Nun, liebe Mutter, können Sie mich selig preisen. Wie oft habe ich Sie sagen hören: »So ist es recht, Louis, bis zur Ironie muß es mit der Sache kommen.« Also freuen Sie sich jetzt, denn mein ganzes Wesen ist Ironie, ich bin die beißendste Rezension aller Kompendien der Moral, die in Nummern und Abc's eingeteilt sind wie die Waschtabellen. Ich habe Ihnen ein Lied vorgesungen von Besserung, Sie freuten sich des guten Vorsatzes und segneten mich. Ziehen Sie Ihre Hand von mir ab, liebe Mutter, ich habe geheuchelt. Hilft mir kein Gott, so bin ich verloren, denn ich kann nicht kämpfen wider Laster, die Zeit und Gewohnheit panzerten. Ständen Sie vor mir, ich müßte schamrot werden. (. . .)

Liebe Mutter, warum habe ich nicht in Berlin bleiben können? – Und ist es hier besser *für mich?*

Friedrich Schleiermacher an Henriette Herz

1. Januar 1798

Hier haben Sie Ihr Fragment, liebe Freundin, die Überzeugungen, die es enthält, stehen für sich, aber die Aussichten für mich mag Ihre fortdauernde Güte wahrmachen.

Wenn eine ruhige und schöne Seele sich zwischen den lieblichen Ufern des Wohlwollens und der Liebe bewegt, so gestaltet sie ihr ganzes Leben sich ähnlich. Es gleicht einem stillen Bach, der nicht nur die Bläue des Himmels in voller Klarheit abbildet, sondern aus dessen Spiegel selbst die grauen trüben Wolken in milderer Gestalt zurückstrahlen, weil die schönen Bilder der buntfarbigen Blumen, mit denen jene Ufer überall besetzt sind, sich unmittelbar mit ihrem düsteren Kolorit vermischen. Wenn die zarten Äußerungen eines solchen Gemüts sich nur dem Vertrauteren offenbaren – wie nur der das Herz seines Freundes schlagen hört, der am Busen desselben ausruht –, so vervielfältigt es dafür in ihm sein ganzes schönes Dasein. Denn, wer ein schöngestaltetes Leben mitgenießend anschauen darf, dem fließt das seinige gewiß ruhig daneben hin, und wem es vergönnt ist, auf der Ruhe eines wohlgeordneten Gemüts mit seinen Blicken zu verweilen, dessen Leben kann auch nicht ohne Züge von Schönheit bleiben, weil ein solcher Anblick mit dem wohltätigen Zauber alles, was den Grazien feind ist, entkräftet und verscheucht.

Winter 1798

Ach Liebe, meine Saat steht so schön, meine Wohnungen sind alle so friedlich und heimisch, daß mir wohl vor dem kleinsten Wölkchen bange sein darf, das irgendwo aufsteigt, und gar in Ihnen? Ich will einmal eine kalte und fühllose Seite herauskehren und Ihnen sagen, daß ich gar nicht begreife, daß und wie es Ihnen das Land tut, sind *wir* etwa nicht mit in der großen Tätigkeit? Eigentlich gibt es doch keinen größeren Gegenstand des Wirkens als das Gemüt, ja überhaupt keinen anderen; wirken Sie etwa da nicht? Oh, Sie fruchtbare, Sie vielwirkende, eine wahre Ceres sind Sie für die innere Natur und legen einen so großen Akzent in die Tätigkeit der Außenwelt, die so durchaus nur Mittel ist, wo der Mensch in dem allgemeinen Mechanismus sich verliert, von der so wenig bis zum eigentlichen Zweck und Ziel alles Tuns hingedeiht und immer tausendmal soviel unterwegs verlorengeht! Und jenes Tun und Treiben, wobei sich der Mensch müht und schwitzt – was er doch eigentlich nie tun sollte –, ist es nicht lärmend und tobend gegen unsere stille Tätigkeit? Wer vernimmt etwas von uns? Was weiß die Welt von unserer inneren Natur und ihren Bewegungen?

Ist ihr nicht alles Geheimnis? Sehen Sie nur, was Sie getan haben und noch tun und tun werden, und gestehen Sie, daß dieses Tun und Bilden unendlich mehr ist als alles, was der Mensch über das große Chaos, welches er sich zurechtmachen soll, gewinnen kann. Bin ich nicht dithyrambisch geworden, und das alles aus lauter Polemik!

Landsberg, den 3. September 1798

Gestern habe ich gepredigt, zur großen Freude der Cousine, ob auch der anderen Menschen, weiß ich nicht, denn ich habe es ganz ohne gute Lebensart betrieben und ihnen eine Lektion gegeben, von der ich wußte, daß sie sie gar wohl brauchen könnten. Einen eigenen Eindruck hat es auf mich gemacht, auf meiner alten Kanzel zu stehen, es war halb Freude, halb Schreck, und beides scheint mir sehr natürlich. Denn es war, als wären die zwei Jahre, die zwischen mir und der Gewohnheit hier zu predigen stehen, auf einen Schlag vernichtet, und wieviel Schönes und Herrliches liegt nicht in diesen zwei Jahren! Es ist nicht wahr, daß man das Gute am lebhaftesten durch den Kontrast fühlt, hier, wo ich des Guten und Schönen so viel habe, fühle ich das, was mir durch Sie geworden ist, so lebhaft als je.

Potsdam, den 15. Februar 1799

Ich habe einen Dialog im Platon gelesen, ich habe ein kleines Stück Religion gemacht, ich habe Briefe geschrieben, kurz, ich habe alles versucht, außer die gute Lebensart – und was soll ich mit dieser ohne Gesellschaft? Aber es geht alles nur sehr mittelmäßig. Vielleicht geht's morgen besser, wenn ich ein Federmesser habe und mir die Feder nach meiner Hand schneiden kann. Ach, liebe Jette, tun Sie Gutes an mir und schreiben Sie mir fleißig, das muß mein Leben erhalten, welches schlechterdings in der Einsamkeit nicht gedeihen kann. Wahrlich, ich bin das allerabhängigste und unselbständigste Wesen auf der Erde, ich zweifle sogar, ob ich ein Individuum bin. Ich strecke alle meine Wurzeln und Blätter aus nach Liebe, ich muß sie unmittelbar berühren, und wenn ich sie nicht in vollen Zügen in mich schlürfen kann, bin ich gleich trocken und welk. Das ist meine innerste Natur, es gibt kein Mittel dagegen, und ich möchte auch keins. In Landsberg war ich zwar weiter von Ihnen, aber was hilft mir der Raum, ich war doch nicht so verkommen und lebte in einem besseren Klima. Mein letzter Gedanke, als Sie mir Lebewohl sagten und mir mit wenig Worten ein so inniges Gefühl Ihrer Freundschaft gaben, war, daß das Wegreisen doch auch etwas Schönes sei; es war sehr frevelhaft, aber doch auch sehr religiös – ja wenn man nur nicht fortbliebe! –, doch ich will Sie nicht weichmütig machen, Sie werden meiner doch genug denken. – Vergessen Sie nicht, mich in jedem Brief um die Religion zu mahnen, damit sie mir nicht ins Stocken gerät. Berichten will ich Ihnen treulich, wie weit ich bin, aber Handschrift schicke ich wohl nicht eher, bis ich die zweite Rede zu Ende schicken kann; ich habe bemerkt, daß es der Religion nicht bekommt, wenn ich gar zu kleine Portionen ins reine schreibe.

Potsdam, den 22. Februar 1799

Heute vormittag war ich recht betrübt, Liebe, daß ich in meiner Hoffnung getäuscht war, einen Brief von Ihnen zu haben. Sehen Sie, so leicht verwöhnt man sich, ich habe ihn Nachmittag bekommen. Meinen erbärmlichen Brief werden Sie wohl noch nicht gehabt haben. Lassen Sie ihn sich nur nicht affizieren; es ist nichts an der Sache. Das aber ist gewiß, daß Sack die Religion zur Zensur bekommen hat. Die erste Rede kann ihm wohl gefallen, aber wie wird's mit dem Ende der zweiten werden? Ich fürchte nur, er streicht, denn als er vom Fichte mit mir sprach, sagte er, er sei sehr gegen die Konfiskation eines atheistischen Buches, aber, wenn er es zur Zensur bekäme, würde er ihm doch vielleicht das Imprimatur versagen, und dies wird ihm wohl so gut als atheistisch vorkommen. Ja, es ist sehr unangenehm, aber was ist zu machen! Die folgenden Reden werden ihm wohl wieder gefallen. Bekennen will ich mich aber schlechterdings dazu nicht gegen ihn; was würde das für Erörterungen geben, und ich könnte ihm doch vieles nicht verständlich machen. Über mein Verhältnis zu Schlegel haben Sie das Urteil recht klar ausgesprochen, aber Sie können doch nicht sagen, daß ich mir das nicht gestände, ich habe immer etwas Ähnliches zugegeben, wenn wir darüber gesprochen haben. Ich habe nie gesagt, daß ich mit Schlegel *einerlei* Gemüt hätte, nur habe ich gestritten, er hätte *keins*. Mit den verwandten Substanzen aber, das haben Sie recht auf den Kopf getroffen, die trennen uns immer. Ja, Sie sind doch eigentlich meine nächste verwandte Substanz, ich weiß so weiter keine, und keine kann mich von Ihnen trennen. Das war nur so nebenbei; denn eigentlich sprach ich doch von Schlegel, aber ich habe eine recht ordentliche Pause hier gemacht. Sehen Sie, der wundert sich über die Trennung, welche die nahe verwandten Substanzen verursachen, und das Wundern bekommt unserer Freundschaft schlecht. Übrigens ist die Bindung doch nicht so locker, wie Sie meinen.

Potsdam, den 24. März 1799

Ich habe mich beim Kaffee mit Ihrem Briefe unterhalten, und ich will nun ein wenig mit Ihnen plaudern. Ich habe jetzt eine häßliche Periode; es sind die kurzen Tage bei mir, ich bin um Mitternacht schläfrig und komme doch vor 7 Uhr nicht auf, und dann gibt's noch eine Sonnenfinsternis nach Tisch. Mit Gestern bin ich zufrieden, ich habe ein gut Teil von der Religion gemacht, und am Abend habe ich zwar keine Religion, aber doch etwas sehr Religiöses gemacht, eine große Epistel an meine Schwester, die eine ausführliche Deduktion meines Lebens und meiner Grundsätze von manchen Seiten enthielt [siehe S. 194]. Denn das gute Mädchen hatte allerlei Bedenklichkeiten über mich gehabt, über meine Verhältnisse zu den Frauen, zu meinem Amt und so dergleichen. Es war mir recht etwas Heiliges, ihr das ganz auseinanderzusetzen, und ich hätte es Ihnen gern zu lesen gegeben, es war ein Bogen, so eng beinah wie der, den ich Ihnen heute geschickt habe, und ich habe ihn in einem Stück geschrieben, die Tassen Tee abgerechnet, die dazwischen getrunken sind. So ein Brief ist ein ordentliches Werk, und er war in seiner Art auch *gemacht,* ob er gleich aus dem Herzen kam. Mir ist bange danach, das liebe Mädchen einmal zu sehen, aber es ist doch keine Möglichkeit dazu.

Den 27. März 1799

Das ist recht fatal, daß Sie die letzten Seiten immer ungelesen gelassen haben, so konnten Sie freilich zu gar keinem Total-Eindruck kommen, und ich bin nun einmal nicht vor der traurigen Wahrheit sicher, ob sie wirklich keinen gibt. Wenn sich die beiden Gedanken nicht durch das Ganze durchziehen, daß alle religiösen Menschen zugleich Priester sind und daß alle eins sind, so habe ich meinen Endzweck allerdings verfehlt und der Polemik gegen den gegenwärtigen Zustand der Dinge, so wichtig dies auch ist, zu viel Spielraum gelassen. Warum haben Sie sich mit dem Weggeben der Bogen so sehr beeilt? Unger kann sie doch nicht eher zur Zensur schicken, bis er die Rede ganz hat.

Den 28. März 1799

Da habe ich eine ganze Weile über das Christentum meditiert, welches sich nun bald äußerlich gestalten soll; es wird aber wohl noch einige Tage innerlich wachsen müssen, und da Schlegel mich ausdrücklich gebeten, recht faul zu sein und mir alle Zeit zu lassen, so will ich's noch diese Woche so innerlich wallen lassen.

Potsdam, den 10. April 1799, Mitternacht

Ich kann jetzt schon wieder des Morgens besser arbeiten als in der Nacht, das ist ein sicheres Zeichen, daß Sommer wird. Sack ist mir oft eingefallen bei der Arbeit mit seinem *zu originell,* das ist ein recht theologisches Dictum! Mein Christentum, bis zu dem ich übrigens noch nicht gekommen bin, wird ihm auch wohl zu originell sein, obgleich es eigentlich sehr alt ist. Die Idee der Vorrede scheint Schlegel zu behagen; Sie haben noch kein Wörtchen darüber gesagt. (. . .)

Bei der Religion kann man sich nur wundern, wie man so etwas der Welt sagen mag, bei der Lucinde vielleicht auch, wie man so etwas seinen Freunden sagen mag, für die es einen viel individuelleren Sinn hat als für die Welt, ich sage: vielleicht, weil ich doch eigentlich keine rechte Idee von der Lucinde habe. (. . .) In dem Stück Religion, was

Sie hier bekommen, finde ich auch etwas sehr Unschuldiges. Gute
Nacht, liebe Jette.

12. April 1799

Denken Sie, auch die E[leonore] hat schon von der Unanständigkeit
der »Lucinde« reden hören, wahrscheinlich durch Parthey und
Nicolai; wie weit das schon verbreitet ist! Ich habe sie letzthin
förmlich eingeladen, meine »Reden« nicht zu lesen; ich fühle, sie
seien dunkel, und es würde sie fast niemand verstehen, mit dem ich
nicht sonst aus der Sache gesprochen hätte. Nun schreibt sie ihrer
Mutter, sie habe gehört, Schlegels »Lucinde« sei gar so natürlich, daß
eine sittliche Frau sie nicht lesen könne, und so seien ihr zum Unglück
die Bücher der beiden Freunde verboten, das eine, weil es ihr zu hoch,
und das andere, weil es zu natürlich sei. Auch habe ich heute Nicolais
»Briefe der Adelheid« [siehe Nachwort S. 224] durchblättert, was ich
wohl hätte bleiben lassen sollen; ich hätte die schöne Zeit für die
»Religion« brauchen können, von der ich erst eine Seite gemacht
habe. Das ist einmal wieder ein schlechtes Buch. Und welche
Dummheit und zugleich auch Perfidie, Dinge, die in den »Fragmen-
ten« stehen, einem Menschen in der Konversation in den Mund zu
legen und einen vis-à-vis von seiner Geliebten wörtlich aus dem
Fichte und Kant sprechen zu lassen. Das naivste ist, daß Adelheid
schreibt: Wer wohl der Fichte sein mag, von dem er sprach? Dann
kam auch noch ein gestiefelter Kater vor, der auf den Dächern der
dramatischen Kunst herumspaziert, ob das wohl derselbe ist? Das
mag Nicolais Theorie von der Wirklichkeit sein, daß eine Frau so
zuhören muß. Ein paarmal sind Fragmente von mir zitiert, da habe
ich unaussprechlich gelacht.

Den 1. Mai 1799

Was Ihr S. von Goethe sagt, darüber kann man wohl eigentlich nichts
sagen, wir nämlich, die wir den Menschen Goethe nicht kennen. Es
gibt doch in Schriften ein *Etwas* – aber in diesem Augenblick kann ich
es nicht beschreiben –, woraus man selbst bei einem Dichter mit

Sicherheit auf den Menschen schließen kann; ist das grade im Goethe? Ich für mein Teil glaube nicht. Trivial und gemein sein, das ist auch noch ein sehr vielbedeutender Ausdruck, aber gar wohl kann ich mir denken, daß er im gemeinen (d. h. im unkünstlerischen, unliterarischen und unministeriellen) Leben eine gewisse Liebhaberei fürs Triviale und Gemeine haben kann. Geben Sie sich nur eine recht lebhafte Anschauung von seinem Verhältnis mit der Vulpius. Poetisieren Sie das, wie Sie wollen, es bleibt immer gemein.

Den 2. Mai 1799

Heute habe ich in den Zeitungen von Fichtes kleiner Demütigung gelesen. Ein falscher Schritt zieht immer den anderen nach sich. Er mußte es freilich den Leuten sagen, daß sie sich bei der Demission, die sie ihm gaben, unter diesen Umständen auf sein Fordern derselben nicht berufen konnten; aber das hätte auf eine ganz andere Art geschehen müssen. Und um so etwas zu sagen, wie er in seinem ersten Briefe sagte, von mehreren, die ihm nachfolgen würden, da muß man seiner Sache und seiner Leute sehr gewiß sein. Ein anderes Katheder findet nun Fichte gewiß nicht, und im ganzen, muß ich gestehen, halte ich es für ein vorteilhaftes Ereignis, daß seine Philosophie vom Katheder, wohin sie gar nicht paßte, vertrieben ist. Spinoza hat eine philosophische Professur abgelehnt, ungeachtet, daß er so enthusiastisch für seine Philosophie war, als Fichte nur immer für die seinige sein kann, und hat sehr wohl daran getan.

Mittwoch abend

Diesen Mittag habe ich bei der Veit gegessen, habe dann meine Notiz von Kants Anthropologie dort zu Ende ins reine geschrieben, und dann sind wir in Bellevue gewesen, wo die Akazien göttlich riechen; hernach habe ich noch mit Schlegel ein wunderbares Gespräch über mich gehabt, wobei wir uns wahrscheinlich beide nicht verstanden haben. Er notiziert jetzt die Religion, und da studiert er mich ordentlich; er will mein Zentrum wissen, und darüber haben wir nicht einig werden können. Ob ich mich wohl selbst so verstehe, wie

er mich verstehen will? Ich habe ihm gesagt, ich würde wohl nie bis
ins Zentrum kommen, mit dem *Machen* nämlich, meinte ich; das hat
er für eine Blasphemie gegen mich selbst genommen, kurz, wir sind
nicht zusammengekommen. Was ist denn mein Zentrum? Wissen
Sie es? –

Gute Nacht! In welchem Nest mögen Sie schlafen? Morgen
kommen Sie nach Ilsenburg, und ich denke, mit dem Harz soll Ihnen
eine neue Göttlichkeit und ein neuer Enthusiasmus aufgehen.

Berlin, den 4. Juli 1799

Wissen Sie wohl das Neueste, liebe Freundin? Fichte ist hier,
vorderhand auf einige Wochen, um sich umzusehen. Friedrich hatte
es schon seit einiger Zeit gewußt und ihm eine *Chambre garnie* Unter
den Linden besorgt; es war aber ein tiefes Geheimnis, und da man das
Schicksal der Briefe nicht wissen kann, habe ich Ihnen nichts davon
schreiben mögen. Auch Tieck hat es nicht gewußt und sich heute des
Todes gewundert. Heute früh brachte ihn Dorothea zu uns, und wir
sind, ein paar Stunden ausgenommen, den ganzen Tag zusammen-
gewesen. Beschreiben kann ich ihn nicht, und sagen kann ich Ihnen
auch nichts über ihn – Sie wissen, daß mir das nicht so früh kommt.

Freitag abend

Ich habe ordentlich eine kleine Furcht davor, daß Fichte gelegentlich
die Reden lesen wird; nicht davor, daß er viel dagegen haben möchte,
das weiß ich vorher, und es macht mir nicht bange – sondern nur, daß
ich nicht weiß, wo er mir alles in die Flanke fallen wird und daß ich
nicht werde würdig mit ihm darüber reden können. Bei der Lucinde
ist er eben und hat Friedrich gesagt, vieles einzelne gefalle ihm, um
aber eine Meinung über die Idee des Ganzen zu haben, müsse er es erst
recht studieren. Er hat schon heute einen Besuch von der Polizei
gehabt, man hat so horchen wollen, ob er etwa gesonnen sei, sich hier
zu etablieren. Er hat dann gesagt, er sei zu seinem Vergnügen hier und
wisse nicht, wie lange er sich aufhalten werde. Observiert wird er
wahrscheinlich provisorisch von der kleinen Polizei. Es sollte mir

leid tun, wenn er irgend Unannehmlichkeiten hätte. Große Sachen habe ich noch nicht mit ihm gesprochen, ich will es so sachte angehen lassen nach meiner Manier.

Berlin, den 17. Mai 1801

Passiert ist denn doch unterdes allerlei; man muß nur wegreisen, so geschieht schon etwas. Lassen Sie sich nur verrechnen. Erstlich ist Fichtes ›Nicolai‹ [Satire Fichtes auf Friedrich Nicolai unter dem Titel »Friedrich Nicolais Leben und sonderbare Meinungen«] in aller Stille in Jena gedruckt worden. Wilhelm [Schlegel] hat sich – der Zensur-Freiheit wegen – als Herausgeber auf den Titel gesetzt und eine petillante Vorrede dazu gemacht. Als ich bei ihm war, gab er mir ein Exemplar. Er versichert, daß nichts ausgelassen als eine die sächsische Regierung betreffende Anmerkung – und so haben denn doch die Leute, was das Pasquillartige und das Schimpfen betrifft, entsetzlich gelogen. Sie wissen, wie ich über diese Sache denke, und es gibt nur ein paar Stellen, die ich gerne striche. In diesen kommen allerdings ein paar Schimpfnamen vor, allein nach dem, was die Leute hier posaunt haben, wird sie jedermann sehr mäßig finden, und sie werden gar keinen Effekt machen. Zweitens ist die Maria Stuart gedruckt, die ich aber noch nicht gesehen habe. Drittens ist Schillers Macbeth da, von dem Schlegel wunderliche Dinge erzählt, so daß es mich grausam in den Fingern juckt, ihn zu rezensieren; wer nur Zeit hätte! Viertens ist auch der zweite Teil der Charakteristiken und Kritiken da, der wirklich mit einer Notiz von Friedrich über den Boccaccio schließt, welcher viel Studium voraussetzt. Fünftens – und das ist mir eigentlich fatal – wird am Platon wirklich gedruckt, und Friedrich weiß schon, daß der Phädrus 6 Bogen betragen wird. Das rechnet er immer zuerst aus. Unmöglich kann er auf diese Art eine Arbeit gründlich durchgehen, und das Ganze wird leider Gottes gewiß nichts Rechtes. Das wären Berichte, mehr weiß ich nicht, und ich hoffe, Sie haben genug.

Stolp, den 3. Juni 1802

Sehr angenehm hat mich Ihr Brief überrascht, liebe Jette, ich hatte so zeitig auf keinen gehofft. Aber ehe ich etwas weiteres schreibe, nur ein Wörtchen. Ich kann mir nicht helfen, hier in der Entfernung ist es mir ganz unmöglich, *Sie* zu sagen, ich weiß nicht, wie wunderlich es auf mich wirkt, und noch kann ich nicht dahinterkommen, warum es mir hier so unerträglich ist, als es mir dort nicht war. Ich denke, dort sagte meine ganze Art, mit Euch zu sein, immer *Du,* wenn auch die Lippen *Sie* sagten, und so mag vielleicht auch etwas Pikantes im Kontrast gelegen haben, was die Unerträglichkeit versüßte. Hier fällt die Auxiliarsprache weg, und es bleibt nur der leidige Schein von Fremdheit, die doch zwischen uns nie sein kann. Laß mich also. Du kannst es halten, wie Du willst; aber es sollte mich wundern, wenn es nicht Dir auch so gemütlicher wäre. Zuerst, liebe gute Freundin, sei doch so heiter, als es Dir möglich ist. Du weißt, wie wenig ich jemanden zumute, seine Natur zu ändern. Deine besteht eben von dieser Seite betrachtet darin, daß Du nur in der Zukunft lebst; darum machst Du so gern Pläne, darum denkst Du so ungern an den Tod. Zu dieser Natur gehört aber unumgänglich notwendig, wenn nicht das Ganze ein leerer Zirkel sein soll, auch dieses als die andere Hälfte, daß Du eine Prophetin sein mußt und also die Zukunft auch in der Gegenwart sehen und fühlen. Genieße also jetzt schon die Freude an allem Guten, was Du durch Deine seltene wohlwollende Tätigkeit noch um Dich her stiften wirst; genieße schon jetzt die Ruhe, die es Dir geben wird, eine Menge von schwierigen Verhältnissen so richtig behandelt zu haben und unter tausend Entbehrungen Dir selbst immer treu geblieben zu sein; genieße endlich schon jetzt die späte Zukunft, die Deine Freunde Dir bereiten werden.

Stolp, den 10. August 1802

Den Nachrichten von Frommann wegen des Platon sehe ich mit Furcht und Schrecken entgegen, denn, wenn Schlegel ihn wieder sitzen läßt und er also den Platon aufgibt, so ist mein schönes Projekt, dies Jahr noch einen Teil meiner Schulden zu bezahlen, verdorben, und ich werde übel genug daran sein. Freilich werde ich Himmel und Erde bewegen, um mir dann für mich allein einen Verleger zum

Platon zu verschaffen, aber darüber geht auch im besten Falle ein halbes Jahr wenigstens hin. Unverantwortlich wäre es von Friedrich, aber ich vermute es fast. Von ihm weiß ich noch nichts, ich hoffe nun durch Sie, vermittelst Veit, bald etwas zu hören. Fleißig bin ich ziemlich gewesen. Morgen werde ich mit der ersten Bearbeitung des Sophisten fertig, eines der fruchtbarsten Gespräche, worin mir aber nur zwei sehr schwere und verdorbene Seiten bis jetzt etwas unverständlich geblieben sind und welches ich – wenn mir über diese auch noch ein glückliches Licht aufgegangen ist – so klar machen zu können glaube, als nur irgend etwas dieser Art gemacht werden kann; wie ich denn überhaupt täglich besser den Platon verstehen lerne, so daß mir darin nicht leicht jemand gleichkommen möchte. Das Prophetische im Menschen und wie das Beste in ihm von Ahnungen ausgeht, ist mir aus diesem Beispiel ganz aufs neue klar. Wie wenig habe ich den Platon, als ich ihn zuerst auf Universitäten las, im ganzen verstanden, daß mir oft wohl nur ein dunkler Schimmer vorschwebte, und wie habe ich ihn dennoch schon damals geliebt und bewundert, und wie habe ich über Kant, den ich damals auch etwa mit ebensoviel Glück und Kraft studierte, ganz dasselbe Gefühl gehabt von seiner Halbheit, seinen Verwirrungen, seinem Nichtverstehen anderer und seiner selbst, wie jetzt bei der reifsten Einsicht.

Stolp, den 6. September 1802

Nach der neuesten Ordnung der Dinge, liebe Jette, ist heute Dein Geburtstag, und ich will ihn eben in der stillen Abendstunde einsam mit russischem Tee feiern und mit vielen treuen und guten Gedanken an Dich und über Dich. Es ist der erste solche Tag seit unserer Trennung, wie viele wird es geben? Wie lange wird sie dauern? Wie wird sie sich enden? Und was wird von unsern schönen Entwürfen für die ferne Zukunft in Erfüllung gehen? Doch daran will ich eigentlich gar nicht denken; diese stumme verschleierte Person soll sich nicht zwischen uns drängen, sie macht doch immer einen wunderlichen Eindruck, und man verstummt mit ihr. Laß uns lieber an Zeit und Raum gar nicht denken, sondern nur an uns und was uns das Liebste ist. Dieses Innere und Wahre wird und muß noch immer schöner und vollkommner werden. Ja, laß es uns stolz und froh gestehn, daß es nicht viele solche vereinigte Kreise von Liebe und Freundschaft geben mag, als den unsrigen, der so wunderbar zusammengekommen ist, fast aus allen Enden der moralischen Welt. Alle sind meiner Seele in diesem Augenblick gegenwärtig, welche gemeinschaftlich dazu gehören. Mögen sie sich alle noch enger um Dich, jeder nach seiner Weise und seinen Gaben des Geistes und des Herzens, vereinigen.

Stolp, den 22. November 1802

Ich habe diesmal meinen Geburtstag zwei Tage lang gefeiert, und gewiß, die Freude und der Schmerz verdienten jeder seine ganze Feier. – Die Freude ist mir heute gekommen durch Eure Briefe, und wer nicht geschrieben hat von meinen Geliebten, ist mir doch ebenso nah und gegenwärtig gewesen. Liebe Kinder, sagt mir nur, ob es einen reicheren und glücklicheren Menschen gibt als mich, so geliebt von solchen Menschen, und so viele, wahrlich eine ganze Schar. Ich weiß recht gut, daß unter allem Lieben und Guten, was auch Du mir sagst, viel Schönes und zu Schönes ist; aber ich nehme es eben doch recht gern hin, weil es die Liebe verschönert hat. Wie habe ich Dich umarmt in Gedanken, meine liebe einzige Jette, und auch nicht ohne Tränen, ja Du wirst mir immer bleiben mit Deiner Liebe und Treue, Du und alle; das hoffe ich nicht zu erleben, daß ich irgendeine Seele, die mir so nahe gewesen ist, anders verlieren sollte als durch die Hand der Natur.

Stolp, den 26. Januar 1803

Gott, meine einzige Jette, wie unerwartet schnell ist das über Dich gekommen! Welche sonderbare kritische Zeit, die unser aller Leben so gewaltsam plötzlich durcheinanderschüttelt. Bedenklich sehe ich dem Schicksal ins Auge, was es uns wohl daraus bereiten will; aber noch verrät es sich mir mit keiner Miene. Mit dem Ernst hast Du recht. Alles, was so tief ins Leben eingreift, muß ernst machen. Wieviel mehr noch der Tod und besonders dieser; denn Herzens

Verhältnis zu Dir und Deinem Leben war ein vielfaches und wunderbar verschlungenes. Ich will Dir nicht zu viel auflegen auf den Grund Deines Bekenntnisses, daß Du fertig in Dir warst über alles; es gibt ernste Eindrücke und Wirkungen der begleitenden Umstände, über die man nicht vorher fertig sein konnte, und diese walten immer zuerst. Laß sie ruhig ihr Recht behaupten. Dein Fertigsein und Deine Ruhe bleibt dir unter ihnen doch unversehrt. Wissen aber möchte ich gern alles, wie es Dir ergangen ist und was Dich bewegt. Schreibe mir doch, soviel als Dir unter den Verwirrungen möglich ist.

10. Juni 1803

Es ist geschehen, liebe Jette, sie hat mich aufgegeben, sie hat getan, wie Du dachtest und wie ich nach allen ihren Äußerungen, die später waren, nicht erwarten konnte. [Eleonore Grunow, Schleiermachers Freundin. Sie sollte seine Frau werden, lehnte aber nach langen Kämpfen die Scheidung von ihrem Mann ab.] Es ist recht gut, daß ich ihr diesen Brief, den Du ihr schicken wirst, in der ersten Milde geschrieben habe. Jetzt bin ich nicht so. Gestern abend stand ich ganz ausgekleidet, im Begriff schlafen zu gehen, mit den Armen auf den Tisch gestützt, zwei Stunden lang; da überfiel es mich in seiner ganzen Bitterkeit und Herbe. Aber die Unglückliche, sie wird doch auch das hören müssen. Sie fühlt schon, daß es ihr das Leben kostet, und sie wird auch bald sterben. Ich kann ordentlich wünschen, daß sie eher stürbe als ich; denn wenn sie meinen Tod erlebte, würde sie wieder eine andere Reue anfallen. Sie mag sich sputen, denn Gram und Aufregung werden auch mir bald zu Gift werden. Noch habe ich wenig an mich gedacht, aber wenn es kommt, überfällt mich ein kaltes Grausen. Was soll hier aus mir werden! – Hier brennt mir die Stelle unter den Füßen. Dann graut mir vor dem liebeleeren, beruflosen, Gott und Menschen höhnenden Leben eines Hagestolzes. Ich muß mich anschließen an ein Hauswesen, muß helfen eine Familie bilden und Kinder erziehen. Hier ist keins so. Nach Berlin sehne ich mich – da könnte ich auch den armseligen Beruf des Gelehrten noch besser treiben – ja sehr armselig kommt er mir vor, wenn die Würze der Liebe fehlt, wenn sich die Geliebte des Herzens nicht bewegt unter den Büchern und Papieren. Wenn sie Dich nicht scheut, wenn sie Dich sucht, liebe Jette, so wahr Du mich liebst, sei ihr liebevoll und mild, öffne ihr Deine Brust, laß sie ihre tiefen Schmerzen aushauchen daran und laß sie es nicht entgelten, daß sie Deinen Freund unbeschreiblich elend gemacht hat. Ja, liebe Jette, wenn wir auf dem Felsen stehen werden am Meere, wirst du einen Unglücklichen neben Dir haben, dem bis auf Dich und ein paar andere Menschenherzen alles so einerlei ist hier oben und so öde wie dort unten. – Ich kann nicht mehr, liebe Freundin, ich zerfließe in Seufzer und Tränen. Oh, weh, und es ist erst Morgen! – Bleibe mein Trost und meine Stütze, halte mich, so lange Du kannst, so hoch es geht. Könntest Du nur auch ihr etwas sein, ihr, die tausendmal unglücklicher sein wird als ich.

Stolp, den 21. Juni 1803

Endlich, liebe Jette, befinde ich mich in dem glücklichen Zustande, zwei große, ordentliche Briefe von Dir vor mir zu haben. Wenn ich nun nur gleich wüßte, womit ich anfangen sollte; denn es ist gar viel darüber zu sagen. Am besten wohl mit Dir, denn das ist doch das wichtigste. Wenn ich Dir zuerst das sagen soll über Dich, was am weitesten von aller Vernunft entfernt ist, so ist es dieses, daß es mir ordentlich harmonisch vorkommt, daß auch Du ein inneres Leiden davongetragen hast von dem herben Schlage, der uns alle getroffen hat. Es ist so ein schönes Unisono mit mir in dem: »Wenn ich recht in mich hineingehe, möchte ich immer weinen« und dann: »Mir ist, als könnte ich nie wieder so werden, wie ich war«, daß es mir recht wohl tat als Übereinstimmung. Ist doch auch viel Übereinstimmung in den Gründen. Aber, liebe Jette, wie kannst Du nur tun, als wäre es mir etwas Unbekanntes, was es sein muß, den eigentlichen Geliebten verlieren durch den Tod? Ist denn nicht mein Verlust viel schlimmer als der Tod? Ich versichere Dich, ich wollte weit ruhiger sein, wenn Eleonore gestorben wäre. Freilich würde ich auch mein Leben überflüssig finden und mir den Tod wünschen, wie jetzt; aber es würde doch anders sein. Mein Leben würde doch bis dahin einen Charakter haben, den es jetzt nicht haben kann. Ein rechtes Verwitwetsein gibt ein schönes, schwermütiges Leben, das recht ausdrucksvoll sein kann. Jetzt ist aber mein Leben ganz zerfahren, unstet und nichtig. – Aber sieh nur, wie ich von Dir auf mich gekommen bin. Doch ich bin gleich wieder bei Dir. Denn das ist es eben, und Du mußt es nicht für bloße Vernunft nehmen, denn es ist doch die ganze Seele drin – Du mußt sobald als möglich suchen, Deinem Leben einen bestimmten Charakter zu geben, und zwar nicht einen bloß spekulativen, wie Dein Griechisch und alles Wissenschaftliche, sondern einen recht praktischen. Du mußt Dir bestimmte Zwecke vorsetzen und einen bestimmten Wirkungskreis. So weit hatte ich es wirklich gebracht, als ich in Berlin war. Ich wußte genau, was ich allen Menschen sein wollte, mit denen ich lebte, und ich habe einen großen Teil davon wirklich erreicht. Nur muß keine Art von Despotismus dabeisein, wozu Du einige Anlage hast, sondern, was Du den Menschen sein willst, muß ganz nach ihrem Sinne sein; nämlich nach ihrem besten Sinne, mit und für sich selbst. – Was Deine Anlage zum Despotismus betrifft, so habe ich noch heute in meinem alten Gedankenbuch folgendes darüber gefunden: »Daß Menschen hüten und regieren wollen, ist doch ein gar tiefer und eingewurzelter Fehler. Ich habe ihn noch neulich wieder bei J. bemerkt, und sie sah nicht einmal das Unrecht davon ein. Davon bin ich nun ganz bestimmt frei.« Ich weiß jetzt die Gelegenheit nicht mehr, gewiß aber habe ich, wenn auch nicht gleich, so doch später, mit Dir darüber geredet. –

Hätte ich das Schreckliche ahnen können, was geschehen ist, so würde ich gesucht haben, die Stelle in Erlangen zu bekommen und vielleicht noch am Ende meine Sehnsucht nach den Rheingegenden gestillt haben. Jetzt werde ich wohl hier bleiben und weiß schon das Gewölbe, in dem meine Leiche stehen wird; und hier, liebe Jette, wirst Du mich nicht besuchen, außer dem letzten Besuch des Gelübdes. Mein schlechtes Hauswesen wird mir von Tag zu Tag unausstehlicher, und ich wollte nur, ich hätte Geld genug, um meine älteste Halbschwester herkommen zu lassen, aber das kann ich gar nicht absehen. In guten Stunden mache ich jetzt von weitem Pläne zu Dialogen, zu Novellen (nicht zum Roman) und zu einer Komödie auf Fichte, die aber schwerlich fertig und nie gedruckt werden wird. Gute Nacht, liebe Jette, es ist Mitternacht. Morgen früh das übrige.

Halle, den 22. Oktober 1804

Mein Amt habe ich nun angetreten, und zwar gleich alle drei Collegia angefangen. Ich bin ziemlich zufrieden mit mir, besser als ich dachte; was die Studenten sind, weiß ich nicht, und von Zulauf ist übrigens gar nicht die Rede. Gemeldet haben sich nur sehr wenige, aber freilich waren weit mehr als die gemeldeten heute drin, von denen indessen viele nur als Neugierige anzusehen sind, die sich wieder verlieren. Du weißt, daß ich den anfänglichen Beifall mehr fürchtete als wünschte, und so bin ich mit dieser Lage der Sache ziemlich zufrieden.

Halle, den 15. November 1804

Ich kann Dich nicht herzlich und wiederholt genug bitten, meine liebe einzige Jette, doch nicht so viel in die Zukunft hineinzusehen. Du mußt Dir ja bewußt sein mit Deiner Kraft, daß Du jeden Moment für sich sehr gut ertragen und beherrschen könntest, wenn Dich nicht der Blick auf die künftigen niederdrückte. Dein Leiden entsteht also bloß dadurch, daß Du Dir die Schwierigkeiten kondensierst. Man kann durch *eine* Fensterscheibe sehr gut durchsehen, aber durch zehn hintereinander nicht mehr. Ist deswegen jede einzelne undurchsichtig? Oder hat man je durch mehr als *eine* auf einmal zu sehen? Doppelte macht man ja nur, um sich zu wärmen; so ist es mit dem Leben gerade! Man hat ja nur *einen* Moment zu leben. Isoliere Dir den immer, so wirst Du vortrefflich hindurchsehen, und wenn Du Dir doppelte machst, willkürlich, so sei es nur, um Dich zu wärmen, an sonnigen Aussichten auf Rügen.

Halle, den 15. August 1805

Habe ich Dir denn schon geschrieben, daß ich nun auch Goethes Bekanntschaft gemacht habe? Gleich nach meiner Rückkunft sah ich ihn noch eine Stunde bei Wolf, den Tag darauf ging er nach Lauchstädt. Vorgestern war ich auf einem großen Diner mit ihm bei Wolf; gestern haben Sie eine kleine Reise zusammen angetreten, und nach ihrer Rückkunft will er, glaube ich, noch vierzehn Tage hierbleiben, wo ich ihn denn hoffentlich mehr sehen werde. Er war gleich das erste Mal sehr freundlich zu mir, aber freilich, ins rechte Sprechen bin ich noch nicht mit ihm gekommen, denn damals war Gall an der Tagesordnung, und neulich waren gar zu viel Menschen da. Steffens hat hier drei öffentliche Vorlesungen gegen Gall gehalten, über die man wahrscheinlich wunderlich genug in die Welt hinein urteilen wird. Schreibe mir doch ja, wenn Du in Berlin etwas darüber hörst. Steffens lacht und meint, ich würde mit meiner letzten Predigt, die auch eine solche Tendenz hatte, ebensoviel Ärgernis gegeben haben und ebenso bekrittelt werden.

Halle, den 23. August 1805

Von Goethe kann ich Dir wahrlich weiter nichts sagen, als ich Dir gesagt. Als Mine Wolf herüberging, ihm zu sagen, ich wäre da, lag er auf dem Bett und las und sagte: Ei das ist ja ein edler Freund, da muß ich ja gleich kommen, und so kam er denn auch bald und nahm mich wie einen alten Bekannten, und ich ihn auch so; denn man kann das sehr bald. Worüber ich am liebsten mit ihm spräche, darauf bin ich noch nicht gekommen; er war eben damals von Gall und Schiller voll, und das zweite Mal waren zuviel Leute da, als daß ich mich hätte besonders an ihn machen sollen. Ich hoffe, Dir aber bald mehr zu sagen, wenn ich ihm anders nicht mißfallen habe; er soll gestern mit Wolf zurückgekommen sein. Die, welche Goethe früher gekannt haben, sagen übrigens fast einstimmig, daß er sich sehr zu seinem Nachteil verändert habe, in eben dem Sinne, wie man das von seinen Werken und seinen Kunstansichten sagen kann. Aber wie seine Werke immer noch etwas Herrliches sind, so ist er doch noch eine der edelsten und liebenswürdigsten Gestalten, die man sehen kann.

Den 26.

Goethe ist gestern abend mit Wolf zurückgekommen, und heute bin ich schon hingebeten, und zwar ohne andere Gesellschaft; da wird sich also mehr reden lassen, und nächstens sage ich Dir auch etwas mehr.

(Ohne Datum)

Wegen Louis Börne hast Du etwas recht und er etwas recht und ich gar nicht unrecht. Freundlich bin ich ihm übrigens immer, aber gleichgültig ist er mir sehr. Wie soll man mehr Interesse an einem Menschen nehmen, als er selbst an sich nimmt? Er fängt gar nichts mit sich selbst an, vertändelt seine Zeit, versäumt seine Studien, ruiniert sich durch Faulheit und sieht das selbst mit der größten Gelassenheit an und sagt nur immer, es wäre ihm nun einmal so, und wenn er sich zu etwas anderem zwingen wollte, so wäre es ja dann doch nicht besser. Wie kann man auf einen Menschen wirken, der sich so den Willen selbst wegräsoniert. Ich weiß nicht, ob er untergehen wird; manche Natur rettet sich aus diesem Zustande; aber in diesem Zustande ist nichts auf ihn zu wirken und kein Teil an ihm zu nehmen. Dabei ziert er sich noch und ist falsch. So hat er sich z. B. gegen mich angestellt, als ginge er höchst ungern nach Frankfurt und fürchte sich dort vor der schrecklichsten Langeweile. Dagegen versichert mich die Reil, er habe sich gefreut darauf wie ein Kind. Wie er klagen kann, daß er trübe ist, begreife ich wohl, aber nicht, wie Du es als Klage aufnehmen kannst. Was hat ein gesunder junger Mensch, dem nichts abgeht, trübe zu sein. – Aber Trübsinn kommt aus seiner Untätigkeit, die ihn schlaff macht. Du kannst ihm das alles schreiben; ich sage es ihm auch selbst, wenn er wiederkommt. Schade ist es um ihn, wenn er in diesem Gange bleibt, aber helfen kann ihm niemand, wenn er sich nicht selbst hilft.

10. Oktober 1806

Mit Louis Börne und mir, liebe Jette, wäre es, wie wir beide sind, nichts geworden. Er liebt und hätschelt seine Faulheit und Eitelkeit und will von allen Menschen gehätschelt werden oder hochmütig über sie wegsehen. Das letzte kann er nicht über mich, und das erste kann ich nicht gegen ihn; denn Faulheit und Eitelkeit sind mir an jungen Leuten ekelhaft und verhaßt. Auf diese Weise ist er eigentlich von mir abgekommen. Ein interessanter Mensch, wenn Du es so nennen willst, kann er wohl immer bleiben; aber weiter glaube ich nicht, daß er etwas wird; zumal ich auch nicht einmal ein entschiedenes tüchtiges bestimmtes Talent an ihm bemerkt habe, auf welches ich meine Hoffnung setzen könnte, daß es Herr über ihn werden und ihn durcharbeiten werde.

Halle, den 4. November 1806

Könnte ich Dir nur sagen, wie mir innerlich zumute ist. Meine persönliche Lage, inwiefern sie wirklich persönlich ist, kümmert mich wenig; nur daß ich die gute Nanni zu dieser unglücklichen Zeit herbringen mußte, schmerzt mich. Aber meine zertrümmerte Wirksamkeit, welche wahrscheinlich nie wiederkehrt, die Schule, die ich hier zu stiften im Begriff war und von der ich mir so viel versprach, plötzlich zerstört, vielleicht die ganze Universität, die sich so schön zu heben anfing, zersprengt – und dabei der bedenkliche Zustand des Vaterlandes, welches unter manchen Gebrechen so viel Köstliches aufbewahrt –, Liebe, Du kannst Dir schwerlich denken, wie mich das ergreift und wie ich mich doch auf der anderen Seite ruhig hinsetzen kann zu meinem Platon und zu theologischen Arbeiten und manchmal recht tüchtig dabei sein, ohnerachtet der ewigen Sehnsucht nach meiner Kanzel und meinem Katheder. Nur manchmal ist es ein fieberhafter Zustand, und viele Tage sind sehr schlecht. Der Gedanke, daß es vielleicht mein Schicksal sein könnte, lange Zeit nur für die Schriftstellerei und von ihr zu leben, schlägt mich sehr nieder. Hier halte ich das gewiß nicht lange aus, und darum möchte ich gerne fort, sobald das Schicksal der Universität mir nichts mehr zu hoffen übrig läßt. Zunächst zu Dir; aber ohne öffentliche Geschäfte könnte ich auch in Berlin nicht leben, sondern ich müßte weiter wandern nach Preußen oder nach Rügen, und das ist der schönste Traum, der mir für diesen Fall übrigbleibt. Unsere gänzliche Unwissenheit über die Lage der Dinge seit der Besitznahme von Potsdam und Berlin ist etwas Schauderhaftes und recht gemacht den Mut zu lähmen und die letzte Kraft auszusaugen. Wie ich oft nicht wußte, was Eleonore tat in kritischen Augenblicken, sondern nur lieben konnte und hoffen, so weiß ich auch jetzt nicht, was das Vaterland tut. – Sollte das auch sich und mich so ganz verlassen, wie sie mich? Bisweilen denke ich, es kann noch alles gut werden, gut, herrlich und glorreich; aber es gehört Besonnenheit und Geschick dazu, und wird es an beidem nicht fehlen? Gestern hatte man Gerüchte von einer zweiten verlorengegangenen Schlacht, die viel zu bald und viel zu nahe wäre gewagt gewesen; ich hoffe, es ist unbegründet. Schreibe mir doch recht bald, wie es Dir ergangen ist und unsren Freunden. Ich hoffe, Ihr habt gar nicht gelitten, und Teuerung und Not kann auch in Berlin kaum so groß sein als hier. Wir leben hier so armselig als möglich, eigentlich mehr als möglich.

Halle, den 21. November 1806

Nun muß ich doch wenigstens am späten Abend ein paar Worte mit Dir plaudern. Was für zwei Geburtstage habe ich da gehabt! An dem einen hatte ich kurz vorher von der einen Seite alles verloren, und nun von der anderen! Damals hielt ich mich an meinen Beruf und hatte an ihm eine Ursache und ein Werk des Lebens, nun ist mir auch dieser zerstört; woran soll ich mich nun halten? Zwar ist er nicht so unwiederbringlich verloren wie Eleonore, aber es ist doch Torheit zu hoffen, daß er wieder aufblühen wird, und wenn es nicht mein eifrigster, sondern nur mein zweiter Wunsch ist, daß es möglich sein möchte, in der gemeinsamen Sache den Tod zu finden, so kommt das von einer Anhänglichkeit an die alten Vorsätze und Entwürfe, die ich meistenteils selbst kindisch finde. Doch überrascht mich vielleicht auch bald die Erfüllung jenes Wunsches. Denn wenn das Glück nicht umschlägt, so wird er [Napoleon] gewiß bald wüten gegen den verhaßten Protestantismus, und dann wird es vor vielen anderen mein Beruf sein hervorzutreten. Niemand kann wissen, was ihm bestimmt ist in dieser Zeit! Es kann noch wieder Märtyrer geben, wissenschaftliche und religiöse. (. . .)

Wenn nur ein guter Geist unseres Königs Entschlüsse lenkt, daß er sich an alles nicht kehrt und keinen schimpflichen Frieden macht, sondern fest an Rußland hält, das ist das einzige, woraus uns noch bessere Zeiten hervorgehen können; auch habe ich das ziemlich feste Vertrauen, daß er nicht anders handeln wird.

Halle, den 6. Dezember 1806

In einigen Tagen erwarte ich mit Gewißheit die Nachricht von einer Schlacht. Ist sie günstig für uns, so kann sie immer noch nicht viel entscheiden, weil er schon zu viele feste Punkte hat. Du weißt doch, daß des Königs Hauptquartier ganz nahe bei Dohnas ist. Die Strenge gegen die Offiziere rührt gewiß daher, daß sich keine zu seiner neuen Legion gemeldet haben. Übrigens bist Du sehr gutmütig, den Teufel ein verwöhntes Kind zu nennen, und an der Zerstörung einer Universität kann ihm bei seinen Projekten schon genug liegen, wenn er auch nicht so tückisch rachgierig wäre. Daß man bei ihm nicht um Gnade bettelt, ist mir sehr lieb.

Halle, den 2. Februar 1807

Die Schicksale der Menschen, liebe Jette, mußt Du etwas im großen ansehen. Dann wirst Du in der jetzigen Zeit nichts anderes finden, als was uns die Geschichte überall darbietet, daß auf Erschlaffung Zerstörung und sterbender Kampf folgt, währenddessen, wenn auch nur eine Schlechtigkeit gegen die andre streitet, die bildenden Kräfte des Guten und die Tüchtigkeit des menschlichen Geistes sich entwickeln. In der Geschichte waltet überall derselbe Genius der Menschheit. Die unsichtbare Hand der Vorsehung und das Tun der Menschen selbst ist ein und dasselbe. Sieht man zu sehr auf das einzelne, so wird man schwindlig wegen der Kleinheit der Gegenstände. Kannst Du Dich aber dessen doch nicht enthalten, wie es die Weiber selten können, so fasse es nur fest, und Du wirst sehen, daß grade hier der Unterschied weit geringer ist, als er scheint, wenn man das Kleine mit dem Großen verwechselt.

Berlin, den 20. Oktober 1808

Die kleine Reise, wiewohl ohne die Frauen ausgeführt, war doch recht hübsch. Wir wollten erst zu Fuß gehen, Reimer und ich, weil aber ein dritter, ein Herr von Lützow, ein Freund von Fritz Dohna, ein gar herrlicher Mensch, der über Dessau in Geschäften

weiterreiste, sich zu uns gehalten, der Bagage bei sich hatte, die zu
Fuß nicht fortzubringen war, so fuhren wir. Steffens und Blanc
fanden wir schon in Dessau, und die Freude war, wie Du denken
kannst, gar groß. Steffens ist munter und frisch, wie er lange nicht
war, und so hat er auch Frau und Kind zurückgelassen. Wir waren
auch ganz die Alten zusammen und freuten uns der Aussicht auf
ein künftiges Zusammenleben und alles dessen, wodurch wir es im
Notfall herbeiführen helfen wollten. Einen ganzen Tag brachten
wir, wiewohl im Regen, doch sehr vergnügt in Wörlitz zu. Auf
dem Wege erzählte ich Steffens von Jettchen. [Im Februar 1807
war Ehrenfried v. Willich gestorben. Im Juli 1808 verlobte sich
Schleiermacher mit der Witwe des Freundes; sie heirateten 1809.]
Du kennst ihn und kannst Dir seine innige Freude denken. Er fand
das auch das Schönste, was mir je hätte werden können, und
meinte auch, gerade auf solche Art hätte es kommen müssen. Wir
durchstreiften den Garten nach allen Seiten, und ohnerachtet des
Regens tat uns doch nichts so leid, als daß wir nicht alle, die wir
liebten, zusammen hatten auf dem herrlichen Fleck. (. . .)

Sage mir aber, meine einzige Alte, ist es nicht auch Jettchens
Werk, und weil ich seitdem ganz besonders in Gnaden bei Dir
stehe, daß Du meine Unausstehlichkeiten so sehr gering an-
schlägst? Hast Du auch das grimmig-böse Aussehen vergessen,
was ich manchmal habe, wie Ihr sagt? Und den ökonomischen
Leichtsinn und manches andere? Aber nun laß Dir auch eine
Epistel lesen, liebe Jette, nämlich ganz wunderlich finde ich es, daß
Du es ein Unrecht tun nennst, daß ich sage, Du sähest meine
Schwachheiten besser als andere. Die genaueste Freundschaft soll
ja und muß auch die genaueste Kenntnis geben, und der schönste
Vorzug liegt ja darin, daß der Freund den Freund mit seinen
Fehlern liebt, andere ihn aber oft nur lieben, weil sie sie nicht sehn.
Wie wunderlich mir aber immer zumute ist, liebe Jette, wenn Du
mich *groß* nennst, das kann ich Dir gar nicht sagen. Du weißt, daß
ich die Bescheidenheit ordentlich hasse und daß ich recht gut weiß,
was ungefähr an mir ist; aber groß, das wußte ich wahrlich nicht,
wo es mir säße.

Berlin, den 5. November 1808

Glücklich bin ich ganz ungeheuer, das fühle ich wohl. Ob ein Talent zugrunde gegangen wäre, wenn das Glück mir nicht geworden wäre, das will ich noch nicht entscheiden, liebe Jette. In Absicht auf die Frau wohl, o ja, da will ich es glauben und sehe es ganz klar, daß eine Tüchtigkeit, eine Reinheit und Vollkommenheit in dem Leben sein wird, die sich darf sehen lassen, und daß ich mich auch werde rühmen dürfen, mein Teil dazu zu geben. Aber ob ich auch Talent habe für die Kinder, das weiß ich noch nicht, im großen vielleicht auch, aber im kleinen und einzelnen fühle ich mich noch immer ungeschickt und unsicher, wiewohl mir doch scheint, als ginge mir der Sinn jetzt auch besser auf.

Berlin, den 21. November 1808

Nicht eher als jetzt, da alles fort ist, an der äußersten Grenze des Tages komme ich dazu, Dir, meine einzige alte Treue, ein paar Worte zu schreiben und Dir herzlich zu danken für Dein treues Andenken. Ja, wohl bin ich ganz anders erwacht, und ganz anders ist mir zumute gewesen als je. So schöne, sichere Hoffnung, die schon eigentlich reine, herrliche Wirklichkeit ist, so feste Zuversicht, ein so reiches, volles Leben – liebe Jette, wie verdiene ich das nur, und wie werde ich Gott und der Welt Rechenschaft davon geben können? Nun, ich will mein Bestes tun; hoffentlich werden mir ja wieder die Schranken eröffnet zu einer tüchtigen Wirksamkeit, und dann sind die süßen Kinder, die mir Gott anvertraut hat und die ich hoffe mit Liebe und Verstand zu führen, und dann habe ich Euch das Leben leicht und lieb zu machen und manchen Freund mitgenießen zu lassen von allen den herrlichen Schätzen, kurz, ich gehöre gewiß zu den reichsten Menschen, wenn Gottes Gnade mich nicht verläßt. Und Du hast recht, ich kann es dankbar und in heiliger Demut annehmen, daß Gott mir das Paradies noch aufgetan hat als etwas, was mir eigentlich zukam. Ich habe soviel gelehrt von dem schönen und heiligen Leben der Familie; nun muß ich doch eigentlich auch Gelegenheit haben zu zeigen, daß es mir wenigsten mehr ist als schöne und leere Worte, daß die Lehre rein hervorgegangen ist aus der innern Kraft und aus dem eigensten Selbstgefühl.

Juli 1817

Übrigens ist die ganze Stadt voll davon, daß Du Dich in Zossen habest taufen lassen; woher, das weiß ich nicht. So geht es aber gewöhnlich mit solchen Dingen. Woher es kommt, dem habe ich nicht nachspüren können; – von uns geht es nicht aus, es müßte denn sein, daß die Alte sich in aller Unschuld verschnappt hätte, doch kann ich das auch nicht recht glauben. (. . .)

Eine unerwartete Freude harrt Deiner in Rom [Henriette befand sich seit 1817 auf einer Reise durch Italien] – die vortrefflichste Gelegenheit, viel Englisch zu sprechen. Bunsen nämlich hat eine reiche Engländerin geheiratet und lebt mit ihr als ein großer Herr in Frascati. Ist das nicht eine sonderbare Geschichte? Nach Rom schreibe ich Dir zunächst durch Niebuhr oder Brandis, bis ich Anweisung von Dir bekomme.

Henriette Herz aus Italien an Louise Seidler

Rom, im Februar 1818

Den 12.

Wie soll ich nur anfangen, Ihnen zu erzählen, zu sagen, wie glücklich und angenehm unsere Reise war und wie unendlich herrlich es hier ist! Ja, liebste Louise, wer nicht notgedrungen muß, der soll nicht sterben, ohne Rom gesehen zu haben, ohne durch Tirol dahin gereist zu sein. Wie übertrifft die Wirklichkeit jede Beschreibung! Wieviel höher steht Tirol mit seinen Bewohnern, als selbst Goethe sie beschreibt!

Wie wohl mir in München war, das müssen Sie gesehen haben; dem verehrten trefflichen Jacobi, dessen flüchtige Bekanntschaft wie ein schöner Traum mir vor der Seele schwebte, näher zu sein, ihn zu sehen, zu sprechen, mich seiner Freundlichkeit, deren er mich würdigte, zu freuen, die Bekanntschaft von Schellings, Gotters, Niethammers und des bei Jacobis versammelten Kreises – alles das war eine schöne Weihe zur Erfüllung meines Jugendtraumes.

Mit München ging mir fürs erste das Leben mit interessanten Menschen unter, das der Natur ging aber auf, und wahrlich, alles, was ich bis jetzt Großes, Schönes und Herrliches gesehen habe, vermindert den Eindruck nicht, den jenes herrliche Land auf mich gemacht hat. Alle Beschreibung der Natur und der Menschen dort gibt keinen Begriff von der Wirklichkeit – ich schweige also auch gegen Sie davon, liebe Louise, und sage Ihnen nur, daß, vom Himmel begünstigt, wir glücklich in Verona ankamen.

Verona war nun eigentlich die erste große italienische Stadt, die wir sahen, und in ihr die ersten Überbleibsel großer, längst vergangener Zeiten. Das schöne Amphitheater verfehlte seine Wirkung nicht auf uns, auch gingen wir gläubig in ziemlich starkem Regen nach einem kleinen, wüsten Garten und holten uns ein Steinchen von Julie und Romeos Grabe. Durch unsern Bankier, einen Schweizer, sahen wir das Merkwürdigste in Verona, und nach drei Tagen reisten wir ab, gingen durch das schöne, aber öde und wüste Padua längs der Brenta nach Venedig. Liebste Louise, bilden Sie sich ja nicht ein, durch alles, was Sie gelesen, gesehen und gehört haben von dieser Zauberstadt, auch nur einen entfernten Begriff von ihr zu haben; in jeder Hinsicht übersteigt sie das Bild, das man sich von ihr macht. Bunt, voll und fast kleinlich ist alles, was ich von Venedig gemalt gesehen habe. Die Paläste stehen aber in grauer, stiller Pracht längs des großen Kanals, indes ein auf keine Weise zu beschreibendes Leben auf dem herrlichen Markusplatz und der *Riva schiavone* in unendlichen Gestalten und Tönen sich zeigt. Berauscht vom Unerwarteten, Großen, Reizenden war ich die ersten Tage, und die fünf Tage unseres dortigen Aufenthalts verstrichen in einem Genuß, und das Bild Venedigs steht wie ein schöner Zauber vor meiner Seele. Von V. nach Florenz hielten wir uns nur einen Vormittag in Bologna auf; in Florenz waren wir 4 Wochen, und dort sah ich zuerst mehrere herrliche Marmorbilder, deren schwache Nach- und Abbildung ich früher an mehreren Orten gesehen hatte. Wie Bekannte in verklärter Gestalt traten sie mir entgegen – und mit Wahrheit kann ich Ihnen sagen, liebe Louise, daß ich zuerst vor ihrer mächtigen Herrlichkeit so erschrak, daß mir die Brust eng ward, ich die Augen niederschlug und mich wegwandte. Vor der Gruppe der Niobe war dies besonders der Fall; allmählich ward ich vertrauter mit ihnen und kehrte gern und freudig immer wieder zu ihnen zurück. Deutscher Umgang fehlte mir in Florenz, und nachdem ich alles tüchtig, nach meinen Kräften, gesehen hatte, verließ ich es gerne, um dem höheren Ziele entgegenzueilen, und vergnügt und gesund kamen wir am 11. Oktober, vormittags um 12 Uhr, in Rom an. War ich den ganzen Morgen des letzten Reisetages außer mir, so war ich es nicht weniger, als ich endlich wirklich durch das Tor einfuhr, den Obelisk, die auf dem Platze liegenden Kirchen usw. sah. Das Wetter war herrlich in den ersten Tagen unseres Hierseins, und mir war oft, als hätte ich Flügel an der Seele, so leicht, so gehoben, so getragen fühlte ich mich. In den ersten Tagen sah ich mehr, als ich vertragen konnte, und der sich einstellende Regen machte mir die nötige Ruhe erreichbar. Der Regen hielt ungewöhnlich lange an, wir waren aber dennoch sehr glücklich, denn wir waren in Rom! In Frau von Humboldt, der gegenüber wir unser kleines Quartier bereit fanden, umarmte ich eine längst bewährte Freundin, in den Söhnen von Friedrich Schlegel liebe junge Freunde, die ich wie Söhne selbst liebe, da sie meinem Herzen durch die Liebe der Mutter nahe verwandt sind; in den beiden Schadows sah ich alte, gute Bekannte, und ebenso machte ich in den ersten Tagen die Bekanntschaft von Cornelius und Overbeck. Bin ich in meiner Unkunde und Unwissenheit in der Kunst schon nicht berechtigt, etwas darüber auszusprechen, so darf ich Ihnen doch sagen, daß die Arbeiten dieser jungen Männer mich wunderbar, jedes nach seiner Individualität, ergriffen. Den jüngsten Schadow sah ich beim Abschiede von Berlin als einen zierlichen jungen Weltmann und eleganten Porträtmaler, der durch einige ähnliche Porträts vornehmer Personen schon eine Art von Ruf hatte, der ihn über die Gebühr eitel machte. Den jüngsten Veit (Philipp, den Sie wohl von Dresden her kennen) sah ich als Anfänger der Malerkunst Berlin verlassen, nachdem er von der schönen Prinzeß Wilhelmine ein gut gedachtes, aber dürftig und schwach ausgeführtes Bild gemalt hatte. Von Overbeck kannte ich ein kleines Madonnenbildchen mit steifen Falten und gelben steifen und starren Haaren, von Cornelius Zeichnungen zum Faust und den Nibelungen – nichts in Farben –, und wie fand ich alle diese Leute, nachdem ich sie ganz anders zu finden, nach Goethes Main- und Rheinreise glauben mußte! Schadow war ein Porträtmaler geworden, der jedes Porträt zum Tableau erhöhte, sowie in seinen Kompositionen sich stilles frommes Gemüt ausspricht, und zwar auf die lieblichste Weise durch Form und Farbe. Philipp Veit, der im Jahre 11 sein erstes Ölbild malte, dessen Studien durch den Freiheitskrieg Deutschlands, den er mitgemacht hatte, unterbrochen wurden, hatte Riesenschritte gemacht, und stehen seine Gestalten und ihre Umgebungen vielleicht jenen an Lieblichkeit nach, so drücken sie doch ebenso tiefen Sinn auf vielleicht kräftigere Weise aus. Overbeck verbindet mit eben diesem tiefen, stillen Sinn eine ungewöhnliche Grazie in Männer- und Frauengestalten. Cornelius steht vor allen hoch da, und alles, was ich früher von ihm gesehen hatte, verschwindet gegen das, was er seitdem gemacht hat und jetzt macht. Der tiefe Ernst in den älteren Mannesköpfen, die Milde und Männlichkeit und sogar Lieblichkeit und Innigkeit in den jüngeren, die hohe Weiblichkeit in den Frauenköpfen ist in allen seinen Kompositionen gleich groß und schön. Bartholdy, der preußische General-Konsul, gab den vier Genannten zuerst Gelegenheit, ihr Talent in der Freskomalerei zu zeigen, und das kleine Zimmer, das er in der gemieteten Wohnung konnte malen lassen, enthält viel, sehr viel Schönes, und jetzt läßt der Marchese Massimi in seinem Palaste zwei Säle malen – den Dante und den Tasso – d. h. die Haupt- und bedeutenderen Nebenmomente beider Gedichte darstellend. Cornelius hat sich den Dante, Overbeck den Tasso gewählt, und beide haben schon Kartons dazu fertig, die ein selten herrliches Werk versprechen. Overbeck hat erst das Mittelstück der Decke ganz fertig; das befreite Jerusalem in der Gestalt einer auf einem prächtigen Sessel sitzenden Frau, der zwei Engel eben die Ketten abgenommen haben, die sie schwebend noch in den Händen haben. Die schöne Gestalt sieht ernst und fest und mit erlaubtem stolzem Gefühl aufwärts, den Wert der Freiheit fühlend, doch anerkennend, von wannen sie ihr kommt. Cornelius, der sehr schnell arbeitet, hat schon zwei Kartons mit vielen Figuren fertig, von denen die meisten trefflich gelungen sind.

So, liebe Louise, hat der eigene Genius diese Jünglinge über das

erhoben, wonach sie sich mit Gewalt bilden wollten: Ich meine, daß
ihr besserer Genius sie bewahrt hat vor den Unvollkommenheiten
derer, nach deren Vollkommenheiten sie mit Recht strebten und
streben, die sie in einem gewissen Grade schon erreicht haben und
hoffentlich immer mehr erreichen werden. Hätte Goethe die Arbeiten dieser jungen Männer gesehen, er würde vieles nicht über sie
haben sagen lassen; sähe er sie noch, er nähme manches zurück. Ich
habe Ihnen nur diejenigen genannt, die mit Recht als die vorzüglich-
sten genannt werden – es gibt aber noch einige, die Lob verdienen,
und dazu gehören der älteste Veit, der langsamer als die andern
arbeitet, daher auch weniger große Fortschritte gemacht hat; seine
Bilder sind melancholisch in Komposition und vielleicht auch in
Farben, derselbe tiefe, fromme Sinn aber ist auch in ihnen. Lassen
Sie uns den Geist, der über jene gekommen ist, nicht tadeln, wenn er
auch etwas in sie gebracht, das vielleicht aus ihnen wegzuwünschen
wäre. Ist es in unserer Macht zu sagen, daß sie so streng sittlich, so
gründlich künstlerisch, so rechtlich, wacker, fromm und treu
wären, wenn sie geblieben, was sie waren? Und was waren die
meisten? Etwa Protestanten? Nein – sie waren nichts, sie waren
ohne alle Religion, denn wären sie Protestanten im wahren Sinne
des Wortes gewesen, so könnten sie ja wohl alles gewesen und
geworden sein, was sie jetzt als Katholiken sind.

Ich habe Ihnen, liebste Louise, flüchtige Worte über die neue
Kunst hier und gar keine über die alte gesagt, denn mit meinem
Verstehen der Kunst steht es schwach; ich fühle sie allenfalls – die
Menschen und die Natur verstehe ich besser, und so erfreue ich
mich täglich des Umgangs mehrerer Künstler, die den Abend gerne
teilnehmen an unserem Teetisch, der mit seinem siedenden Kessel
uns nordische Abende nach südlichen Tagen bereitet –, so entzückt
mich täglich der dunkelblaue Himmel, die herrlichen, mit Schnee
bedeckten Berge, die in der schönsten Mittags- und Abendbeleuch-
tung vor mir liegen, indes ich in warmer Sonne unter ewig grünen
Bäumen stehe, auf hellgrünem Rasenteppich, der mit den mannig-
faltigsten Blumen von ungeheurer Farbenpracht bedeckt ist –
umgeben vom Duft der fast nie verblühenden Veilchen, nie aufhö-
rendem Vogelgesang, indes fast rund umher die jetzt reifen Pome-
ranzen mich aus dunkelgrünem Laube anglühen. Sagen Sie nur, wie
das alles eine arme Nordländerin, die im Schnee geboren und

erzogen ist, aushalten soll – mir ist auch oft, als könnte ich es nicht –
und nun in all dieser Himmels- und Erdenpracht gesammelt und
aufgehäuft Schätze der Kunst aus ihren besten Zeiten, in unglaubli-
chem Maße, ja, aufgehäuft und einzeln; denn in jedem Winkel der
Stadt findet man Andenken der großen Kunstzeit! Und doch, und
doch gibt es treffliche Menschen, denen das alles nicht genügt,
denen es in Rom nicht gefällt – die sich in dem, was da ist, stören
lassen durch das, was sie vermissen, die über das Nichtgute, das
wirklich da ist, das nicht sehen, was klar, groß und herrlich daliegt.

Zu diesen aber gehört der Kronprinz von Bayern nicht, an dessen
großer Freude an Rom ich meine eigne Freude habe, dieses ist ein
einziger Prinz, wahrlich, in dessen Nähe man vergißt, wie hoch er
in der äußeren Welt über einem steht. Er erkennt in vollem Sinne
den Wert und das Verdienst der hiesigen deutschen Künstler nicht
nur, sondern alles, alles, was hier zu erkennen ist – läßt sich durch
nichts stören im Genuß der Herrlichkeit, die einem gesunden
inneren Sinne hier überall, aus jedem Winkel, von jedem alten
Gemäuer, in hohen Sälen wie vom Rasen, entgegenstrahlt. Er ist in
einem Entzücken, das ich vollkommen mit ihm teile, und wahrhaft
wohl tut es mir, daß er die deutschen Künstler, und besonders die
Preußen, auszeichnet. Eberhardt, seinen Landsmann und künftigen
Untertan, hat er erst während seines jetzigen Aufenthaltes recht
kennen und würdigen gelernt. Steht er als Bildhauer nicht so hoch
wie mancher andere, und besonders wie Thorwaldsen – der wahrlich auf selten hoher Höhe steht –, so ist er als Komponist
bewundernswert und wahrhaft groß. Das tiefste Gemüt spricht sich
in anmutigen Gestalten und Zusammensetzungen in seinen Zeichnungen aus, auch wird der Kronprinz ihn hoffentlich beschäftigen.
Dieser besucht alle deutschen Künstler und hat sich mit seinem
Gefolge mit altdeutscher Tracht bekleidet; er meint, Ringseis sähe
wie ein Geisterbeschwörer darin aus; und finde ich auch das grade
nicht, so sieht er doch wunderlich genug mit seinem Schnurr-
Knebel-Zwickelbart aus, der seinem mageren Gesicht ein wunderli-
ches Ansehen gibt.

Den 17.

Nun, liebste Louise, will ich nur aufhören; denn wieviel ich auch
noch zu sagen hätte, so muß ich es, denn wo die Zeit hernehmen?
Des Vormittags scheint mich die Sonne zum Zimmer hinaus, ich

184

kann es nicht aushalten im Hause, und den Abend sind entweder Leute bei uns, oder wir sind später drüben bei Frau von Humboldt, wo auch immer deutsche Künstler sind. Dann habe ich die Bekanntschaft einiger englischer Häuser, die mir auch zuweilen einen Abend nehmen, und auf diese Weise lerne ich denn geläufig deutsch und englisch sprechen, an italienisch ist nicht zu denken, da mich die italienischen Gesellschaften langweilen und ich die Bekanntschaften dieser sonst wirklich zuvorkommenden Leute vernachlässige.

Leben Sie wohl, recht wohl, streben Sie danach, uns noch in Rom zu sehen, die Reise ist bequem und nicht sehr kostspielig.

Grüßen Sie Jacobis; wie soll ich Ihnen aber sagen, wie alle und wie jeden, mit Liebe und Dank? Sie werden es wohl wissen:

Schellings, Roths, Niethammers, und wer freundlich meiner gedenkt. Schreiben Sie mir bald wieder, ich sage Ihnen meine Adresse in dem Papierchen, in welchem die Veilchen liegen: ein paar Veilchen, in der Villa Pamphili gepflückt!

Leben Sie wohl und sein Sie gewiß, daß wir Ihrer oft freundlich gedenken.

Henriette Herz

Henriette Herz an den Verlagsbuchhändler Felix Lehmann

Werter Herr Lehmann!

Seit längerer Zeit schon hatte ich den Wunsch und den Vorsatz, zu Ihnen zu kommen, um Sie um eine Güte für den Überbringer dieser Zeilen zu bitten – Hitze aber hielt mich früher davon ab und jetzt unfreundliches Wetter, und es nicht länger verschieben wollend, habe ich mich entschlossen, Ihnen zu schreiben und in diesen Zeilen niederzulegen, was ich Ihnen gesagt haben würde.

Der Student Meier, der Ihnen diese Zeilen bringt, ist sehr arm und strebt allein danach, sich seine Subsistenz selbst zu verschaffen, was nur dadurch geschehen kann, wenn er in den Stunden, welche sein medizinisches Studium ihm freiläßt, sich mit Übersetzungen oder Korrekturen soviel verdienen kann, daß er dürftig leben und sich kleiden kann – daß er die Fähigkeit dazu hat, wird mir von mehreren Seiten gesagt – auch Madame Levy interessiert sich für ihn, und wenn Sie sie sehn, wird sie Ihnen gerne über ihn sprechen. – Der junge Mann heißt Meier und hat den Ruf eines fleißigen, sittlichen Menschen – seine Schulstudien hat er längst vollendet, und in 18 Monaten will er promovieren, bis dahin will er auf alle Weise arbeiten, um sich zu ernähren, will *arbeiten*, nicht Stipendia nehmen – und Sie, lieber Herr Lehmann, haben es ja wohl reichlich in Ihrer Hand, dem wackeren jungen Mann beizustehen und zu helfen: – grüßen Sie ihn, und können Sie ihn gebrauchen, so tun Sie ein gar gutes Werk.

Ich bitte Sie, mich Ihrer lieben Frau recht angelegentlich zu empfehlen, noch hoffe ich, sie zu sehen, ehe sie das Haus hüten muß – verzeihen Sie meine Zudringlichkeit und zürnen mir nicht.

Den 18. Juni 42   Ihre ergebene
Tiergartenstraße Nr. 18   *H. Herz*

Alexander von Humboldt an Henriette Herz

d. 20. Nov. 1845

Wenn ich so glücklich war, meine teure Freundin, Sie heute durch das gemütliche Andenken des Königs zu erfreuen, des Königs, der, wie er sich ausdrückt, »von früher Jugend an Ihren Namen mit inniger Hochachtung hat aussprechen hören«, so habe ich jetzt schon Veranlassung, auch die kleine Ungewißheit zu heben, die in meiner Erzählung zu liegen schien. Ich war, indem ich Sie verließ, bei dem Geh. Kabinetts-Rat Müller, der mir alles bestätigte, was ich gestern abend aus dem Munde des Königs empfing. Der König hat nämlich gestern abend schon ein Handbillet an G. E. R. Müller geschrieben, diesem meine Eingabe geschickt und auf das bestimmteste ausgedrückt, es sollen Ihnen jetzt durch mich für das laufende Jahr fünfzig Stück Fr. d'or gebracht werden, und vom 1. Jan. 1846 an sollen Sie lebenslänglich eine jährliche Pension von fünfhundert Talern ziehen.

Es ist alles schon ausgefertigt, aber der König hatte es zarter gefunden, da Sie um nichts gebeten und die ganze Sache ohne Ihr Wissen geschehen ist, keine Kabinetts-Ordre an Sie zu richten. Ich werde eine schriftliche Antwort vom König darüber erhalten, in der Ihrer auf das ehrenvollste erwähnt ist. Dazu geht der Befehl unmittelbar an die Kasse, welche die Pension zahlt.

Ich beschwöre Sie, mir nicht zu antworten.

Mit alter Verehrung
Ihr
Alexander Humboldt

III   Briefe über Henriette Herz

III. Teil: Die Herrschaft

Friedrich Schleiermacher an seine Schwester

31.12. 1797

In Deinem Brief, meine Liebe, kommt auch etwas vom wahren ernstlichen Heiraten vor, das mir ein sehr wichtiges Kapitel ist; auch die leiseste Vermutung, daß mir das lächerlich sein könnte, kann nicht Dein Ernst sein, da Du weißt, wieviel mir Häuslichkeit und Herzlichkeit ist. Ich will Dir nächstens meine Gedanken darüber recht ausführlich mitteilen; denn fragmentarisch will ich mich auf einen solchen Gegenstand nicht einlassen; nur soviel, daß leider, leider, Deine Vermutung wohl wahr werden könnte! Ich habe gestern abend ein langes und sehr merkwürdiges Gespräch mit der Herz gehabt darüber, wieviel jedem Menschen von dem, was eigentlich in ihm ist, verloren zu gehn pflegt durch äußere Lagen. Ach, wieviel ginge in mir verloren bei diesem Sinn fürs Familienleben, wenn ich nicht heiratete – und doch! Aber ich will mich nicht melancholisch machen, denn wenn ich bei diesem Punkt verweile, bin ich auf dem geraden Wege, es zu werden.

Berlin, den 30. Mai 1798

Am meisten lebe ich jetzt mit der Herz; sie wohnt den Sommer über in einem niedlichen kleinen Hause im Tiergarten, wo sie wenig Menschen sieht und ich sie also recht genießen kann. Ich pflege jede Woche wenigstens einmal einen ganzen Tag bei ihr zuzubringen. Ich könnte das bei wenig Menschen; aber in einer Abwechslung von Beschäftigungen und Vergnügungen geht mir dieser Tag sehr angenehm mit ihr hin. Sie hat mich Italienisch gelehrt oder tut es vielmehr noch, wir lesen den Shakespeare zusammen, wir beschäftigen uns mit Physik, ich teile ihr etwas von meiner Naturkenntnis mit, wir lesen bald dies bald jenes aus einem guten deutschen Buch, dazwischen gehn wir in den schönsten Stunden spazieren und reden recht aus dem innersten des Gemüts miteinander über die wichtigsten Dinge. So haben wir es seit dem Anfang des Frühlings getrieben, und niemand hat uns gestört. Herz schätzt mich und liebt mich, so sehr wir auch voneinander unterschieden sind. Der Herz ihre Schwestern, ein paar liebe Mädchen, freuen sich, sooft ich komme, und sogar ihre Mutter, eine verdrießliche und strenge Frau, hat mich in Affektion genommen. Kannst Du nach diesem wohl denken, daß uns von seiten unsrer besten Freunde ein paar unangenehme Tage gekommen sind. Schlegel und die Veit haben zusammen Besorgnisse gebrütet, daß ich gegen jenen und die Herz gegen diese – ihre älteste und unzertrennlichste Freundin – kälter würden. Die Veit machte mir Vorwürfe, daß ich Schlegel nicht wäre, was ich ihm sein könnte, daß ich über sein Tun und seine Werke nicht offen gegen ihn wäre; daß ich sein Gemüt nicht schonte, zu ihr käme ich auch nicht, man müßte am Tode sein, um meine Teilnahme zu erregen, ich wäre alles nur *par charité*, und wenn die Leute wieder auf den Beinen und glücklich wären, ließe ich sie gehn. Schlegel bekannte mir aufrichtig, er wäre eifersüchtig auf die Herz, meine Freundschaft mit ihr wäre so schnell und so weit gediehen, als er es mit mir nicht hätte bringen können, er sei fast nur auf meinen Verstand und meine Philosophie eingeschränkt, und sie habe mein Gemüt. Was hatte ich da ins klare zu bringen, und wie stach ich ab gegen die andern mit meiner Ruhe und Sicherheit. Beim Licht besehen, war dann neben dem allen noch etwas anderes. Beide nämlich, sowohl Schlegel als die Veit, hatten einige Besorgnis, daß ich mich über mich selbst täuschte, daß Leidenschaft bei meiner Freundschaft gegen die Herz zum Grunde läge, daß ich das früher oder später entdecken und daß es mich unglücklich machen würde. Das war mir denn zu arg, und ich habe ausgelassen darüber stundenlang gelacht. Daß gewöhnliche Menschen von gewöhnlichen Menschen glauben, Mann und Frau könnten nicht vertraut sein, ohne leidenschaftlich und verliebt zu werden, das ist ganz in der Ordnung, aber die beiden von uns beiden! So wunderbar war es mir, daß ich mich gar nicht darauf einlassen konnte, sondern nur ganz kurz Schlegel auf mein Wort versicherte: es wäre nicht so und würde auch nie so werden. Die arme Herz aber war ein paar Tage ganz zerrüttet über dieses Mißverständnis. Dem Himmel sei Dank ist aber alles wieder im gleichen, und wir gehn ungestört unseres Weges fort.

Berlin, den 15. Okt. 1798

Das glaubst Du mir gewiß auf meine bloße Versicherung, daß in meinem Verhältnis zu den Frauen nicht das geringste ist, was auch nur mit einem Anschein von Recht übel gedeutet werden könnte; Du wirst in allem, was ich über sie gesagt habe, nicht eine Spur von Leidenschaft angetroffen haben, und ich versichere Dich, daß ich von jeder Anwandlung dieser Art weit entfernt bin. Die Zeit, die ich mit ihnen zubringe, ist keineswegs bloß dem Vergnügen gewidmet, sondern trägt unmittelbar zur Vermehrung meiner Kenntnisse und zur Ansporrung meines Geistes bei, und ich bin zugleich wieder auf dieselbe Art nützlich. Daß übrigens die Herz eine Jüdin ist, schien anfangs gar keinen nachteiligen Eindruck auf Dich zu machen, und ich glaubte, Du seist mit mir überzeugt, daß, wo es auf Freundschaft ankommt, wo man ein dem seinigen ähnlich organisiertes Gemüt gefunden hat, man über solche Umstände hinwegsehn dürfe und müsse. Es streitet auch ein solcher Umgang gar nicht so sehr mit meinen äußern Verhältnissen, als Du denken magst. Herr Teller und Herr Zöllner, zwei der angesehensten Geistlichen, sind beide öfters im Herzschen Hause, freilich nicht auf dem vertrauten und herzlichen Fuß wie ich, aber ich denke, wenn man um unwichtigerer Absichten willen dieses alte Vorurteil beiseite setzen darf, so muß dies da um so rechtmäßiger sein, wo die Absicht reeller und die ganze Art des Umgangs erheblicher ist.

Berlin, den 8. Nov. 1798

Wenn ich je die Herz hätte heiraten können, ich glaube, das hätte eine kapitale Ehe werden müssen, es müßte denn sein, daß sie gar zu einträchtig geworden wäre. Es macht mir oft ein trauriges Vergnügen zu denken, welche Menschen zusammengepaßt haben würden, indem oft, wenn man drei oder vier Paar zusammennimmt, recht gute Ehen entstehen könnten, wenn sie tauschen dürften.

Potsdam, den 23. März 1799

Du fürchtest zuerst die zarten und innigen Verhältnisse mit Personen des andern Geschlechts, und darin hast Du freilich vollkommen recht; es ist etwas Gefährliches darin und sieht aus der Ferne, wo man alles nur im allgemeinen erblickt, noch gefährlicher aus als in der Nähe. Über mich zu wachen darin, ist mein beständiges Geschäft; ich gebe mir Rechenschaft über das Kleinste, und solange ich das tue, denke ich, habe ich nicht nötig, irgendein Verhältnis abzubrechen, welches mir sonst wesentlich und wichtig ist, welches zu meiner Bildung gereicht und worin ich mancherlei Gutes stifte.

Der Herz ihr Leben ist freilich ganz anders, still und ruhig, ohne solche Angst vor Schiffbruch, wie der B. [Brendel (Dorothea) Veit, die Freundin Friedrich Schlegels] ihres, und ich kann also auch solche Verdienste nicht um sie haben, auch ist ihr Gemüt und ihr Charakter in sich viel fester, so daß sie sich auf sich selbst verlassen kann und meiner nicht bedarf. Ich gehöre aber doch in andrer Rücksicht wesentlich zu ihrer Existenz, ich kann ihre Einsichten, ihre Ansichten, ihr Gemüt auf mancher Seite ergänzen, und so tut sie mir auch. Etwas Leidenschaftliches wird zwischen uns nie kommen, und da sind wir wohl in Beziehung aufeinander über die entscheidendsten Proben hinweg. Nimm es nicht für Eigendünkel, daß ich darüber so gewiß spreche; es ist eine lange Erfahrung und eine sorgfältige Beobachtung, was mich dazu instand setzt, und ich glaube, wenn Du uns nur eine Stunde beisammen sähest, würdest Du dieselbe Überzeugung haben. Es liegt sehr tief in meiner Natur, liebe Lotte, daß ich mich immer genauer an Frauen anschließen werde als an Männer; denn es ist so vieles in meinem Gemüt, was diese selten verstehn.

27. Dezember 1800

Da bin ich wieder, um weiter mit Dir zu plaudern, und damit Du doch siehst, was ich ungefähr mit meiner Zeit anfange, will ich Dir zuerst erzählen, wo ich unterdes gewesen bin. Zuerst war ich ein paar Stunden bei Frau Herz und habe Griechisch mit ihr gelesen, welches ich sie jetzt lehre. Du weißt, sie hat keine Kinder, ihre Wirtschaft ist in so guter Ordnung, daß sie ihr nur ein paar Stunden täglich zu widmen braucht, und so wendet sie einen guten Teil ihrer Zeit darauf, sich in der Stille allerlei Kenntnisse zu erwerben. In den neueren Sprachen hat sie es lange zu einer seltenen Fertigkeit gebracht und kennt alles, was es darin Schönes und Gutes gibt. Da habe ich ihr denn geraten, sich auch mit dieser, die in so vieler Hinsicht das größte Meisterstück des menschlichen Geistes ist, bekannt zu machen. Es ist ihr anfangs, weil es so ein ganz anderes Wesen ist und auf eine ganz eigene Weise betrieben werden muß, sehr sauer geworden; nun aber kann ich schon sehr schöne Sachen mit ihr lesen und versäume nicht gern eine Stunde, die wir uns einmal bestimmt haben.

12. Febr. 1801

Daß Du Dir, ohne es zu sehn, mein Wesen und Verhältnis mit der Herz nicht denken kannst, ist eigen. Es ist eine recht vertraute und herzliche Freundschaft, wobei von Mann und Frau aber auch gar nicht die Rede ist; ist das nicht leicht sich vorzustellen? Warum gar nichts anderes sich hineingemischt hat und sich nie hineinmischen wird, das ist freilich wieder eine andere Frage; aber auch das ist nicht schwer zu erklären. Sie hat nie eine Wirkung auf mich gemacht, die in dieser Ruhe des Gemüts hätte stören können. Wer sich etwas auf den Ausdruck des Innern versteht, der erkennt gleich in ihr ein leidenschaftsloses Wesen, und wenn ich auch bloß dem Einfluß des Äußern Raum geben wollte, so hat sie für mich gar nichts Reizendes, obgleich ihr Gesicht unstreitig sehr schön ist, und ihre kolossale königliche Figur ist so sehr das Gegenteil der meinigen, daß, wenn ich mir vorstellte, wir wären beide frei und liebten einander und heirateten einander, ich immer von dieser Seite etwas Lächerliches und Abgeschmacktes darin finden würde, worüber ich mich nur sehr überwiegender Gründe wegen hinwegsetzen könnte. Wie wir miteinander umgehen, davon habe ich Dir wohl schon genug gesagt, willst Du aber noch irgend etwas darüber wissen, so frage nur, denn es ist mir ängstlich, daß Du Dir gerade das nicht sollst vorstellen können.

1. Juli 1801

Ich gebe mich nicht leicht weg, stelle mich nicht gleich Menschen in
ein blendendes schmeichelhaftes Licht und bin mit meinem ersten
Urteil über Menschen und meinen ersten Mitteilungen an sie sehr
vorsichtig. Die Herz meint deshalb, ich wäre zu verschlossen, und
vielleicht ist es Dir nicht unlieb zu hören, was sie mir über das
besondere dieses Falles schrieb. Du kannst Dir ja ohnedies meine
Art mit ihr zu sein noch immer nicht denken, vielleicht tragen einige
geschriebene Worte von ihr etwas dazu bei. Du mußt nun im voraus
wissen, daß die Herz noch 14 Tage dablieb und ich allein auf der
Post zurückreiste, die dort spät des Abends abgeht, daß wir den
letzten Abend bei ihrer Schwester zusammen waren, nämlich Wolf
und noch ein paar Hausfreunde, die nicht so dazugehören, Punsch
tranken und sangen (u. a. Schillers Lied an die Freude), wobei ich
ein sehr inniges stummes Gespräch mit Willich hatte. So schrieb mir
bald darauf die Herz: »Mir ist begegnet, was ich nicht für möglich
hielt, ich habe Sie noch lieber bekommen; nicht etwa, weil ich etwas
Neues, Schönes in Ihnen entdeckt hätte, denn ich kenne ja schon
lange alles in meinem Freunde: die Leichtigkeit aber und die
Offenheit, mit der Sie Willich entgegenkamen, der schöne Wille,
sich ihm zu zeigen, wie Sie sind, das hat Sie mir viel, viel lieber
gemacht. Alles das gehört zwar zu Ihnen, es bleibt aber oft verborgen, Sie denken, es hat ja Zeit, man bleibt ja lange zusammen;
hier hatte es keine Zeit, und Sie benutzten die schönen Stunden so
herrlich. Aber auch nicht verschwendet haben Sie die schöne Gabe;
Willich ist voll von Ihnen, und reichlich hat er wiedergegeben, was
er empfing. Mein Herz war sehr voll, als Sie fortgingen; Ihr und
Willichs Näherkommen während des Gesanges hatte ich mit inniger Freude und Rührung gesehn, und stimmte ich nicht in den Chor
mit ein, so war es die Unmöglichkeit, einen Ton von mir zu geben,
denn die Bewegung des Gemüts erstickte Worte und Töne; gern
aber hätte ich euer beider Hände an mein Herz gedrückt und dem
anderen Freundschaft gegeben, wie sie der eine schon hat. Sie
gingen alle und ließen mich zurück.« (Die andern begleiteten mich
alle nach dem Posthause, nur die Herz blieb zurück, weil sie nicht
wohl war und die Nachtluft scheuen mußte.) »Mir war es lieb, daß
ich allein blieb, ich dachte Ihnen nach und ward nicht gestört. Mir
war wohler zumute als seit langer Zeit; mit wahrer Andacht fühlte

ich alles, was gut und schön ist, mit Andacht und tiefer, reicher Rührung. – Alles kam zurück, Willich setzte sich neben mich, ihm war ebenso, und still und heilig feierten wir Ihr Andenken. Er sagte mir leise, er sei lange nicht so religiös gewesen als in diesen Momenten; ich freute mich des Einklangs und schwieg.« – Wie mich das wieder gerührt hat, kannst Du denken, aber freilich muß auch das Anschauen einer werdenden Freundschaft einen eigenen tiefen Eindruck machen.

Dorothea Veit an Schleiermacher

Jena, den 16. Juni 1800

Die Lucindenbriefe habe ich zu mir genommen und muß Ihnen dafür danken, denn es ist wahr, daß Sie mich manches in der Lucinde haben besser verstehen gelehrt, wenigstens ihm klar und bestimmt seinen Platz angewiesen, wo ich es hinzutun habe; Sie sind eine erfrischend gereifte Frucht, aus der Lucindenblüte gesprossen, und Eleonorens Fragmente waren für mich der süße Kern. Mich dünkt, Sie haben so scharfsinnig noch nichts geschrieben, und so leicht und klar; Friedrich rühmte auch die religiöse Gewissenhaftigkeit. Soll ich Ihnen aber ein Geständnis ablegen? Eigentlich dürfte ich gar nicht darüber urteilen, denn ich fühle es deutlich, daß Sie es weit schlechter hätten machen können, und ich hätte mich dennoch damit gefreut, ich fühle es, daß die Absicht mich besticht; jede andere Polemik wäre überflüssig, die Absicht der Briefe ist an sich schon eine fürchterliche Rache, und die Zuneigung ist vollends das Flammenschwert, das den Unverständigen am Eingang des Paradieses entgegenblitzt. Dem Himmel sei Dank, daß diese nicht ist weggenommen worden, wie Sie es anfangs willens waren. (. . .)

War denn Jean Paul nicht bei Jetten? [Henriette H.] Über diese Begebenheit müßte sie mir doch schreiben! Was hat er zu ihr gesagt? Was sagt sie von ihm? – Daß Sie glauben, er könne Sie nicht leiden und daß Sie ihn sich abstemmen, das habe ich aus den Monologen verstehen gelernt. Seinen Titan habe ich lesen wollen, aber es geht nicht, man lernt nichts Neues von ihm darin, es sind immer dieselben Narren mit andern Kappen. – Vorige Woche habe ich einen Brief von Humboldt gehabt, also auch wahrscheinlich Jette einen. Er wird im Herbst hier durch nach Berlin reisen. – Übrigens geht es uns gut.

31. Oktober 1800

Mit klopfendem Herzen und errötenden Angesichts, als müßte ich sie Ihnen selbst in die Hände geben, schicke ich Ihnen die Aushängebogen [ihres Romans »Florentin«, der 1801 erschien]; die übrigen sollen folgen, sowie ich sie erhalte. Sie behalten sie geheim, lieber Freund, wenigstens fürs erste; der Herz, und wenn Sie es gut finden, Ihrer Freundin, mögen Sie das Geheimnis anvertrauen.

Georg Ludwig Spalding an Schleiermacher

[Spalding war Professor am Köllnischen Gymnasium]

Berlin, den 27., 28. Februar 1803

Herz ist unterdes gestorben. Es wird Sie für seine Witwe erschüttert haben. – Ich habe sie gesehen, und ich glaube, sie wird die Verminderung des Glanzes in ihrer Lage mit Würde tragen. Anerbietungen von der Levi [Rahel] hier und der Arnstein in Wien, bei ihnen zu leben, soll sie ausgeschlagen haben der Unabhängigkeit wegen; welches mir sehr gefällt. Das Gerücht, sie sei Erzieherin der jüngsten, zehnjährigen Prinzessin von Kurland geworden, machte mir Freude, als ich es für wahr hielt. Nun verwandelt es sich in eine englische Lehrstunde, bezahlt, wie sie mir sagte, wie jede andre. Diese Bezahlung, über die ich also auch besser berichtet bin, schwellt das Gerücht an mit aller Gewalt. Herzlich wünsche ich, daß die Frau wenigstens nie Nahrungssorgen empfinde.

Friedrich Schleiermacher an Georg Reimer

Stolp 1803

Wenn nicht Herz gestorben wäre und ich in Sorgen lebte um
Eleonoren, so würde ich weiter sein. Mein Gemüt ist auf mannigfa-
che Art sehr bewegt, und es gibt viele Stunden, wo ich nicht
arbeiten kann. Hoffentlich wird alles dieses glücklich vorübergehen; es ist eine schwere Zeit für mich, lieber Freund. –

Ludwig Börne an Jeanette Wohl

Berlin, den 18. Februar 1828

Als ich Freitag vormittag hier ankam, konnte ich in dem beab-
sichtigten Wirtshause nicht einkehren, weil alles besetzt war, und
ich stieg im Hôtel de Rome, wo ich mich bequemen mußte, ein
Zimmer im dritten Stocke zu nehmen. Ich zog mich gleich darauf
an und suchte die Herz auf in der Wohnung, wie sie der Adreßka-
lender angab. Ich stieg die zwei Treppen eines kleinen Hauses
hinauf, und das sah alles so ärmlich aus, und das Dienstmädchen,
das mir entgegenkam, war eine so elende Sudelmagd, daß mir
das Herz wie zusammengeschnürt war, als ich bedachte, in welchem Glanz ich einst die Herz gesehen und in welcher bedrängten
Lage ich sie wiederfinde. Sie war nicht zu Hause. Nach einigen
Stunden kam ich wieder, und da fand sich zu meiner großen
Freude, daß ich irregegangen und nicht bei der Hofrätin, sondern
bei der Doktorin Herz, deren Schwester, gekommen. Ich sprach
sie aber dennoch aus Artigkeit. Sie wohnt in einer Art Dachstube
und ist die Witwe eines Arztes, der in der Provinz vor zwei
Jahren gestorben. Da habe ich denn an diesen zwei Schwestern
ein Beispiel gesehen, wieviel auf Verstand und festen Willen
ankömmt. Beide sind Witwen, beide alt, beide kinderlos und
arm, aber während die Hofrätin sich aufrecht erhält, wie eine
junge Frau in Tätigkeit und in Zerstreuungen lebt, und immer
noch, wie in den Tagen ihrer Schönheit und ihres Glanzes, geachtet und gesucht wird, läßt die andere den Kopf hängen und ist
betrübt und verlassen. Auch habe ich bald gemerkt, daß beide

Schwestern nicht harmonieren. Sie wohnten früher beisammen, trennten sich aber, wegen der Unverträglichkeit ihrer Ansichten und Lebensweisen. Darauf besuchte ich die echte Herz, die in einer ganz andern Gegend recht hübsch wohnt. Sie hat kleine Zimmer, die sie aber durch hundert artige Flitter zu verschönen wußte. Ich wurde mit Freude und Herzlichkeit aufgenommen. Die Herz ist jetzt 64 Jahre alt, aber die Spuren ihrer Schönheit erkennt man noch. Im Gehen hält sie sich aufrecht, aber wenn sie sitzt, ist sie ganz eine alte Frau. Ich habe sie in ihrem Sommer gesehen – eine Juno! und das war damals das Wort in jedes Mund. Und jetzt! Ich habe in alten, verfallenen, unbewohnten Palästen schwere, rotsamtne, mit Gold verbrämte Vorhänge gesehen, zerfetzt und abgebleicht – dieser Anblick schon rührte mich immer –, und so ist die Herz! Sie hat das Glück, sich über ihren Verfall noch zu täuschen. Ich fand sie sehr zurückgekommen in den neun Jahren, daß ich sie nicht gesehen; sie aber sagte mir: Sie werden mich besser aussehend finden als damals, da ich aus Italien kam. Jawohl, antwortete ich, das italienische Klima war wohl schuld, daß Sie damals so schlecht aussahen? Sie erwiderte: Nein, das nicht; aber meine Reisegefährtin hatte mir soviel Verdruß gemacht, daß meine Gesundheit darunter litt. Die Herz lebt in beständiger Tätigkeit und benutzt die Viertel-Stunden, als wären es Tage. Darin erscheint sie mir sehr weise und darum achtungswert. Sie vollbringt ihre Arbeiten, als wären es Vergnügungen, und behandelt ihre Vergnügungen als Geschäfte. Jeden Vormittag von neun bis zwölf Uhr unterrichtet sie die Kinder armer, einst vermögender Eltern in allen lebenden Sprachen, und zwar unentgeltlich. Sie tut dies schon seit 1813. Damals nämlich, im Befreiungskriege, als sich die Frauen zur Krankenpflege in den Spitälern vereinigt, habe sie an dieser Wohltätigkeit nicht teilnehmen können, weil sie ihren Abscheu gegen Kranke nicht zu überwinden vermochte; um aber nicht müßig zu bleiben, habe sie die Kinder derer, welche der Krieg in Armut gestürzt, zu unterrichten begonnen, und so fahre sie noch immer fort. Ich besuche die H. alle Tage, weil sie es wünscht und ich es gern tue. Beim zweiten Male fand ich den *Fürst* [Hg. ihrer *Erinnerungen*] bei ihr. Sie lobt diesen Mann, der mit ihr verwandt ist, sehr. Da kam auf meine Schriftstellerei die Rede. Als ich bemerkte, ich hätte viel

Glück, sagte die Herz, ich hätte nicht weniger Verdienste. Zwar erfreue sie sich weniger an meinem Humor – (dieser ist den Frauen selten zugänglich, bemerkte ich) –, aber jede sentimentale Zeile von mir mache ihr die größte Freude.

Zeittafel

1747   1. Januar Marcus Herz geboren.

1749   9. März Mirabeau geboren.
        28. August Goethe geboren.

1757–1763 Siebenjähriger Krieg zwischen Österreich und Preußen:
        Begründung des deutschen Dualismus. Preußen wird
        europäische Großmacht.

1759   10. November Schiller geboren.

1763   24. Oktober Dorothea Veit, spätere Schlegel, als Toch-
        ter des Philosophen Moses Mendelssohn geboren.
        21. März Jean Paul geboren.

1764   5. September Henriette de Lemos, spätere Herz, ge-
        boren.
        Friedrich Gentz geboren.

1765   Christoph Friedrich Nicolai gibt die *Allgemeine Deutsche
        Bibliothek* heraus, eine der wichtigsten Zeitschriften der
        deutschen Aufklärung.

1767   22. Juni Wilhelm von Humboldt geboren.
        8. September August Wilhelm Schlegel geboren.

1768   21. November Friedrich Schleiermacher geboren.

1769   14. September Alexander von Humboldt geboren.

1771   19. Mai Rahel Levin, spätere Varnhagen, geboren.

1772   10. März Friedrich Schlegel geboren. Prinz Louis Ferdi-
        nand geboren.

1773   Henriette nimmt als neunjähriges Mädchen an einer
        Operetten-Aufführung teil.

Goethes *Götz von Berlichingen* erscheint im Selbstverlag.

1774   Goethes *Leiden des jungen Werthers* erscheinen.

1775–1783   Unabhängigkeitskrieg in Nordamerika. Entstehung der USA.

1777   Nach jüdischem Brauch wird die zwölfjährige Henriette mit dem siebzehn Jahre älteren Arzt Marcus Herz verlobt.

1779   1. Dezember Heirat Henriette und Marcus Herz. Marcus Herz beginnt in seinem Haus Vorlesungen über die Philosophie Kants abzuhalten.

1781   Christian Wilhelm Dohms Schrift *Über die bürgerliche Verbesserung der Juden* erscheint.
            Henriette macht die Bekanntschaft mit der um sieben Jahre jüngeren Rahel und fährt gemeinsam mit ihr und ihren Eltern zur Ostermesse für vier Wochen nach Leipzig.
            Schillers *Räuber* erscheinen.

1783   Dorothea Mendelsson heiratet den Bankier Simon Veit.

1784   Henriette lehrt die Gebrüder Humboldt in ihrem Hause Hebräisch. Neben den Vorträgen von Marcus Herz entfaltet Henriette eine eigene Salontätigkeit. Der erste Berliner Salon entsteht.

1786   Friedrich Wilhelm II. wird nach dem Tode Friedrichs des Großen dessen Nachfolger.
            Im Januar macht Henriette in ihrem Salon die Bekanntschaft des Grafen von Mirabeau.
            26. Mai Ludwig Börne geboren.
            Moses Mendelssohn stirbt.

1788   Presse- und Religionsedikt Friedrich Wilhelms II.

1789	14. Juli Sturm auf die Bastille. Beginn der Französischen Revolution.
1791	Mirabeau stirbt.
1792–1797	1. Koalitionskrieg, gegen Frankreich.
1793	Hinrichtung Ludwigs XVI. Schreckensherrschaft unter Robespierre. Karl Philipp Moritz stirbt.
1794	In Preußen tritt das Allgemeine Landrecht in Kraft. Goethe und Schiller begründen ihren Schaffensbund. Graf Dohna stellt Henriette seinen Lehrer Schleiermacher vor.
1795	Sonderfriede zu Basel: Preußen scheidet aus der Antifranzösischen Koalition bis 1805 aus. Umzug des Ehepaars Herz von der Spandauer Straße in eine größere Wohnung in der Neuen Friedrichstraße. Dort führt Henriette Herz ihre Salontätigkeit fort.
1796	Iffland wird Direktor des Königlich Nationalen Theaters in Berlin. Friedrich Schleiermacher wird Prediger am Charité-Krankenhaus; seine Beziehung zu Henriette vertieft sich.
1797	Friedrich Wilhelm III. wird nach dem Tode Friedrich Wilhelms II. neuer König von Preußen. Schleiermacher und Friedrich Schlegel lernen sich in der *Mittwochs-Gesellschaft* kennen. Dorothea Veit trifft in Henriettes Salon mit Friedrich Schlegel zusammen. Henriette bespricht mit Simon Veit dessen Trennung von Dorothea.
1798	Die Gebrüder Schlegel geben die frühromantische

Zeitschrift *Athenäum* heraus. Henriette überredet Schleiermacher dazu, einen Beitrag zu verfassen.

1799   Staatsstreich Napoleons.
Schleiermachers *Über die Religion* erscheint.
Friedrich Schlegel veröffentlicht *Lucinde*.
Schleiermacher verteidigt seinen Freund mit seinen *Vertrauten Briefen über Schlegels Lucinde*.
Dorothea Veit läßt sich von Simon Veit scheiden und zieht in eine Wohnung in der Ziegelstraße.
Prinz Louis Ferdinand wird wegen Konflikten mit Friedrich Wilhelm III. aus Berlin verbannt.
Alexander von Humboldt unternimmt eine Expedition nach Südamerika.

1800   Henriette lernt Jean Paul kennen, der von Oktober 1800 bis Mai 1801 ebenfalls in der Neuen Friedrichstraße wohnt. Der erste Band seines *Titan* erscheint. Sie macht ihn mit Schleiermacher bekannt, über dessen Schriften sie mit Jean Paul korrespondiert.

1801   Henriette besucht für einige Wochen ihre Schwester in Prenzlau.
Dorothea Veits *Florentin* erscheint.

1802   Im Frühjahr geht Schleiermacher auf Drängen seiner Vorgesetzten nach Stolp (Pommern). Henriette begleitet Marcus zu einer Kur nach Pyrmont; bei einem Abstecher nach Hamburg trifft sie mit Klopstock und Tischbein zusammen.
Im November zieht Ludwig Börne in das Haus von Marcus Herz, um sich von ihm unterrichten zu lassen. Er verliebt sich in Henriette und plant sogar einen Selbstmordversuch.
Wilhelm von Humboldt wird preußischer Gesandter in Rom.
Friedrich Gentz tritt in österreichische Dienste und wird später vertrauter Mitarbeiter von Metternich.

1803	Reichsdeputationshauptschluß: Neuordnung des Deutschen Reiches durch Napoleon.
	Am 19. Januar stirbt Marcus Herz.
	Henriette zieht in die Markgrafenstraße 59. Sie veranlaßt Börne, ihr Haus zu verlassen, und vermittelt ihn an Freunde in Halle.
	Sie erhält einen Heiratsantrag von dem späteren Staatsminister Graf Alexander von Dohna, den sie jedoch ausschlägt.
1804	Henriette macht in ihrem Salon die Bekanntschaft mit Friedrich Schiller. Madame de Staël, von Napoleon verbannt, besucht Berlin und Weimar und trifft mit Henriette zusammen. Schleiermacher nimmt den Ruf als Professor für Theologie an der Universität Halle an.
	Henriette reist nach Rügen und wohnt dort bei einem Freund Schleiermachers, Ehrenfried von Willich.
	Heirat von Dorothea und Friedrich Schlegel.
1805	Friedrich Schiller stirbt am 9. Mai in Weimar.
1806	Gründung des *Rheinbundes:* Auflösung des Heiligen Römischen Reiches Deutscher Nation. Doppelschlacht bei Jena und Auerstedt: Preußen bricht militärisch zusammen.
	Prinz Louis Ferdinand fällt. Die Kriegsereignisse tragen dazu bei, daß sich Henriettes Salon endgültig auflöst.
	Schleiermacher siedelt von Halle nach Berlin über.
1807	Fichte hält die *Reden an die Deutsche Nation.*
1808	Dorothea und Friedrich treten zum Katholizismus über.
	Henriette reist nach Rügen und unterrichtet dort die Kinder einer Bekannten.

1809	Schleiermacher heiratet am 18. Mai Henriette von Willich, die Frau seines verstorbenen Freundes. Er wird Prediger an der Dreifaltigkeitskirche.
1810	Wilhelm von Humboldt gründet die Berliner Universität. Fichte wird ihr erster Rektor, Schleiermacher Dekan der Theologischen Fakultät. In Dresden trifft Henriette mit Goethe zusammen.
1811	Achim von Arnim gründet die *Christlich-deutsche Tischgesellschaft,* zu der Frauen und Juden keinen Zutritt haben. Friedrich Nicolai stirbt. Im Juni reist Henriette nach Wien. Sie wohnt zunächst bei ihrer Jugendfreundin Fanny Arnstein, später bei dem nach Wien übergesiedelten Ehepaar Schlegel.
1812	Niederlage Napoleons in Rußland.
1813–1815	Die Befreiungskriege enden mit der Niederlage Napoleons. Henriette unterrichtet, anstelle der Pflege von Kriegsverwundeten, in ihrem Hause täglich Waisenkinder und Kinder mittelloser Eltern. Die Kriegsunruhen lassen sie vorübergehend nach Breslau flüchten.
1815	Wiener Kongreß. Gründung des Deutschen Bundes. Unterdrückung nationaler und liberaler Bewegungen.
1817	Henriette tritt nach dem Tode ihrer Mutter zum Christentum über. Im Herbst Aufbruch zur Italienreise. In München wohnt sie bei Schellings. Sie reist über Verona, Venedig, Florenz und Bologna nach Rom, wo sie sich längere Zeit im Kreise von Caroli-

ne von Humboldt aufhält. Hier trifft sie auch die Söhne Dorotheas, Johannes und Philipp Veit, sowie Friedrich Overbeck (alle Künstler des *Nazarener-Kreises*) und Wilhelm von Schadow.

1819   Mai: Rückreise über Perugia und Florenz, zusammen mit Frau von Humboldt, deren Kindern, Emmanuel Bekker und August Brandes. In Stuttgart lernt sie Uhland kennen und trifft Jean Paul wieder. Unterwegs macht ihr der wesentlich jüngere Bekker einen Heiratsantrag. Auf der weiteren Rückreise nach Berlin trifft sie auf verschiedenen Stationen mit Wilhelm von Humboldt, Ludwig Börne und August Wilhelm Schlegel zusammen.

1825   Jean Paul stirbt.

1828   Börne kommt nach Berlin und sucht Henriette in ihrer Wohnung auf. Sie diktiert J. Fürst ihre Erinnerungen an ihre Berliner Salonzeit.

1829   Friedrich Schlegel stirbt.

1832   Johann Wolfgang Goethe stirbt. Friedrich Gentz stirbt.
Henriette übersetzt Mary Wollstonecrafts feministisches Werk *A Vindication of the Rights of Women* (1792, Die Verteidigung der Rechte der Frau), ein wesentlicher Beitrag zur Frauenemanzipation.

1833   Rahel Varnhagen stirbt.

1834   Friedrich Schleiermacher stirbt.

1835   Wilhelm von Humboldt stirbt.

1839   Dorothea Schlegel stirbt.

1840   Friedrich Wilhelm IV. wird preußischer König.

1845   August Wilhelm Schlegel stirbt.
Der Fürsprache von Alexander von Humboldt beim König verdankt Henriette eine jährliche Rente von 500 Talern.

1847   22. Oktober: Henriette stirbt in Berlin.

Zu dieser Ausgabe

Der erste Teil dieses Buches, *Berliner Salon. Erinnerungen und Portraits,* ist, mit einer Ausnahme, dem drei Jahre nach ihrem Tode erschienenen Band *Henriette Herz. Ihr Leben und ihre Erinnerungen,* herausgegeben von J. Fürst, entnommen.

Die Erinnerungsskizzen Henriettes, die sie dem Herausgeber 1828 in die Feder diktiert hatte, wurden im Hinblick auf den Hauptaspekt dieses Buches, einen Eindruck über den ersten Berliner Salon zu vermitteln, ausgewählt. Vollständigkeit wurde von daher nie angestrebt.

Die zeitgenössischen Zeugnisse wie auch die Briefe im zweiten und dritten Teil dieses Buches wurden hinsichtlich der Orthographie und Interpunktion behutsam modernisiert, stilistische Eigentümlichkeiten aber beibehalten. Offensichtliche Druckfehler der Vorlage wurden korrigiert. Die Zusätze in runden Klammern stammen von Henriette Herz; die Einschübe in den eckigen Klammern wurden zum Teil von J. Fürst übernommen oder sind erst von mir hinzugefügt worden. Streichungen – zumeist längere Passagen aus Briefen, die auch im zweiten Teil abgedruckt sind – werden durch entsprechende Auslassungszeichen kenntlich gemacht.

Es soll nicht verschwiegen werden, daß die 1850 veröffentlichten Portraits für einigen Wirbel unter den von Henriette Beschriebenen oder ihnen Nahestehenden gesorgt haben. So heißt es bei K. A. Varnhagen von Ense, stellvertretend für andere kritische Stimmen:

Rellstab zeigt in der Vossischen Zeitung die zweite Auflage von Fürsts Denkschriften der Frau Henriette Herz lobend an und rühmt besonders die Wahrhaftigkeit derselben. Aber gerade diese fehlt gar oft, nicht nur in ganz falschen Angaben, die nur von Unkunde oder Mangel an Urteil zeugen, sondern ganz besonders auch im Verschweigen, mit Wissen und Absicht. Über Gentz gibt die Schreiberin entschieden Falsches, über Humboldts, Schlegels, Schleiermacher etc. vertuscht sie Allbekanntes, von ihr selbst Miterlebtes. Ihre Aufzeichnungen sind nur mit großer Vorsicht aufzunehmen. (Tagebucheintrag vom 31.12.1857)

Der Beitrag *Die ersten drei Jahre nach meiner Heirat,* aus dem ersten Teil, wurde dem erstmals 1896 vorgelegten Bändchen *Jugenderinnerungen von Henriette Herz,* Mitteilungen aus dem Literaturarchiv in

Berlin, entnommen. Es handelt sich um die Druckfassung der Handschrift ihrer 1823 verfaßten Aufzeichnungen. Auf einen vollständigen Abdruck der *Erinnerungen* habe ich aus schon oben erwähnten Gründen verzichtet, allerdings wird im Nachwort auf einzelne Kindheits- und Jugenderlebnisse eingegangen.

Die *Briefe von und an Henriette Herz* entstammen dem 1913 von Hans Landsberg vorgelegten Buch *Henriette Herz. Ihr Leben und ihre Zeit.* Die Briefe sind nur innerhalb der Unterteilungen chronologisch geordnet.

Mit Ausnahme des Briefes von *Ludwig Börne an Jeanette Wohl* (In: *Ludwig Börnes Berliner Briefe.* 1828) sind auch die *Briefe über Henriette Herz* dem von Hans Landsberg zusammengestellten Briefband entnommen. Was bereits oben über das Auswahlkriterium gesagt wurde, trifft auch hier zu.

Für Hilfestellungen und Anregungen bedanke ich mich bei Ruth E. Müller, Martin Meyer, Thomas Meyer und Jörg Titel.

Ulrich Janetzki

Literaturverzeichnis

Zeitgenössische Zeugnisse und Briefe mit Bezug auf Henriette Herz

Christoph Friedrich Nicolai, Vertraute Briefe von Adelheid B. an ihre Freundin Julie S. Hg. von Günter de Bruyn. Berlin (DDR) 1982.

Johann Gottfried Schadow, Kunst-Werke und Kunst-Ansichten. 1849. Aufsätze und Briefe. 2. Aufl. 1890. Berlin 1980.

Henriette Herz. Ihr Leben und ihre Erinnerungen. Hg. von J. Fürst. Berlin 1850. Fotomechanischer Nachdruck: Leipzig 1977.

Jugenderinnerungen von Henriette Herz. Mitteilungen aus dem Litteraturarchive in Berlin. Berlin 1896.

Ludwig Börnes Berliner Briefe. 1828. Nach den Originalen mit Einleitung und Anmerkungen herausgegeben von Ludwig Geiger. Berlin 1905

K. A. Varnhagen von Ense, Tagebücher. 15 Bde. Leipzig 1861–70. Fotomechanischer Nachdruck: Bern 1972.

Henriette Herz. Ihr Leben und ihre Zeit. Hg. von Hans Landsberg. Weimar 1913.

Erinnerungen der Malerin Louise Seidler. Hg. von Hermann Uhde. Weimar 1970.

Friedhelm Kemp (Hg.), *Rahel Varnhagen. Briefwechsel.* 4 Bde. München 1979.

Fanny Lewald. Meine Lebensgeschichte. Hg. und eingeleitet von Gisela Brinker-Gabler. Frankfurt/M. 1980.

Über Henriette Herz und ihren Berliner Salon

M. Kayserling, Die jüdischen Frauen in der Geschichte, Literatur und Kunst. Leipzig 1879.

Georg Brandes, Die Hauptströmungen der Litteratur des neunzehnten Jahrhunderts. Bd. 6. Leipzig 1911.

Sabine Lepsius, Über das Aussterben der »Salons«. In: März 7. 1913.

Ernst Heilborn, Die gute Stube. Berliner Geselligkeit im 19. Jahrhundert. Wien/München/Leipzig 1922.

Hannah Arendt, Berliner Salon. In: Deutscher Almanach für das Jahr 1932. Leipzig 1931.

Karl Hillebrand, Die Berliner Gesellschaft in den Jahren 1789 bis 1815. In: Ders., *Unbekannte Essays.* Hg. von Hermann Uhde-Bernays. Bern 1955.

Hans Reinicke, Berliner Salons um 1800. Henriette Herz und Rahel Levin. In: Der Monat. 13. Jg. H. 151. Berlin 1961.

Renate Böschenstein-Schäfer, Das literarische Leben 1800–1850. In: Hans Herzfeld (Hg.), *Berlin und die Provinz Brandenburg im 19. und 20. Jahrhundert.* Berlin 1968.

Inge Hoffmann-Axthelm, ›Geisterfamilie‹. Studien zur Geselligkeit der Frühromantik. Frankfurt/M. 1973.

Ingeborg Drewitz, Die literarischen Salons – ihr Beitrag zur berlinischen Urbanität. In: Emuna. 9. Jg. Nr. 1. Frankfurt/M. 1974.

Ingeborg Drewitz, Berliner Salons. Gesellschaft und Literatur zwischen Aufklärung und Industriezeitalter. Berlin 1979.

Karl Voß, Reiseführer für Literaturfreunde. Berlin. Frankfurt/M., Berlin/Wien 1980.

Manfred Schlösser, Gestalten, Ideen und Formen Literarischen Lebens um 1800. In: *Berlin zwischen 1789 und 1848. Facetten einer Epoche. Ausstellungskatalog.* Hg. von der Akademie der Künste, Berlin. Berlin 1981.

Norbert Miller, Literarisches Leben in Berlin im Anfang des 19. Jahrhunderts. In: Kleist-Jahrbuch 1981/82. Hg. von Hans Joachim Kreutzer. Berlin 1982.

Allgemeine Literatur

Friedrich Nicolai, Beschreibung der Königlichen Residenzstädte Berlin und Potsdam, aller daselbst befindlicher Merkwüdigkeiten und der umliegenden Gegend. Berlin 1786. Neudruck der Originalausgabe: Berlin 1968.

Christian Wilhelm Dohm, Über die bürgerliche Verbesserung der Juden. Berlin/Stettin 1781–83. Berlin 1968.

Theodor Gottlieb von Hippel, Über die bürgerliche Verbesserung der Weiber. Berlin 1792.

Ludwig Geiger, Berlin 1688–1840. Geschichte des geistigen Lebens der preußischen Hauptstadt. 2 Bde. Berlin 1893.

Adalbert von Hanstein, Die Frauen in der Geschichte des deutschen Geisteslebens. Leipzig 1899.

Julius Bab, Die Berliner Bohème. Berlin 1904.

Eduard Spranger, Wilhelm von Humboldt und die Humanitätsidee. Berlin 1909.

Friedrich Schleiermacher, Werke in vier Bänden. Hg. von Otto Braun und Johannes Bauer. Leipzig 1910–1913. Fotomechanischer Nachdruck: Bern 1967.

Valerian Tornius, Salons. Bilder gesellschaftlicher Kultur aus fünf Jahrhunderten. 2 Bde. Leipzig 1913.

Margarete Susman, Frauen der Romantik. Stuttgart 1960.

Thilo Koch (Hg.), Porträts deutsch-jüdischer Geistesgeschichte. Köln 1961.

Joseph von Eichendorff, Die deutsche Salon-Poesie der Frauen. In: Sämtliche Werke. Historisch-kritische Ausgabe. Hg. von Hermann Kunisch. Bd. VIII. Regensburg 1962.

Jürgen Habermas, Strukturwandel der Öffentlichkeit. Darmstadt/Neuwied 1962.

Hilde Spiel, Fanny Arnstein oder die Emanzipation. Ein Frauenleben an der Zeitenwende 1758–1818. Frankfurt/M. 1962.

Rolf Hellmut Foerster, Die Rolle Berlins im europäischen Geistesleben. Berlin 1968.

Norbert Miller, Chamissos Schweigen und die Krise der Berliner Romantik. In: Aurora 39 (1979).

Friedrich Schlegel, Lucinde. Friedrich Schleiermacher, Vertraute Briefe über Schlegels »Lucinde«. Berlin 1980.

Herbert Scurla, Rahel Varnhagen. Die große Frauengestalt der deutschen Romantik. Frankfurt/M. 1980.

Hannah Arendt, Rahel Varnhagen. Lebensgeschichte einer deutschen Jüdin aus der Romantik. München 1981.

Leo Balet und E. Gerhard [Eberhard Rebling], Die Verbürgerlichung der deutschen Kunst, Literatur und Musik im 18. Jahrhundert. Hg. und eingeleitet von Gerd Mattenklott. Frankfurt/M./Berlin/Wien 1981.

Berliner Festspiele (Hg.), Preußen. Versuch einer Bilanz. Ausstellungskatalog in 5 Bde. Reinbek bei Hamburg 1981.

Bildarchiv Preußischer Kulturbesitz (Hg.), Juden in Preußen. Ein Kapitel deutscher Geschichte. Dortmund 1981.

Nachwort

Was in der Mitte des 18. Jahrhunderts noch als utopische Konstellation galt, ist im Salon der Henriette Herz 35 Jahre später gesellschaftliche Alltäglichkeit: Bürger, Gelehrte, Adlige, Juden, Schauspieler, Literaten und sogar Frauen kommen ohne Ansehen von Rang und Stand zusammen, um sich – wie Friedrich Schleiermacher es formulierte – in »freiem Umgang vernünftiger, sich untereinander bildender Menschen« zu entwickeln. Die literarische Geselligkeit in Berlin – so wie sie sich im Salon der Henriette Herz präsentierte – war in ihrer die geistigen Auseinandersetzungen widerspiegelnden Form allerdings nur von kurzer Dauer. Nur in der Zeit vom Vorabend der Französischen Revolution bis zum Einmarsch Napoleons in Berlin, 1806, vermochten die Salons von Henriette Herz und (später) von Rahel Varnhagen die typischen gegenläufigen Zeitströmungen zu repräsentieren und damit auch zu stabilisieren: den popularaufklärerischen Zug mit erzieherischem Impetus einerseits und den frühromantischen Geist, der ein bis dahin nicht geduldetes Ich-Bewußtsein proklamiert, andererseits.

Es sind ausschließlich jüdische Häuser, die zum literarischen Kommunikationszentrum werden. Lange vor ihrer gesetzlichen Gleichstellung als preußische Bürger (1812) verbinden und verbünden sich die Berliner Juden mit der Aristokratie, und lange bevor die feministischen Postulate etwa einer Mary Wollstonecraft allgemein akzeptierte Minimalforderungen werden, streben die weiblichen Salonvorsteherinnen sämtlich nach Gleichberechtigung und Gleichbehandlung. Der Briefwechsel von Henriette Herz mit Schleiermacher bezeugt den Erfolg dieser Bemühungen.

Über die äußeren Lebensbedingungen im Berlin jener Zeit gibt Friedrich Nicolai zuverlässig Auskunft. In seiner 1786 bereits in der dritten Auflage erschienenen ›Beschreibung der Königlichen Residenzstädte Berlin und Potsdam, aller daselbst befindlichen Merkwürdigkeiten und der umliegenden Gegend‹ vermittelt er empirisches Datenmaterial ebenso wie biographische Angaben:

»Berlin hatte den ersten Januar 1778 zusammen 9695 Häuser, ohne die Kirchen, das königliche Schloß und alle öffentlichen Gebäude, nämlich 6223 Vorderhäuser, 3225 Hinterhäuser und 257

217

Häuser außerhalb der Mauern und Palisaden, das Vogtland mit eingeschlossen. Die Hinterhäuser sind seit 1778 nicht gezählt worden, es sind aber gewiß seitdem 100 und mehr gebaut worden. Zu Ende 1785 beliefen sich die Vorderhäuser oder eigentlichen Häuser auf 6644. Es war also 1778 bis 1785 in acht Jahren die Anzahl der Häuser mit 421 vermehrt worden. (...) Berlin hat fünfzehn Tore, 268 Straßen und Plätze, 36 Brücken, worunter sieben steinerne sind, und 33 Kirchen, die beiden im Invalidenhause mitgerechnet. (...) Durch die Stadt fließt die Spree, welche sehr fischreich ist und – wegen ihrer Verbindung mit der Elbe durch die Havel und mit der Oder durch verschiedene Kanäle – der Handlung großen Vorteil bringt.«

Berlin hatte damals nur wenig mehr als 112000 Einwohner, nicht eingerechnet das Heer von 30000 Mann. Die Zahl der Juden bezifferte sich laut Nicolai auf 3372. Zwar hatte Friedrich II. kurz nach seinem Amtsantritt erklärt: »Die Religionen müssen alle toleriert werden, und muß der Fiscal nur das Auge darauf haben, daß keine der anderen Abbruch tue; denn hier muß ein Jeder nach seiner Fasson selig werden«, hinsichtlich der Juden allerdings dieses Toleranzversprechen mehrfach modifiziert. Von der deutschen Aufklärung gingen zwar die ersten Ansätze für eine Emanzipation der Juden aus, zu Zeiten Friedrichs II. jedoch (1740–1786) war hiervon noch wenig zu spüren. »Das neueste Generalprivilegium ist vom 17. April 1750, in welchem ... die Art, wie sich Judenfamilien in den königlichen Ländern ansetzen können, und wie sie sich zu verhalten haben, festgesetzt ist« (Nicolai). Nach dieser Verfügung bestand kein Ghettozwang mehr, aber es war den Juden nur erlaubt, vierzig Häuser zu besitzen. Erst 1763 wurden ihnen dreißig weitere zugestanden.

Insgesamt wurden die 400 Familien durch Sondersteuern und Abgaben weidlich ausgenutzt. So hatten die Juden für das Recht, ein zweites Kind zu bekommen, insgesamt die Summe von 70000 Talern zu zahlen. »Die Juden leben größtenteils von der Handlung. Die reichsten Häuser haben verschiedene nützliche Fabriken und Manufakturen angelegt; sie haben auch Anteil an den hiesigen Handlungskompanien und führen ansehnliche Wechselbanken« (Nicolai). Es war ihnen untersagt, mit Wolle, Leder, Tabak, Holz und Wein zu handeln, und ebensowenig gestattete man es ihnen, ein

Handwerk auszuüben; eine freiberufliche Tätigkeit als Künstler war ihnen erlaubt, und so konnte Nicolai feststellen: »Man muß überhaupt von der Berlinischen Judenschaft rühmen, daß unter derselben verschiedene Gelehrte, viele Leute von Geschmack und Liebhaber der schönen Wissenschaft angetroffen werden.«

In Preußen fiel die Epoche der Aufklärung in die Regierungszeit Friedrichs des Großen. Seit Mitte des 18. Jahrhunderts ist der Begriff »Aufklärung« denjenigen geläufig, die eine auf menschliche Vernunft gegründete Abkehr von der katholischen Orthodoxie anstreben. Von Beginn an wird mit dem Wortfeld »Aufklärung« auch ein besonderer Bild- und Symbolbereich verwoben: derjenige der Klarheit und des Lichts. Nicht von ungefähr nennt man diese Epoche in England »enlightenment«, in Italien »i lumi« und in Frankreich »le siècle des lumières«. Das Licht der Aufklärung wird nicht mehr von außen angesteckt, sondern in dem Maße im Innern entzündet, wie der Mensch seine Vernunft- und Verstandestätigkeit nutzt, um sich als Individuum zu begreifen. Nicht die Überantwortung an die Dogmen der katholischen Kirche, sondern die in der Denkfähigkeit der Person begründete Instanz der Vernunft läßt Begriffe wie »Verantwortung« und »Menschenwürde« erst sinnfällig werden. Es kristallisiert sich ein neues Ideal heraus, das der aufgeklärten natürlichen Religion – des Deismus; im Unterschied zum Theisten glaubt der Deist nicht daran, daß Gott in den Weltenlauf eingreift. Beten ist demnach zwar ein kontemplatives Versinken, allerdings ohne den Charakter eines Bittgesprächs mit (wenn auch vager) Aussicht auf Erfolg.

Die Aufklärung kämpft gegen jedwede Vorurteile und predigt folgerichtig die Toleranz. Ihre zentralen Begriffe sind Freiheit, Wahrheit, Klarheit, Vernunft und Toleranz. So wundert es nicht, daß Lessing, gemeinsam mit Moses Mendelssohn und Friedrich Nicolai Wegbereiter dieser Auffassung in Preußen, besser: Berlin, bereits 1749 den rechtlosen Zustand der Juden kritisiert: Sein Lustspiel ›Die Juden‹ wird mit großem Erfolg aufgeführt. Dies alles, so könnte man meinen, war nur möglich dank eines Königs, der aufgeklärt dachte, korrespondierte er doch mit Voltaire über die Konsequenzen aus Rousseaus ›Gesellschaftsvertrag‹, von dem man aber auch andererseits die Spielregeln kannte für das Nach-eigener-

Fasson-selig-Werden, nämlich: »Räsonniert, soviel ihr wollt und worüber ihr wollt, nur – gehorcht.«

Sucht man nach einer Signatur, einer gängigen Definition für diesen geistesgeschichtlichen Epochenbegriff, wird man an Kants schon klassische Formulierung verwiesen: »Aufklärung ist der Ausgang des Menschen aus seiner selbstverschuldeten Unmündigkeit«. In der ›Berlinischen Monatsschrift‹, jener von Biester und Gedike von 1783–96 herausgegebenen Zeitschrift, antwortet Kant auf die Frage: Was ist Aufkärung? Und er formuliert den Wahl-

Blick auf das Opernhaus und die Hedwigskirche
Stich von unbekannter Hand, um 1800

spruch der Aufklärung in seiner Übersetzung des Horazischen »Sapere aude!« [»Wage zu wissen!«]: »Habe Mut, dich deines eigenen Verstandes zu bedienen!« Damit ist das grundsätzliche Bildungsideal der Aufklärung gefaßt, steckt in diesen Sätzen doch die Aufforderung, seiner selbst bewußt zu werden und – fast wichtiger: – die Vernunft handelnd zu praktizieren. Kant war allerdings vorsichtig genug, das Räsonnieren einzuschränken, indem er den »öffentlichen Gebrauch« der Vernunft vom »privaten« trennt. Gleichwohl zielen seine Definitionen auf Gleichheit und Gleichberechtigung im Umgang miteinander. Zwar sind die Frauen von dieser geforderten Gleichheit im öffentlichen Bereich noch ausgeschlossen – in gelehrten Versammlungen, Vorträgen sowie im Kaffeehaus ist ihre Anwesenheit unerwünscht –, dergleichen Überlegungen, in einer der bedeutendsten Zeitschriften der deutschen Aufklärung laut geäußert, halfen allerdings mit, das neue Selbstbewußtsein zu stabilisieren, das Zutrauen in die eigene Erkenntnisfähigkeit zu festigen. Die Philosophie Immanuel Kants bedeutete den Abschluß der Aufklärung und zugleich ihre Überwindung. Diese nur scheinbare Paradoxie spiegelt sich auch im Salon der Henriette Herz: Marcus Herz, ehemaliger Lieblingsschüler Kants, macht seine Zuhörer mit den Grundsätzen der Kantschen Erkenntnislehre vertraut, während in der guten Stube Fichte seinen Zuhörern (u. a. Schleiermacher und Schlegel) seinen rigorosen Subjektivismus erläutert, der ohne die Vorarbeit von Kant so nicht hätte entwickelt werden können.

Zwei Personen, die für das damalige Berlin, ja sogar für Preußen, ungemein wichtig waren und entsprechend oft in Henriettes Erinnerungen genannt werden, sind noch kurz zu beleuchten: Moses Mendelssohn und Christoph Friedrich Nicolai. »Moses Mendelssohn und Friedrich Nicolai – als Autor wie als Verleger, als Kritiker wie als Zeitbeobachter eine Macht in Berlin und im deutschsprachigen Raum – ... haben die Denkrichtung, das Ideal der Selbstvervollkommnung und der Toleranz, vor allem aber auch das geistige Klima Preußens, d. h. Berlins, mindestens in den letzten Dezennien des 18. Jahrhunderts in diesem Sinne bestimmt« (Norbert Miller).

1743 kam Moses Mendelssohn, vierzehnjährig, nach Berlin. Er verdiente sich seinen Lebensunterhalt durch Abschriften des Talmud, studierte Philosophie und Mathematik und übte sich in der Beherrschung der deutschen Landessprache. Die von ihm später geforderte bürgerliche Gleichstellung der Juden hatte für ihn zur Voraussetzung, daß die Juden durch die Beherrschung der deutschen Sprache die Distanz zwischen beiden Kulturen verringern konnten. So begann er später mit der Übersetzung der Heiligen Bücher: »Dieses ist der erste Schritt zur Kultur, von welcher meine Nation leider! in einer solchen Entfernung gehalten wird, daß man an der Möglichkeit einer Verbesserung beinahe verzweifeln möchte« (zitiert nach: Juden in Preußen). Mendelssohn wurde Hauslehrer bei einem Seidenfabrikanten. Im Unterschied zu diesem besaß er keinen Schutzbrief, also keine verbriefte Garantie, in Berlin bleiben zu können. Später wurde er Teilhaber dieser Firma und kam zu Vermögen, so daß ihm 1763 vom König, auf sein Ersuchen hin, der Schutzbrief gewährt wurde: Er konnte heiraten und sich in Berlin niederlassen. Friedrich der Große versagte ihm allerdings später die bereits von den Mitgliedern beschlossene Aufnahme in die Akademie der Wissenschaften. Mendelssohn blieb zeit seines Lebens dem Judentum treu, Lessing setzte ihm in ›Nathan der Weise‹ ein bleibendes Denkmal. Zwar verheiratete er seine Tochter Dorothea nach jüdischem Brauch in jungen Jahren an den einzig von ihm für würdig Gehaltenen, er ließ aber bei ihrer Erziehung die streng orthodoxen Methoden außer acht und ließ sie Sprachen lernen und sich mit Literatur befassen. Sowohl Dorothea als auch ihre Schwester werden später, nach seinem Tode, zum Katholizismus übertreten. Als enger Freund von Lessing gab er mit diesem und mit Friedrich Nicolai die für die damalige Standortbestimmung der Literatur so wichtige Zeitschrift ›Briefe, die neueste Literatur betreffend‹ (1759–65) heraus. »Mit Moses Mendelssohn diskutierte Lessing allmorgendlich zwischen sieben und neun Uhr in seiner kleinen Dachstube im Nikolaihof Nr. 10 über literarische, philosophische, theologische, kunsttheoretische und andere Probleme. Mindestens zweimal die Woche wurden die Gespräche auch abends, unter Hinzuziehung Friedrich Nicolais, fortgeführt« (Manfred Schlösser). Moses Mendelssohn gilt als Symbolfigur für das Bemühen der Aufklärung, die Isolation der Juden aufzuheben und sie in die preußische Gesellschaft zu integrieren. Als er 1786 starb, verschied mit ihm einer der Großen der deutschen Aufklärung.

»Es ist kein Zweifel, daß auch ein Hund, wenn man ihm nur das Vermögen der Sprache und Schrift beibringen könnte und die Nicolaische Unverschämtheit und das Nicolaische Lebensalter ihm garantieren könnte, mit demselben Erfolg arbeiten würde als unser Held«, schreibt der Philosoph Johann Gottlieb Fichte im 12. Kapitel seines beim Klassikerverlag Cotta 1801 von A. W. Schlegel herausgegebenen Buches ›Friedrich Nicolais Leben und sonderbare Meinungen‹. In einem Brief an Schiller schrieb Goethe am 11. Februar 1797: »Dem verwunschten Nicolai konnte nichts erwünschter sein, als daß er nur wieder einmal angegriffen wurde.« Angegriffen fühlen konnte sich Nicolai allerdings von Goethe und Schiller, die ihn 1796 in ihren gemeinsam verfaßten ›Xenien‹ aufs Korn nahmen. Zwei Beispiele:

Die zwei Sinne

Fein genug ist dein Gehör, auf Anekdoten zu
    horchen,
Aber die Farben laß, Blinder, uns andere sehen.

Fichte und Er

Freilich tauchet der Mann kühn in die Tiefen des
    Meeres,
Wenn du, auf leichtem Kahn, schwankest und
    Heringe fängst.

Was war der Grund dafür, daß der Aufklärer Nicolai, der sich doch gemeinsam mit Mendelssohn und Lessing große Verdienste um die deutsche Literaturkritik erworben hatte, Zielscheibe bissigen Spotts wurde? Nicolai hatte nichts weiter getan, als seine Meinung gesagt: ausführlich – zumeist in Buchform – und mit dem ihm eigenen Starrsinn. So bezeichnete er sich selbst einmal als »Küster im Tempel der Literatur, der die Schlösser treulich bewahrt und hin und wieder die Wechsler und ander Volk, welches den heiligen Opferherd entweihte, herausgetrieben hat«. Er war in Berlin eine Macht, stand von 1757 an einem eigenen Verlag vor und gab die wohl wichtigste Zeitschrift für die deutsche Aufklärung heraus, die ›Allgemeine Deutsche Bibliothek‹. Zunehmend weltfremder, maß Nicolai alles an seinen überholten Kriterien, mit denen er bereits 50 Jahre zuvor gute und schlechte Literatur getrennt hatte. Nicolai war nicht bereit, sich auf die gewandelten Auffassungen oder gar auf neue Ideen einzulassen. So wandte er sich 1779 gegen den von Goethes ›Leiden des jungen Werthers‹ ausgelösten schwärmerischen Werther-Kult mit seiner Parodie ›Die Freuden des jungen Werthers‹. Goethes Ärger war so groß, daß man sein Verhältnis zu

Nicolai danach fast als feindlich bezeichnen muß. Alles, was den Grundsätzen der Aufklärung zu widersprechen schien, wurde von Nicolai schonungslos verdammt oder lächerlich gemacht. So wagte er die Prognose, daß 1840 niemand mehr Fichte, dem er »leere Spitzfindigkeit« vorwarf, kennen würde; er ging ebenso gegen den ihm unverständlichen Philosophen Kant vor, warf Schiller »leere Worte« vor und zog gegen die Romantiker und das Salonwesen zu Felde. Als er 1811, 78jährig, in Berlin starb, hatte er längst jenen Kredit verspielt, den er als unduldsamer und stets seiner Gesinnung treu bleibender Aufklärer erworben hatte. »Denn da er für die Jungen kein Verständnis hatte, hatten sie keins für ihn; da er als Grobian auftrat, wurde er grob behandelt, und da er die Verdienste anderer nicht sah, übersah man auch seine oder versuchte, sie zu verkleinern. Sein Name, der einst neben dem Lessings geleuchtet hatte, wurde zum Synonym für platten Rationalismus, für Philistertum, Trivialität und Unpoesie« (Günter de Bruyn).

1799, im gleichen Jahr wie Friedrich Schlegels ›Lucinde‹, erschienen Nicolais ›Vertraute Briefe von Adelheid B. an ihre Freundin Julie S.‹. Mit diesem Buch wollte Nicolai irregeleiteten jungen Leuten auf den aufgeklärten Weg zurückhelfen, indem er ihre Anschauungen, Umgangsformen, Kleidung und Geselligkeitspraxis als Torheiten und Narreteien glaubte entlarven zu können. Ganz deutlich sind dem Autor die Formen der Geselligkeit in den zeitgenössischen Salons ein Dorn im Auge; da ist von »wöchentlichen Witzmärkten« die Rede, »wo Schöngeisterei verhandelt und eingetauscht wird«. Dann zählt Nicolai einige Mitglieder eines »bureau d'esprit« auf, und es darf nicht verwundern, wenn er zu allererst Henriette Herz karikiert: »Um ein paar der merkwürdigsten zu nennen, so daß obenan die Frau N., von etwas mehr als Weibergröße, mit ihrem braunen, knochenreichen Gesichte und einer langen Nase. Sie blickt mit ihren schwarzen Augen männlich herum, und die Stimme ist tief und etwas rauh; sonst aber ist die Frau so süß, so zart, so eingenommen von den Empfindungen des Herzens, daß sie alle Elegien aus den ›Horen‹ [vielgelesene literarische Zeitschrift, von Friedrich Schiller herausgegeben] auswendig gelernt hat.« Es ist nicht anzunehmen, daß sich Henriette darüber geärgert hat, es ist eher wahrscheinlich, daß es ihr wie Schleiermacher ging, der nach der Lektüre der ›Vertrauten Briefe‹ »unaussprechlich gelacht« hat. Welchen Grund sollte sie auch gehabt haben, sich zu ärgern, galt sie doch zu Lebzeiten als vielumschwärmte Schönheit. »Die Gräfin Genlis, bei der Henriette Französisch gelernt hatte, kennzeichnet sie in ihren 1825 erschienenen Memoiren als ›schön wie ein Engel, und zugleich von Geist und Güte erfüllt‹« (Hans Reinicke). Die Schauspielerin Caroline Bauer spricht von ihr als »königlicher Erscheinung mit den wunderschönsten siegenden dunklen Augen«. Ihr Biograph J. Fürst, dem sie ihre Salon-Erinnerungen in die Feder diktierte, beschreibt sie so: »Henriette war von einem so hohen Wuchse, daß ihre Gestalt ziemlich weit die durchschnittliche Größe ihrer Geschlechtsgenossinnen überragte. Unter den Frauen Berlins möchte ihrerzeit nur die Königin Luise von Preußen sie in dieser Beziehung erreicht haben. Selten nur mag die Natur ein Profil erzeugt haben, welches sich in solchem Maße wie das ihre den Schönsten aus der Zeit griechischer Kunst näherte.«

Henriette Herz wurde am 5. September 1764 in Berlin geboren. Ihr Vater, Jude portugiesischer Herkunft, dessen Vorfahren auf der Flucht vor der Inquisition nach Deutschland ausgewandert waren, hatte in Halle Medizin studiert und sich in Berlin niedergelassen. Er galt bald darauf als einer der führenden Ärzte Berlins und wurde Leiter des Jüdischen Krankenhauses, eine Position, die nach ihm Marcus Herz, sein Schwiegersohn, übernahm.

Henriette war das erste Kind in seiner zweiten Ehe; Frau und Kinder aus der ersten Ehe waren verstorben. Seine zweite Frau war eine geborene de Charleville. Henriette selbst berichtet über ihre Eltern: »Mein Vater lebte streng im Gesetz seines Glaubens, hatte aber die Milde und Liebe des Christentums im Herzen und war daher duldsam gegen alle die, welche dagegenhandelten. Seine Sprache war rein, wie denn die portugiesischen Israeliten überhaupt den jüdischen Jargon und Ton nicht haben. Das war, nach damaliger Zeit, elegant. (...)

Meine Mutter, die ich nur kränklich und mit bösen Augen kannte, welche sie sich durch unaufhörliches Weinen über den Tod eines zweijährigen Knaben verursachte, soll sehr hübsch gewesen sein, obschon – ich gestehe es – mir keine Spuren davon sichtbar waren. Sie war sehr heftig und fast immer verdrießlich wegen ihres

Augenübels. Sie liebte ihre Kinder, glaubte aber vielleicht, daß zur Erziehung wie zu guter Führung eines Hausstandes vieles Schelten gehöre, und oft ward ihr Unwille durch die geringfügigste Kleinigkeit gereizt.

Meine Eltern konnten mit dem besten Willen nichts selbst für meine Bildung tun. Die Geschäfte meines Vaters hielten ihn den Tag über bis spät abends aus dem Hause, und meine Mutter hatte weder Talent noch Geduld, mich in irgend etwas zu unterrichten; obschon ich das älteste Kind war, das sonst, als das erste, wohl oft vorzüglich geliebt wird, so schien meine Mutter mich dennoch nicht sehr zu lieben, denn so weit ich zurückdenken kann, bin ich nie, solange ich im väterlichen Hause war, freundlich von ihr behandelt worden.«

Es ist richtig, daß die Familie de Lemos nach jüdischem Brauch lebte. Die aufgeklärte Haltung ermöglichte Henriette jedoch eine weltliche Erziehung und eine anspruchsvolle Ausbildung. Schon früh lernte sie Hebräisch, Griechisch und Latein; das Französische, Englische und Italienische sprach sie später fließend. Um ihr gesellschaftliches Auftreten besorgt, nahm man eigens einen Tanzmeister, der ihr Unterricht erteilte. Auf ihren ausdrücklichen Wunsch hin verpflichtete man auch einen Klavierlehrer für sie.

»In meinem achten Jahre spielte ich in einem öffentlichen Konzert mit vielem Beifall, was mir indes gar kein Beweis ist, daß ich auch nur erträglich gespielt habe, da die Zuhörer schwerlich imstande waren, es zu beurteilen, da ein hübsches Kind leicht in dem gefällt, was es auch nur halb gut macht.«

Als die Königin Ulrike von Schweden, eine Schwester Friedrichs II., Berlin besuchte, wurde Henriette auserwählt, anläßlich einer Hochzeit mit einer kleinen Rede ein Hochzeitslied vorzutragen. Sie zog sich allerdings vorher eine Augenentzündung zu und mußte verbittert zu Hause bleiben.

Dergleichen Auszeichnungen trugen mit dazu bei, daß das Kind eitel und gefallsüchtig wurde. Die Eitelkeit ging sogar so weit, daß sie sich, bevor sie mit ihrer Tante, die ihre Erziehung übernommen hatte, auf der Straße promenieren ging, die Backen rotkniff. Weil sie ständig in den Spiegel sah, wurde dieser zuweilen verhangen.

Tatsächlich erfuhr das junge Mädchen aufgrund seiner außergewöhnlichen Schönheit stets eine besondere Beachtung. Es hatte sich folglich schon früh daran zu gewöhnen, im Mittelpunkt geselliger Zusammenkünfte zu stehen. Allerdings waren diese Gesellschaften sehr selten, das Leben der zwölfjährigen Henriette verlief recht eintönig.

»Ich fahre fort, die Erinnerungen aus meiner Kindheit niederzuschreiben. Meine Lebensweise blieb sich nun gleich: Am Tage arbeitete ich bei meiner Tante, die mich nähen lehrte, und abends, nach dem Essen, wenn mein Vater allein noch wachte, saß ich bei ihm, und während er las, machte ich meine Arbeiten für den Französischlehrer oder las selbst. Da meine Tante, die mich nähen lehren sollte, mir allen Willen ließ, sah meine Mutter sich genötigt, mich in die Nähschule zu schicken; ich konnte nun an Wochentagen wenig lesen, tat es aber am Sonnabend und Sonntage desto mehr, und zwar mit einer solchen Schnelligkeit und Ausdauer, daß ich an einem Tage mehrere Teile eines Romans durchlas und immer nach der Leihbibliothek lief, die nicht weit von unserem Hause war, um mir andere Bücher zu holen.

Am Freitagabend las ich meinen Eltern vor; mein Vater hörte am liebsten Schauspiele; diese las ich auch gerne laut, Romane lieber für mich allein, sie rührten mich immer zu bitteren Tränen, ich schämte mich zu weinen. Das Schauerliche war besonders von großer Wirkung auf mich. Das Sentimentale aber kam wohl ganz aus mir allein, denn niemanden, den ich sah, erregte es auf irgendeine Weise. (...)

Von jenen Gespielinnen, die ich vorzüglich liebte, war die eine still, tief, besonnen und kalt und sehr verständig, sie hatte viel Verstand, war aber ohne alle Erziehung und Bildung, da ihre Eltern nicht zu der sogenannten aufgeklärten Klasse der Juden gehörten; sie starb nach kurzer Ehe an der Schwindsucht; die andere [Dorothea, die Tochter von Moses Mendelssohn] war sehr lebhaft, tief wie jene, aber warm, oft glühend enthusiastisch für irgendeinen Romanhelden oder -heldin; sie hatte viel Verstand und war ungemein klug, ihr Vater gehörte zur höheren Bürgerklasse und war ein sehr geachteter Gelehrter, er liebte meine Freundin vorzugsweise und bildete sie selbst. Wir drei jungen Mädchen, fast noch Kinder, wohnten ziemlich nahe zusammen, und sobald es eine von uns wagen durfte, sich vom Hause zu entfernen, kam sie zur anderen,

227

und mit der letzten machte ich immer schon Pläne für die Zukunft.

Ich war nun zwölf Jahre alt, man sah als schönes Kind, das für sein Alter ungemein groß war, mit Wohlgefallen auf mich.

Ein ältlicher Mann, ein portugiesischer Jude, war um diese Zeit in Berlin, er hielt um mich an, wollte noch drei Jahre warten, aber die Gewißheit von meinen Eltern haben, mich dann als seine Frau heimzuführen; er sprach von Mohren und Papageien, die auf dem Wege nach Berlin seien und seine Schätze mitbrächten – die Geschichte endete damit, daß er meinem Vater eine silberne Tabaksdose stahl und verschwand.«

Nach jüdischem Brauch wurden die jungen Mädchen mit zwölf Jahren verlobt und einige Jahre später verheiratet. Im Hause Moses Mendelssohns verfuhr man so mit der sechzehnjährigen Dorothea, die man 1783 mit dem reichen Bankier Simon Veit verheiratete, und die Familie de Lemos verfügte ebenso über Henriette. Der den tatsächlichen Sachverhalt leugnende Begriff »Vernunftehe« verweist auf eine ebensolche Praxis in der sich aufgeklärt gebenden Gesellschaft des ausgehenden 18. Jahrhunderts. So fordert Friedrich Nicolai in seinen schon erwähnten ›Vertrauten Briefen‹ eine pflichterfüllende Liebe, die von der Frau zuerst Unterordnung, Demut und Anhänglichkeit verlangt, damit sich über die beiderseitige Zuneigung eine für beide Partner beglückende Liebe einstelle. Diese im Bürgertum noch Jahrzehnte später vorherrschende Einstellung liest sich bei Nicolai so: »Adelheid, obgleich ihr Herz kalt war, bezeigte sich nie ungefällig, begegnete vielmehr ihrem Gatten vom ersten Anfang an so liebreich und zugleich mit (...) unbefangener weiblicher Würde.« Kaum verwunderlich, daß nach einiger Zeit »beider Herzen inniger verschlungen wurden« und »Adelheid nun ihren Mann herzlich« liebte.

Im Frühjahr 1777, Henriette ist gerade zwölfeinhalb Jahre alt, hält der jüdische Arzt und Philosoph Marcus Herz um ihre Hand an. Herz braucht weder Mohren noch Papageien, er ist in Berlin bereits als Arzt und Wissenschaftler bekannt und geschätzt.

»Ich mochte wohl sechs Monate in die Nähschule gegangen sein, als mir die Mutter sagte, ich solle wieder bei der Tante nähen lernen, und wie sehr erstaunte ich nicht, als diese mir im Vertrauen sagte, ich solle Braut werden. ›Mit wem?‹ fragte ich sie, und sie nannte mir

228

den Mann. Er war angehender praktischer Arzt, ich hatte ihn einige
Male bei meinem Vater und wohl auch an seinem Fenster gesehen;
er wohnte in unserer Nähe, und ich mußte vor seinem Hause
vorübergehen, wenn ich mir Bücher aus der Leihbibliothek holte.

Ich freute mich kindisch darauf, Braut zu werden, und malte es
mir recht lebhaft aus, wie ich, von meinem Bräutigam geführt, nun
spazierengehen würde, wie ich bessere Kleider und einen Friseur
bekommen würde, denn bis jetzt machte mir die Tante das Haar
nach ihrem eigenen Geschmack zurecht; ferner hoffte ich auf ein
größeres Taschengeld, das jetzt in zwei Groschen monatlich bestand, und von den kleinen, etwas feineren Gerichten, die zuweilen
für meinen Vater bereitet wurden, hoffte ich etwas zu bekommen.
Mit Ungeduld erwartete ich den Tag der Verlobung, den mir die
Tante im Vertrauen genannt und mir dabei gesagt hatte, daß mein
Vater mich fragen würde, ob ich zufrieden mit seiner Wahl für mich
sei. Der ersehnte Tag erschien, der Morgen verstrich, und mir ward
nichts gesagt; beim Mittagessen fragte mich mein Vater, ob ich
lieber einen Doktor oder einen Rabbiner heiraten wolle. Mir klopfte
das Herz mächtig, und ich antwortete, daß ich mit allem zufrieden
sei, was er über mich beschließen würde. Nach dem Essen sagte mir
meine Mutter, daß ich am Abend mit dem Doktor Marcus Herz
verlobt werden würde, und hielt mir eine lange Rede, die mir im
Augenblick langweilig und unangenehm war, von der ich mich
aber in späteren Zeiten manches Guten erinnerte. Sie sagte mir, wie
ich mich gegen meinen Bräutigam betragen und ihre Ehe zum
Muster meiner künftigen nehmen sollte – und wahr ist es, daß es nie
eine glücklichere gegeben.

Die Gesellschaft versammelte sich, ich war in einem anderen
Zimmer; es war damals nicht Sitte, daß die Braut in dem Zimmer,
in welchem die Eltern und die Notarien waren, sich aufhielt, und
erst nachdem sie förmlich um ihre Einwilligung gefragt worden
und der Ehekontrakt unterschrieben war, kam sie zur Gesellschaft.
In banger Erwartung saß ich geputzt da, glühend vor Angst, ich
wollte nähen, die Hand zitterte mir aber, ich ging im Zimmer auf
und ab, kam zufällig am Spiegel vorbei und erschien mir zum ersten
Male mehr als hübsch; ein apfelgrün und weiß gestreiftes seidenes
Kleid, ein schwarzer Hut mit Federn standen mir sehr gut, mein
dunkles Auge glänzte durch die Röte der Wangen, und der kleine

Mund war freundlich. Viele Jahre sind seitdem vorübergegangen, das jugendliche Gesicht jenes Augenblicks steht aber so lebhaft vor mir, daß ich es malen könnte. Ich wollte ruhig erscheinen, als ich die Tür öffnen und den Notarius und zwei Zeugen hereintreten sah; sie fragten mich, ob ich meine Einwilligung zu der Verbindung gäbe, und ich stammelte das Ja. Bald darauf kam M., küßte mir die Hand und führte mich zur Gesellschaft. Meine Eltern waren sehr vergnügt und zärtlich und liebevoll gegeneinander wie immer; eine Nachbarin machte M. aufmerksam darauf und sagte, daß es eine Freude sei, eine solche Ehe zu sehen; »gedulden Sie sich ein paar Jahre«, antwortete er, »und Sie sollen eine zweite sehn«.

Ich wußte wenig von meinem Bräutigam, er war siebzehn Jahre älter als ich, klein und häßlich, hatte aber ein geistreiches Gesicht und den Ruf eines Gelehrten; er war geliebter Schüler Kants und hatte sowohl Arzneiwissenschaft als Philosophie in Königsberg studiert; auch hatte er schon einige scharfsinnige kleine philosophische Schriften herausgegeben. Seine frühe Jugend war ihm in sehr gewöhnlicher Umgebung verflossen, seine spätere in bloß wissenschaftlichem Umgang. So lernte er weder Menschen noch Welt kennen, und so ward sein Geist gebildet, ohne daß es sein Charakter ward.

Ich durfte fast gar nicht ausgehn, nur selten mit dem Bräutigam, und war ich einmal allein ausgegangen, so ward ich früh abgeholt, weil M. gewöhnlich einen Abend um den andern kam und Karten spielte, was mich entsetzlich langweilte, da ich kaum eine Karte kannte und immer neben ihm am Spieltisch sitzen mußte. Oft ward ich aus sehr vergnügter Gesellschaft zu dieser Langweile geholt. Allein war ich fast nie mit M., denn ich hatte kein eigenes Zimmer. Wenn er fortging, begleitete ich ihn, und war dann alles still im Hause, so blieben wir im Hausflur. Seine Liebkosungen taten mir dann wohl, doch verstand ich manche in meiner Unschuld nicht, denn trotz allem, was ich gehört und gesehen hatte, war mein Sinn doch völlig rein geblieben. So fragte ich einmal eine junge Frau in unserem Hause, wie man ein Kind bekäme, und sie antwortete mir, wenn man sehr oft an denselben Mann denke; das tat ich oft und viel an M., und ich ängstigte mich, daß ich so Schande über meine Eltern bringen würde. Ich freute mich mit der Aussicht, bald Frau zu werden, um ausgehen und essen zu können, soviel und was ich wollte.

Die Zeit, die zu meiner Hochzeit bestimmt war, näherte sich; meine Schwester Hanne und ich nähten emsig an meiner Ausstattung. Die Wirtschaft war auch größer geworden, denn meine Mutter hatte Zwillinge geboren. Meine Mutter zankte fortwährend mit mir, und nur die Abende waren gegen die Zeit der Hochzeit angenehm, wo mehrere junge Leute, M.'s Freunde, kamen und viel gescherzt und gelacht wurde. Unangenehmes fehlte aber auch nicht. M. und mein Vater hatten oft harte Gespräche über einige Artikel des Ehekontrakts, und das war mir sehr schmerzlich; doch war das nur sehr vorübergehend in mir, denn alle die schönen neuen Kleider und der Putz, der vor mir ausgebreitet lag, und die nahe Aussicht zur Freiheit erfüllten mich mit jugendlichem Entzücken.

Der Hochzeitstag erschien endlich, und obschon viele, viele Jahre seitdem verstrichen sind, so ist mir der Morgen und der ganze Tag fast in jedem Moment erinnerlich. Mit unbeschreiblicher Wehmut erwachte ich, der Gedanke, meinen Vater zu verlassen, tat mir unendlich weh, und unter tausend Tränen ließ ich mir das Brautkleid anziehen, das von weißem Atlas war, mit roten Rosen besetzt. Der Bräutigam kam, und die Gäste versammelten sich; kurz vor der Trauung suchte ich meinen Vater allein zu sprechen; ich bat ihn mit heißen Tränen, mir in diesem Augenblick der Trennung alles zu verzeihen, wodurch ich ihn je gekränkt und geärgert hätte, und mir seinen Segen zu geben. Er tat es, umarmte mich mit Tränen und sagte: ›Kind, brich mir das Herz nicht!‹ Bis zu meinem letzten Atemzuge werden diese Worte mir unvergeßlich bleiben. Sein Segen ist von Gott erhört worden, denn ich ging einem schönen, reichen Leben entgegen.

Es lag hoher Schnee auf dem Hofe, auf welchem der Baldachin stand, unter welchem ich, nach jüdischem Brauch, getraut ward. Mehrere Vornehme, die H. kannten, waren gegenwärtig. Ein Mittagsmahl, das bis spät am Abend dauerte, beschloß den Tag.«

Henriette zog zu ihrem Mann Marcus in die Spandauer Straße, in der auch Mendelssohns und Rahel Varnhagen wohnten. Marcus Herz hatte hier seit 1775 seine Praxis. Im gleichen Jahr begann er in seiner Wohnung philosophische Vorlesungen zu halten. Er war der erste, der mit ausdrücklicher Billigung und sogar mit brieflicher

Unterstützung Kants dessen Philosophie interessierten Zuhörern nahebrachte. Marcus Herz' Verdienst ist es, wie Hans Landsberg schreibt, »in der Stadt, die den Geist Nicolais atmete, die neue Weltanschauung des klassischen Zeitalters gepredigt« zu haben.

Marcus Herz wurde am 1. Januar 1747 in Berlin geboren. Sein Vater war ein armer jüdischer Schreiber. Streng und religiös erzogen, sollte Herz ursprünglich Rabbiner werden. In Königsberg ermöglichten ihm Mäzene ein Studium der Philosophie und Medizin. Der Student Marcus Herz trat zum ersten Male im Frühjahr 1770 öffentlich in Erscheinung: Gemäß den Satzungen der Königsberger Universität mußte jeder Professor seine eingereichte Abhandlung öffentlich zur Diskussion stellen. Niemand war geeigneter als Marcus Herz, Kant bei seiner öffentlichen Aussprache Paroli zu bieten, ihm also bestelltermaßen zu opponieren.

Im Herbst 1770 siedelte Herz nach Berlin über. Kant, als dessen Lieblingsschüler Marcus Herz gelten konnte, hatte ihm einige Empfehlungsschreiben an Berliner Honoratioren, unter anderem an Moses Mendelssohn, mitgegeben. Und so berichtete Marcus Herz seinem Lehrer am 11. September 1770: »Mein erster Besuch, den ich abstattete, war bei Herrn Mendelssohn. Wir unterhielten uns vier ganze Stunden über einige Materien in Ihrer Dissertation. Wir haben eine sehr verschiedene Philosophie. (...) Es ist dieses Mannes liebste Unterhaltung, metaphysische Materien zu entwikkeln, und die Hälfte der Zeit, welche ich hier bin, habe ich bei ihm zugebracht. (...) Im übrigen hat mich Herr Mendelssohn sehr gut aufgenommen, und ich wünschte, daß ich wirklich das wäre, wofür er mich hält. Bei den übrigen Gelehrten und beim Minister bin ich noch nicht gewesen, weil ich die Briefe noch nicht habe. Sie waren so gut und haben sie mit künftiger Post versprochen; ich erwarte sie mit Ungeduld.«

Nicht zuletzt aufgrund der Kantschen Empfehlungsschreiben erhielt Herz eine Vertrauensstellung bei dem Geheimrat Ephraim, die ihm ein Weiterstudium ermöglichte. In Halle machte er seinen Doktor der Medizin und kehrte 1775 nach Berlin zurück, um sich hier als praktischer Arzt niederzulassen. Und so war es Kant bereits ein Jahr später möglich zu schreiben: »Wohlgeborener Herr Doktor, wertester Freund, ich bin sehr erfreut, durch Herrn Friedländer von dem guten Fortgange Ihrer medizinischen Praxis Kenntnis zu erhalten. Das ist ein Feld, worin, außer dem Vorteil, den es schafft, der Verstand unaufhörlich Nahrung durch neue Einsichten empfängt.«

Schon bald nach seiner Heirat beginnt Marcus in seinem Hause Vorlesungen über Experimentalphysik abzuhalten; Henriette Herz hat in ihren Erinnerungsskizzen darüber berichtet. Diese wöchentlichen Veranstaltungen werden so gerühmt, daß auch der junge Kronprinz, der spätere Friedrich Wilhelm III., an ihnen teilnimmt. Friedrich Wilhelm III. ist es dann auch, der Herz, obwohl dieser Jude ist, zum Ordentlichen Professor der Philosophie ernennt und ihm eine Leibrente von 500 Talern zuerkennt.

Herz lädt an zwei Tagen in der Woche Gäste ein. Man hört Vorträge, und man diskutiert. Die Themen sind stets wissenschaftlicher Art; noch ist die Kunst ausgespart, noch hört Henriette nur stumm zu und läßt es geschehen, von den zumeist älteren Herren mit artigen Komplimenten bedacht zu werden. Zu den Gästen im Herzschen Hause zählen sämtliche Berliner Autoritäten; es sind dieselben, die an einem anderen Tage bei Friedrich Nicolai in den riesigen Räumen seiner Residenz in der Brüderstraße dreizehn anzutreffen sind. Unter ihnen: Johann Jacob Engel, Schriftsteller und Philosoph, Hauslehrer der Gebrüder Humboldt und des preußischen Kronprinzen; Karl Wilhelm Ramler, der neben seiner Tätigkeit als Theaterdirektor Oden in antikem Versmaß schrieb und pedantisch auf Einhaltung der metrischen Regeln pochte; Christian Conrad Wilhelm Dohm, Kriegsrat und späterer Kammerpräsident, der brieflich mit Goethe verkehrte und die aufsehenerregende Schrift ›Über die bürgerliche Verbesserung der Juden‹, 1781, veröffentlichte; Johann Friedrich Zöllner, Propst an der Berliner Sankt-Nikolai-Kirche, der von Friedrich Wilhelm II. wegen seiner Kenntnisse auf dem Gebiet des Schulwesens hochgeschätzt wurde. Karl Philipp Moritz, der Verfasser des ›Anton Reiser‹, Theaterrezensent für die ›Vossische Zeitung‹; Friedrich Gedike, Direktor am Friedrich Werderschen Gymnasium und Mitherausgeber der ›Berlinischen Monatsschrift‹.

Es gab nicht nur die Abendgesellschaften im Hause Herz oder Nicolai. Bereits seit 1748 bestand der seinerzeit auch »lachende Gesellschaft« bezeichnete Montag-Club, der 1823 noch sein 75jähriges Bestehen feiern konnte und dessen Mitglieder hohe Beamte waren. Friedrich Nicolai wurde in den Montag-Club von Lessing eingeführt. Eine ähnliche Vereinigung war die Mittwoch-Gesellschaft. Man traf sich zweimal im Monat und hörte Vorträge oder diskutierte über politische und soziale Reformen oder Gesetze. Nicolai bezeichnete die Mittwoch-Gesellschaft als »Privatgesellschaft von Freunden der Gelehrsamkeit«.

Wie immer diese geschlossenen Gesellschaften – die Abende im Hause Herz sind hier nicht ausgenommen – auch hießen, sie glichen einander sehr. Man versammelte sich zu vorher fest fixierten Terminen, zumeist im Hinterzimmer eines Gasthauses, und aß zu Abend. Speisenabfolge und Kosten des Mahls waren zum Teil pedantisch vorher festgelegt worden. Danach hörte man einen Vortrag oder eine Belehrung, über die man anschließend debattierte.

All diese den Geist der Aufklärung atmenden Berliner Abendgesellschaften sind Vorstufen zu den Lesegesellschaften in den späteren Salons, die nicht mehr nur für bestimmte Personengruppen offenstehen. Eine der frühesten Lesegesellschaften fand im Hause Moses Mendelssohns statt. Auch darüber hat Henriette berichtet (›Zur Geschichte der Gesellschaft . . .‹). Die wohl bekannteste Lesegemeinschaft bildete sich 1785 um Hofrat Bauer, Kastellan im königlichen Schloß. Man traf sich bei ihm, um gemeinsam ein Buch oder Schauspiel zu lesen, letzteres mit verteilten Rollen, und anschließend darüber zu reden. Bei Bauer, der seine Wohnung im Schloß hatte, stießen zu den schon Genannten die Gebrüder Humboldt. Es wurde aber nicht nur gelesen, man vergnügte sich auch bei Spiel und Tanz. Bei dieser Gelegenheit lehrte Alexander von Humboldt Henriette Herz ein neues Menuett.

In dieser Lesegesellschaft wird keine neuere Literatur gelesen. Erst auf den auch von Henriette in ihren Erinnerungen erwähnten Teekränzchen liest man die ›Leiden des jungen Werthers‹ und das den ›Sturm und Drang‹ einläutende Drama ›Götz von Berlichingen‹. Hier treffen sich die Jüngeren, um ohne Bevormundung zu debattieren. So kommt es, daß im Haus in der Neuen Friedrichstraße – kurz nach der Hochzeit war das Ehepaar Herz von der Spandauer Straße hierhergezogen – zwei verschiedenartige Gesellschaften nebeneinander existierten: eine streng wissenschaftlich ausgerichtete Diskussionsrunde und eine vornehmlich aus jüngeren

Leuten bestehende Lesegesellschaft, der es freilich weniger um Bildung als vielmehr um angeregte Geselligkeit geht. Johann Gottfried Schadow, mit dessen Frau Henriette eng befreundet ist und der eine Büste von der zwanzigjährigen Henriette angefertigt hatte, erinnert sich: Marcus Herz empfing »an den Gesellschaftsabenden junge Ärzte, durchreisende Gelehrte, unter denen nur namentlich anzuführen sind: Geheimrat Selle, der königliche Leibarzt; N. Kunth, Erzieher der berühmten Brüder Wilhelm und Alexander von Humboldt; Klapproth; Staatsrat Karsten etc. Im

Teegesellschaft bei Rahel
Radierung von E. M. Simon, o. J.

Salon der Hausfrau daneben waren zugleich mehrere jüngere Männer, der deutschen Dichtkunst ergeben, das hierin Neuerscheinende beibringend, besprechend, rezitierend und kritisierend. (...) Einen Abend war unser Er [Schadow selber] mit beiden Eheleuten allein; der Wohnung gegenüber war ein Tanzboden, man hörte Musik, das Stampfen und Juchhe der Tänzer. Frau Herz sagte zu ihrem Mann: ›Was hilft uns die feine Bildung, zu diesem Grad von Fröhlichkeit bringen wir es nie.‹ Ihr Mann sagte: ›Dagegen entbehren jene auch des stillen Genusses, den ein gutes Buch gewährt, und der Mitteilung von Entdeckungen im Bereich der Naturkräfte zum Wohle der Menschheit.‹«

Henriette Herz hatte eine ausgezeichnete Ausbildung erhalten. Sie hatte sicherlich mehr gelesen als andere Frauen, der Umgang mit den gelehrten Freunden von Marcus tat ein übriges. Sie studierte Sanskrit, Türkisch und sogar Malaiisch. Sie verfügte über eine ungewöhnliche Ausstrahlungskraft, die gepaart war mit einer ungezwungenen Intelligenz. Wie anders ist es zu erklären, daß ihr Haus zum beliebtesten Treffpunkt für die jüngere Generation, ohne Ansehen von Rang und Stand, wurde. Karl Hillebrand, ehemaliger Sekretär von Heinrich Heine, beschreibt sie und ihren Salon 1870 so: »Henriette las vortrefflich, und man hörte ihr gern zu. Der Adel kam ebenfalls. Alle Berühmtheiten drängten sich in Henriettes Salon zusammen, ergriffen von einer gewissen Vorherrschaft der Hausfrau, die ohne hervorragende geistige Überlegenheit die einzigartige, nicht erlernbare und nicht lehrbare Kunst besaß, Empfänge zu veranstalten.«

Anfang der achtziger Jahre hatte Henriette einen Verein mit eigenen Satzungen gegründet, zum Zwecke »der gegenseitigen sittlichen und geistigen Heranbildung«, wie sie in ihrer Erinnerungsskizze ›Ein Tugendbund – Wilhelm von Humboldt‹ berichtet. Alle Mitglieder verpflichteten sich, keine Geheimnisse voreinander zu haben, man schrieb sich lange Briefe, redete sich mit dem brüderlichen Du an, tauschte sogar priesterliche Küsse und wechselte Ringe.

Die aufgebauscht freundschaftlich wirkenden Anreden und die übertrieben zur Schau getragenen Empfindungen in den Briefen Wilhelm von Humboldts weisen bereits auf das Wesen dieses Bundes, der durchaus eine Zeiterscheinung war. Tugend und Freundschaft, das waren Ideale, die ein hohes Maß an Innerlichkeit, Subjektivität und Gemüt voraussetzten – Empfindungen also, die im Absolutismus keinen Platz hatten. Bei an höfische Etikette gebundenen Verhaltensnormen konnten sich menschliche Beziehungen nicht frei entfalten. Als sich im Verlauf des 18. Jahrhunderts die Verhältnisse änderten und sich das Selbstbewußtsein des Bürgers entwickelte, war auch der Wunsch nach persönlichen Bindungen da; die zahlreichen Freundschaftskulte im ausgehenden 18.

Jahrhundert zeugen davon. Welche Sehnsüchte unterdrückt wurden, ist auch den Bildnissen der Zeit zu entnehmen mit ihren unverhohlenen erotischen Konfigurationen und Allegorien. Selbst Friedrich II. war in diesen sentimentalen Gefühlsverirrungen befangen, setzte er doch seinen Windhunden Grabsteine in den Garten seines Schlosses in Sanssouci.

Außer den von Henriette genannten Mitgliedern des Tugendbundes sind noch der spätere Innenminister Graf Alexander von Dohna zu nennen, der Dichter Friedrich Goeckingk, den sie bereits 1781 auf der Leipziger Messe kennengelernt hatte, Franz Leuchsenring, Anhänger des Rosenkranzordens und Erzieher des jungen Kronprinzen, sowie Sophie Mereau, die spätere Gattin Clemens Brentanos und erste deutschsprachige Berufsschriftstellerin. Rahel Varnhagen hat sich nicht an den Tugendübungen beteiligt. Wahrscheinlich wollte man sie wegen ihres noch sehr jugendlichen Alters nicht dabeihaben. Der Bund löste sich bald auf, die Mitglieder aber blieben einander freundschaftlich verbunden. Wilhelm von Humboldt schreibt später seiner Verlobten, Caroline von Dacheröden: »Den größten Teil der Bildung meines Herzens danke ich unserer Jette.«

Die fast freimaurerisch wirkende Verbindung war für die jungen Leute wichtig, sich ihrer Gemeinsamkeiten zu versichern, um sich selbstbewußter gegen die konservativen Kunstvorstellungen der Älteren stellen zu können. Nicht von ungefähr entwickelt sich im Salon der Henriette Herz um 1800 das erste Zentrum der Berliner Romantik.

Mittlerweile ist es nicht mehr nur bei den Dienstags-Teekränzchen geblieben: Der Salon ist an fast allen Tagen für Besucher offen. Vertreter der Aristokratie und der Diplomatie treffen hier jetzt regelmäßig zusammen. Seit 1789, dem Todesjahr ihres Vaters Markus Levin, bildet sich in der kleinen Dachwohnung von Rahel ein weiterer renommierter Salon. Eine Konkurrenz zwischen beiden Salons hat es nicht gegeben, auch wenn einige Biographen Rahels dies später über die doch nur scheinbar Gegensätzlichkeit ausdrückenden Begriffe »Schönheit« und »Geist« immer wieder anführen. Zugegebenermaßen gibt es da von Rahel kleine Boshaftigkeiten und Gehässigkeiten gegen Henriette. So heißt es in einem Brief Rahels an Alexander von der Marwitz, vom 27. Februar 1811:

*Rahel Varnhagen von Ense
Stich von C. E. Weber, 1817*

»Erstlich... hätte ich tausend Scudi gestern für Sie gegeben; denn so kronendumm sieht man die Herz nie wieder. Sie saß während der Vorstellung neben mir, und kurz, sie gab mir eine solche Antwort, daß plötzlich ein Gewitter von Schweigen um mich gezogen war... Das erschrak auch sie, dieses Aftergebilde, – sie ist *außer* der

Natur, ein Zauberkind hat sich an ihr versucht... Was alle diese, ja
beinahe krankhaften Stupiditäten von dieser Abscheulichen so in
mir in Bewegung setzt, das sind ihre Gemeinheiten und schlechte
Gesinnung, die sie affektiert, pomphaft und gewichtdumm zu
Markte brachte.« Ludwig Robert, der Bruder von Rahel, macht
sich in einem Gedicht, aus dessen Anfangsbuchstaben sich der
Name Jette Herz ergibt, über sie lustig:

> Junonische Riesin,
> Egyptsche Marquisin,
> Tugendverübend,
> Treuer, als liebend,
> Entzückt mit Gewalt.
> Hundertfach herzlos,
> Edel und schmerzlos,
> Rüstig und kalt,
> Zu jung für so alt.

Man sollte derlei Äußerungen nicht überbewerten, sicher ließen
sich ähnliche Bemerkungen Henriettes zitieren, hätte sie nicht – aus
Gründen falsch verstandener Pietät – die meisten ihrer privaten
Aufzeichnungen und Briefe vernichtet. Beide Frauen verkehrten
sehr freundschaftlich miteinander; was hätten sie einander auch
neiden sollen: Henriette begründete das eigentliche Salonwesen
Berlins, ihr Salon galt lange Zeit als der führende der Stadt, und
Rahel setzte diese Tradition fort. Nach dem Tode von Marcus Herz,
1803, wurde Rahels Wohnung zum beliebtesten Treffpunkt der
kritischen Intelligenz.

In den neunziger Jahren des 18. Jahrhunderts gibt es kaum eine
Persönlichkeit, die Berlin besucht und sich nicht in beiden Salons
einführen läßt. Denn nur hier trifft man auf die Intellektuellen
Berlins: etwa auf Marcus Herz, den Goethefreund und Begründer
der Singakademie Karl Friedrich Zelter, den Hofkapellmeister
Johann Friedrich Reichardt, die Politiker Friedrich Gentz und
Johannes Müller sowie natürlich jeden, der sich auf literarischem
Sektor bereits einen Namen gemacht hat. Ungeachtet der von
Justizminister Wöllner verfügten Dekrete und Edikte pflegt man in
den beiden führenden Salons weiterhin eine auf die Individualität

gegründete vorurteilsfreie Kommunikation. Die Salons gelten gewissermaßen als exterritoriales Gebiet; wie sonst hätten Gottlieb Fichte und Friedrich Gentz, die nicht gerade als judenfreundlich gelten konnten, hier so ungezwungen verkehren können.

Der wohl prominenteste Besucher war Friedrich Schiller. Vom 1. bis zum 17. Mai 1804 war er gemeinsam mit seiner Familie Gast des Prinzen Louis Ferdinand, der ebenfalls in Henriettes Salon verkehrte. Im Königlichen National-Theater erlebte er – als das große literarische Ereignis der Stadt – die Aufführung seines Stückes ›Die Jungfrau von Orleans‹. In ihren Erinnerungen erzählte Henriette, wie sehr man darauf erpicht war, sein Urteil über die Aufführung zu hören.

Ein anderer großer Schriftsteller, der Berlin besuchte, war Jean Paul. »Ich wurde angebetet von den Mädchen«, schreibt er, »die ich früher angebetet hätte. Viele Haare erbeutete ich, und viele gab mein eigener Scheitel her, so daß ich ebensowohl von dem leben wollte, was auf meiner Hirnschale wächst, als was unter ihr ist.« Im Sommer 1801 führte Jean Paul, der von Oktober bis Mai ebenfalls in der Neuen Friedrichstraße gewohnt hatte, eine Berlinerin als Gattin heim. Vom Ehepaar Herz spricht Jean Paul in einem Brief an seinen Freund Otto: »Der berühmte Herz und dessen große gelehrte Frau.«

Einer der ersten bekannten auswärtigen Salonbesucher war Graf Mirabeau, der 1786, im Todesjahr Friedrichs II., nach Berlin kam. Im Salon von Henriette Herz traf er mit Christian Conrad Wilhelm Dohm zusammen, dessen Flugschrift ›Über die bürgerliche Verbesserung der Juden‹ er bereits kannte und schätzte. Er hat sich zwei Jahre später in seinem monumentalen Werk über die preußische Monarchie häufig auf Dohms Forderungen nach Gleichstellung der Juden bezogen. Über das sich aufgeklärt gebende Berlin urteilte er – nach den Ausführungen von Hans Landsberg – folgendermaßen: »Bei allem Anstrich von Freigeisterei ist das Volk schwärmerisch und oft pietistisch.«

Achtzehn Jahre später kam – von Napoleon vertrieben – eine berühmte Landsmännin von Mirabeau nach Berlin: Madame de Staël. Auch sie legte eine Bestandsaufnahme ihres Besuches vor: ›Über Deutschland‹ (1810), ein Buch, das Napoleon kurz nach Erscheinung verbieten ließ, weil es ihm in seiner Tendenz zu

240

*Berliner Abendgesellschaft in einem Haus am Dönhoffplatz
Gemälde von Julius Schopp, 1826*

aufrührerisch anmutete. Madame de Staël wurde von Nicolai empfangen, dem sie allerdings Empfehlungsschreiben aushändigen mußte, traf mit Fichte zusammen, der ihr sein philosophisches System erläuterte, und suchte den Kontakt zu den jungen Romantikern, dessen Haupt, August Wilhelm Schlegel, sie als literarischen Berater engagierte. Auch ihr Urteil über die Berliner dürfte nicht auf Beifall gestoßen sein, bemängelte sie doch, daß die Frauen zu wenig an den gesellschaftlichen Entscheidungsprozessen beteiligt seien. An den Salons kritisiert sie, daß dort statt hochgeistiger Gespräche nicht selten nur Klatsch betrieben wurde.

Im September 1796 bezieht Friedrich Schleiermacher seine Wohnung in der Charité in Berlin. Ein Jahr später feiert er mit den neuen Freunden Friedrich Schlegel, Henriette Herz, Dorothea Veit und

Alexander von Dohna seinen 29. Geburtstag. Im Juli des gleichen Jahres waren Schlegel und Schleiermacher in der von Feßler gegründeten Mittwochs-Gesellschaft zusammengetroffen. Bei Henriette Herz sehen sie sich dann regelmäßig. Friedrich Schlegel, der jüngere Bruder August Wilhelms, war von Jena, dem damaligen Zentrum der Romantik, nach Berlin gekommen, um einige literarische Pläne zu verwirklichen. Schleiermacher ist von Schlegel sofort sehr beeindruckt. An seine Schwester schreibt er: »Er ist ein junger Mann von fünfundzwanzig Jahren, von so ausgebreiteten Kenntnissen, daß man nicht begreifen kann, wie es möglich ist, bei solcher Jugend so viel zu wissen, von einem originellen Geist, der hier, wo es doch viel Geist und Talente gibt, alles sehr weit überragt.« Im Winter des Jahres 1797 ziehen die beiden Freunde zusammen. Unternehmungen macht man nun meistens zu viert: Schleiermacher, Henriette, Schlegel und Dorothea Veit. Die beiden letzteren hatten sich bei Henriette getroffen und ineinander verliebt.

Als Friedrich Schlegel 1798 gemeinsam mit seinem Bruder die literarische Zeitschrift ›Athenäum‹ herausgibt, erscheint dort ein Beitrag von Schleiermacher ›Idee zu einem Katechismus der Vernunft für edle Frauen‹, möglicherweise das Resultat häufiger gemeinsamer Erörterungen des Freundeskreises. »Hinter den zehn Artikeln des Aufsatzes steht zweifellos Schleiermacher, mag er vielleicht auch nur die Endredaktion übernommen haben und die ursprüngliche Idee von Henriette Herz stammen« (Friedrich Wilhelm Kantzenbach). Einige Gebote aus diesem Katechismus:

I Du
sollst keinen Geliebten haben
neben ihm:
aber du sollst Freundin sein können,
ohne in das Kolorit der Liebe
zu spielen und zu kokettieren
oder anzubeten.
(...)

III Du
sollst von den Heiligtümern der Liebe
auch nicht das kleinste mißbrauchen:

denn die wird ihr zartes Gefühl
verlieren,
die ihre Gunst entweiht
und sich hingibt für Geschenke und Gaben,
oder um nur in Ruhe und Frieden
Mutter zu werden.
(...)

VII Du
sollst keine Ehe schließen,
die gebrochen werden müßte.

VIII Du
sollst nicht geliebt sein wollen,
wo du nicht liebst.

IX Du
sollst nicht falsch Zeugnis ablegen
für die Männer;
du sollst ihre Barbarei nicht
beschönigen mit Worten
und Werken.

X *Laß*
dich gelüsten nach der Männer Kunst,
Weisheit und Ehre.

Diese Maximen gehen weit über die damalige Lebenspraxis hinaus.
Es sind erste zaghafte Versuche, ein allgemeines Umdenken zu
bewirken. Eingeleitet wurden diese ersten Ansätze zur Emanzipation von Theodor Gottlieb Hippels Schrift ›Über die bürgerliche
Verbesserung der Weiber‹ (1791). In diesem heftig diskutierten
Buch, in dem die Verbesserung der Stellung des »wirklichen Volk
Gottes (das andere Geschlecht)« gefordert wird, heißt es weiter: »Ist
es nicht unverzeihlich, die Hälfte der menschlichen Kräfte unge-
kannt, ungeschätzt und ungebraucht schlummern zu lassen?« Im
Kreis um Henriette hatte man dergleichen Überlegungen längst in
die Tat umgesetzt. Frauen waren hier gleichberechtigte Partnerin-

243

nen, freilich mit den Einschränkungen, die die Zeit diktierte.

Als die Beziehung zwischen der verheirateten Dorothea, die überdies zwei Kinder hat, und Friedrich Schlegel immer enger wird, ist dem Freundeskreis klar, daß nur eine Scheidung in Frage kommt. Von Henriette wissen wir, daß sie die Verhandlungen mit Simon Veit übernahm, der schließlich einer Scheidung zustimmte. Er ließ ihr die Kinder und unterstützte sie mit einer Rente sowie mit anonymen Geldspenden während ihrer mehrjährigen Odyssee mit Schlegel, bis dieser 1809 endlich eine feste Anstellung fand.

Dorothea zieht aus der ehelichen Wohnung aus und nimmt sich, abseits der kulturellen Zentren, eine eigene kleine Wohnung. Schlegels literarische Gegenspieler entrüsten sich über die Unsittlichkeit beider, die in »wilder Ehe« leben. An Schleiermacher schreibt Dorothea: »Es scheint, die Berliner können nicht ruhen; sie können ebensowenig ein Leben als einen Roman sich ohne geschlossenen Schluß denken und nehmen nun gar bei mir die heilige Taufe als völligen Ruhestand und Auflösung an. Wie wäre es, wenn sie mich tot sein ließen? So wären sie aus der Ungewißheit, und mir geschähe auch ein kleiner Dienst damit.« Auch Marcus Herz sähe es gern, würde Henriette den Kontakt zu Dorothea meiden. »Die öffentliche Meinung und die Gesetze waren mit Scheidung, nicht mit Ehebruch einverstanden« (Karl Hillebrand).

Dorothea und Friedrich beschließen, Berlin zu verlassen, um vorerst bei August Wilhelm und seiner Frau Caroline, die später den Philosophen Schelling heiraten wird, in Jena Zuflucht zu suchen. Kurz vor ihrer Abreise erscheint im Frühsommer 1799 Friedrich Schlegels Roman ›Lucinde‹. Er nimmt in diesem Buch sein persönliches Schicksal zum Anlaß, gegen die Prüderie und Vorurteile zu Felde zu ziehen, und er stimmt das Hohelied einer wahren Liebe an, die frei von beengenden Konventionen ist. Die Leser erkennen ziemlich schnell in der ›Lucinde‹ Dorothea Veit. Auch wenn die Freunde das Buch nach außen hin verteidigen, gestehen sie sich doch in Briefen ihr Unbehagen ein. Caroline Schlegel schreibt: »Wenn ich seine Geliebte wäre, so hätte es nicht gedruckt werden dürfen«, und auch Schleiermacher berichtet seiner Schwester: »Außerdem habe ich recht viel inneren nagenden Kummer gehabt über meines Freundes Schlegel häusliche und öffentliche Angele-

*Friedrich Schlegel
Zeichnung von Caroline Rehberg, vor 1800*

genheiten und die üble Lage, in welche er sich gegen die Welt gesetzt hat. Der guten Herz ist es ebenso in Rücksicht ihrer Freundin, der Veit, gegangen und da haben wir fleißig zusammen geklagt, uns getröstet und vergebliche Entwürfe gemacht.« Nach Herbert Scurla hat Marcus Herz über die ›Lucinde‹ geäußert: »Der eine Teil ist eine gemeine prosaische Schweinigelei, der zweite eine poetische und der dritte Unsinn«– die verständliche Reaktion eines Betroffenen, denn schließlich propagierte Schlegel ein neues weibliches Selbstverständnis und spricht sich für die Liebesheirat aus.

Die zeitgenössische Presse sprach von einem »unheiligen Evangelium der romantischen Lebenskunst«, in dem die »Frechheit, der Müßiggang und die Wollust gefeiert« würden. Schleiermacher fühlt sich herausgefordert, die in der ›Lucinde‹ vertretenen romantischen Auffassungen vom Wesen der Liebe zu verteidigen. Seine Verteidigungsschrift ›Vertraute Briefe über Schlegels Lucinde‹ erscheint anonym im Mai 1800. In beiden Büchern wird eine Lebensauffassung vorgestellt, die mit der bürgerlichen Regelwelt kollidieren muß: Beide wenden sich gegen eine Tabuisierung der Sexualität und sprechen sich für eine neu zu erlebende Sinnlichkeit aus. Jeder der Partner soll im anderen die »Göttlichkeit des andern« erspüren und ungeachtet der äußeren Umstände nur für die Liebe leben.

Kurz vor Erscheinen der Schleiermacherschen Schrift ziehen Friedrich Schlegel und Dorothea Veit nach Jena. Das Verhältnis Schleiermachers zu Schlegel hatte sich nach dessen Wegzug gelockkert, so daß Schlegel regelrecht eifersüchtig auf Henriette war. An Caroline schreibt er: »Die Weiblichkeit dieser Frau ist doch wirklich so gemein, daß sie selbst diesen fünften Mann am Wagen allein besitzen muß, wenn es ihr Freude machen soll. Sie machen sich einander eitel... Jede kleine, noch so beiläufige Tugendübung rechnen sie sich hoch an.« Er setzt allerdings – auf den Skandal anspielend – hinzu: »Doch ist ihr Betragen gegen uns bei dieser Sache tadellos gewesen.«

Im April 1801 kehrt Schlegel gemeinsam mit Dorothea für ein knappes Jahr nach Berlin zurück. »Der Herz hat er besser zugesagt, und sie ist vertrauter mit ihm geworden als sonst, wozu freilich wohl vieles beiträgt, daß er nun schon so lange und mit solcher Treue ihre Freundin wirklich glücklich macht« (Schleiermacher an seine Schwester). Am 6. April, nachdem Dorothea zuvor zum Protestantismus übergetreten ist, heiraten Friedrich und Dorothea. Vier Jahre später werden beide den katholischen Glauben annehmen.

Noch bevor Schleiermacher die Verteidigungsschrift abfaßte, veröffentlichte der bis dahin unbekannte Prediger sein Buch ›Über die Religion. Reden an die Gebildeten unter ihren Verächtern‹, das ihn, zusammen mit seinen 1800 herausgegebenen ›Monologen‹, auch heute noch als einen wichtigen Neuerer des Christentums erscheinen läßt. Bereits 1798 soll Schleiermacher, nach Wilhelm

246

Dilthey, gemeinsam mit Friedrich Schlegel und Henriette Herz intensive Gespräche über das Wesen der Religion geführt haben. Dilthey vermutet weiter, daß beide Freunde ihn ermuntert haben, seine Überlegungen zu fixieren. Entstanden sind die ›Reden‹, als Schleiermacher eine Prediger-Vertretung in Potsdam übernehmen mußte. Fast täglich gab er Henriette vom Fortgang seiner Arbeit Bericht und übersandte ihr die Manuskripte zum Lesen. In seinen ›Reden‹ löste Schleiermacher die Religion vom geoffenbarten Wort – er wendet sich damit gegen die biblische Gotteserkenntnis – und bindet sie an die rein subjektive Denktätigkeit. Verständlich, daß der praktizierende Theologe Schleiermacher das Buch anonym herausgab. Auf die Frühromantiker hat die Schrift ungemein anregend gewirkt, heißt es dort doch, Religion sei »Sinn und Geschmack fürs Unendliche«.

Die Beziehung zwischen Schleiermacher und Henriette Herz ist in den Jahren 1799–1802 besonders eng. Wenn sie einander nicht sehen, schreiben sie sich täglich. In dieser Zeit der engen Freundschaft übersetzt Henriette zwei Reisebücher aus dem Englischen: Mungo Parks ›Reise in das Innere von Afrika in den Jahren 1795 bis 97‹, 1799 als Band zwölf der Geschichte der See- und Landreisen veröffentlicht, und die 1800 gedruckte ›Reise in die Vereinigten Staaten von Amerika‹ von Wald dem Jüngeren. Schleiermacher, der die Übersetzung vermittelt hat, hilft ihr, den Abgabetermin einzuhalten. Ein anteiliges Honorar lehnt er ab, so daß ihm Henriette zum Dank einen Schreibsekretär anfertigen läßt. Andere literarische Aktivitäten entfaltet sie nicht mehr. Zwei Novellen, von denen Dorothea eine gelobt, die andere langweilig gefunden hatte, waren längst von ihr verbrannt worden.

Im Frühjahr 1802 geht Schleiermacher freiwillig nach Stolp in Hinterpommern. Zwar hatte ihn sein Vorgesetzter, Bischof Sack, wegen seines Umganges und täglichen Verkehrs mit Juden kritisiert, der wirkliche Grund für Schleiermachers Zustimmung, einen Ortswechsel vorzunehmen, ist jedoch ein anderer: Schleiermacher hofft, sein Weggang werde Eleonore Grunow, die Frau eines Berliner Kollegen, endlich dazu bewegen, sich aus der unglücklichen Ehe zu lösen. 1803 entscheidet sich Eleonore, der Henriette sogar einige Briefe von Schleiermachers ›Vertraute Briefe über . . .‹ zuschreibt, bei ihrem Mann zu bleiben.

1802 fährt Marcus Herz gemeinsam mit seiner Frau zur Kur nach Nenndorf und Pyrmont. Sie machen einen Abstecher nach Hamburg und treffen im Haus eines befreundeten Arztes des öfteren mit dem schon sehr alten Dichter Klopstock und dem von Goethe verehrten Maler Tischbein zusammen.

Friedrich Schleiermacher
Stich von Bolt, 1817

Im Winter zieht der siebzehnjährige Louis Baruch, der sich später Ludwig Börne nennen wird, in das Haus, um sich in Philosophie und Medizin unterrichten zu lassen. Börne verliebt sich in die um zweiundzwanzig Jahre ältere Hausfrau, die sich stets freundschaftlich distanziert verhält. Erst als Börne einen Selbstmordversuch vortäuscht, hält sie seinen Auszug für geraten.
Fast drei Jahrzehnte später besucht der inzwischen berühmt

gewordene Börne Henriette Herz in Berlin in ihrer Wohnung in der Markgrafenstraße 50, in demselben Haus, in dem der junge Karl Marx 1840 vorübergehend seine Studentenbude haben wird. Börne schreibt an Jeannette Wohl: »Ich habe sie in zahlreicher Gesellschaft gesehen, wo viele junge Frauenzimmer waren – es wurde ihr keine vorgezogen, und die jungen Männer unterhielten sich mit ihr, als wäre sie ein achtzehnjähriges Mädchen. Und dennoch habe ich nie bemerkt, daß sie auf eine ihrem Alter unanständige Weise sich hervordrängte. (...) Wenn sie steht, bedeckt sie mit dem Auge drei bis vier Personen in der Gesellschaft, und sie hat ganz das Recht, mich ihr Louischen zu nennen. Fünf Männchen meinesgleichen könnte man aus ihr schnitzen, und es blieben noch Späne genug übrig.«

Zu Beginn des Jahres 1803 stirbt Marcus Herz, gerade erst sechsundfünfzig Jahre alt geworden. Hans Landsberg führt folgendes Gedicht von Friedrich Goeckingk an, das dieser nach dem Tode von Marcus geschrieben hat:

> Welch ein liebender Kreis von weisen Freunden umgab ihn!
> Jeder schätzte den Arzt, Denker und Spötter in ihm.
> Gleich den Weisen Athens liebt er die fröhlichen Zirkel;
> Seine Sorgen allein bleiben im Herzen versteckt;
> Alles opfert er sonst auf dem Altare der Freundschaft,
> Seinen Witz und den Wein, seine Erfahrungen gern.

Der Tod von Marcus Herz verändert Henriettes Leben. Henriette muß nun von einer kleinen Pension und den Zinsen des Kapitals leben. Darüber hinaus hat sie für ihre alte blinde Mutter und ihre unverheiratete Schwester Brenna zu sorgen. Zwar kann sie ihren Salon weiterhin führen, doch ist sie auf Nebeneinnahmen angewiesen. In dieser Situation erreicht sie die Bitte der Herzogin Dorothea von Kurland, ihrer jüngsten Tochter Englischunterricht zu erteilen. Dankbar nimmt Henriette an. Wilhelm von Humboldt fragt von Rom aus bei ihr an, ob er ihr finanziell helfen solle. Fanny Arnstein schreibt aus Wien, daß Henriette jederzeit bei ihr leben könne. 1805 – ihre pekuniäre Situation hat sich inzwischen drastisch verschlechtert – erhält sie das Angebot, die Erziehung der ältesten Tochter des Königs, der späteren Kaiserin von Rußland, zu übernehmen.

Allerdings verlangt man von ihr, daß sie sich taufen lasse. Auch ein anderes ehrenvolles und zugleich lukratives Angebot schlägt sie der Bedingungen wegen vorerst aus. In Paris sollte ihr die Erziehung einer Nichte von König Murat, dem Schwager Napoleons, anvertraut werden, jedoch unter der Bedingung, daß sie ihren Namen ändere.

Wegen der Kriegswirren des Jahres 1806 stellt die Witwenkasse die Zahlungen ein. Henriette sieht sich nun gezwungen, ihre Selbständigkeit aufzugeben. 1807 schreibt sie an Henriette Willich, die spätere Frau Schleiermachers, sie möge sich für sie umsehen, denn: »Meine mir nur mit mancher Aufopferung und vieler Entsagung erhaltene Freiheit muß ich nun auf einige Jahre aufgeben und mir ein anständiges Unterkommen suchen.«

Möglich, daß sie auch an Wilhelm von Humboldt eine ähnliche Bitte gerichtet hat, denn dieser schreibt ihr am 18. November 1807: »Schreiben Sie mir offenherzig, liebe Freundin, sagen Sie mir, was Sie brauchen, wünschen, ich tue sicherlich, was ich kann. Ich danke Ihnen sehr viel, ich habe es nicht vergessen, ich werde es nicht vergessen. (...) Ihr Plan, nach Frankreich oder Rußland zu gehen (...) gefällt mir ganz und gar nicht. Ich möchte Sie Deutschland erhalten (...) und sollten wir, nachdem schon so viel verloren gegangen, auch noch die besten Menschen verlieren?«

Im März 1808 fährt sie nach Rügen und unterrichtet dort die Kinder einer Bekannten, der Frau von Kathen auf Götemitz. Fast gleichzeitig mit dem Ehepaar Schleiermacher – Friedrich hatte Henriette Willig im Mai 1808 auf der Insel Rügen geheiratet – kehrt Henriette Herz Ende 1809 nach Berlin zurück. Ihre finanziellen Verhältnisse haben sich inzwischen soweit gebessert, daß es ihr wieder möglich ist, Reisepläne zu schmieden. Eine dieser Reisen führt sie nach Wien, wo sehr viele ihre Jugendfreundinnen verheiratet sind. So wohnt sie zuerst bei Fanny von Arnstein, die den bekanntesten und prunkvollsten Salon in Wien führt. Anschließend zieht sie für einige Monate zu Dorothea und Friedrich Schlegel. Im Winter 1811 kehrt sie nach Berlin zurück.

1815 stirbt ihre Schwester Brenna, nur zwei Jahre später ihre Mutter. Im Sommer 1817 fährt Henriette in aller Stille zu dem befreundeten Ehepaar Wolf nach Zossen und tritt dort am Ende ihres sechswöchigen Aufenthalts zum Protestantismus über. Schleiermacher hätte es lieber gesehen, wenn sie diesen Schritt in Berlin vor aller Öffentlichkeit getan hätte. Daß es dieser Öffentlichkeit gleichwohl nicht verborgen blieb, bezeugt sein Brief vom Juli 1817.

Gemeinsam mit ihrer Freundin, der Berliner Malerin Auguste Klein, tritt Henriette im Juli 1817 eine seit langem vorbereitete Italienreise an. Über den Verlauf dieser Reise gibt der im zweiten Teil dieses Buches ungekürzt abgedruckte Brief an Louise Seidler Auskunft.

Im Mai 1819 tritt Henriette, gemeinsam mit Caroline von Humboldt, deren Kindern und dem Altphilologen Immanuel Bekker die Heimreise an. Hans Landsberg berichtet, daß ihr der fünfunddreißigjährige Bekker einen Heiratsantrag gemacht habe. Henriette Herz scheint diesem Antrag so viel Bedeutung beigemessen zu haben, daß sie glaubte, sich mit ihrem Jugendfreund Wilhelm von Humboldt darüber beraten zu müssen. »Ich habe abgeraten«, heißt es in einem Brief von Humboldt, »ohne den Altersunterschied täte Sie es, das glaube mir. Sie hat mir eingestanden, daß es ihr doch viel Vergnügen mache, noch solchen Eindruck hervorzubringen. Das finde ich wirklich natürlich.«

Die Italienreise war das letzte große Ereignis im Leben der Henriette Herz. Auf der Rückreise macht die große alte Dame des Berliner Salonlebens noch die Bekanntschaft Ludwig Uhlands, trifft Jean Paul wieder und ist im Sommer 1819 zu Besuch bei dem Schriftsteller Ernst Moritz Arndt, der eine Schwester Schleiermachers geheiratet hatte. Im Herbst 1819 reiste sie zurück nach Berlin.

Die seinerzeit berühmte Schauspielerin Caroline Bauer erinnerte sich: »Als ich sie sah, im Jahr 1824, war sie schon über sechzig Jahre alt, aber noch immer eine anmutsvolle königliche Erscheinung. Dabei milde und in der Unterhaltung zurückhaltend; hierin der stärkste Kontrast zu der strudelnden Rahel und dem närrischen Zaunkönig Bettina.«

Fanny Lewald schreibt in der Erinnerung an einen Besuch bei der fast achtzigjährigen Henriette Herz: »Die Hofrätin, welche ich immer als eine der schönsten Frauen ihrer Zeit habe bezeichnen hören, saß, eben von einem Krankheitsanfalle genesen, mit einem weißen Oberrock und einer weißen, etwas großen Haube angetan, in einem alten niedrigen Lehnstuhl, nahe an dem Fenster. (...)

Wenn man sie in der einfachsten Kleidung, von schlichtestem Hausrat umgeben, in ihrem engen Zimmer sah und sich erinnerte, daß die Schönheit dieser Frau einen europäischen Ruf gehabt, daß seit sechzig Jahren kaum ein bedeutender Mann gelebt, den sie nicht gekannt und der sie nicht verehrt, (...) so gewann die eingehende Freundlichkeit, welche sie dem Geringsten angedeihen ließ, etwas Bezauberndes und Rührendes zugleich. (...) Denn wie sie die Freundin unserer geistigen Heroen gewesen, so war sie für die nachfolgenden Geschlechter zu einem geistigen Wahrzeichen von Berlin geworden, und wer sie gesehen und gekannt hat, bewahrt noch heute ihr Andenken sicherlich mit Liebe.«

1845, zwei Jahre vor ihrem Tode am 22. Oktober 1847, wandte sich Alexander von Humboldt, da er um ihre mißliche finanzielle Situation wußte, an Friedrich Wilhelm IV. Der König erklärte sich bereit, eine jährliche Pension auszusetzen für »eine Frau, welche, solange ihre Kräfte es erlaubten, so tätig für das allgemeine Beste mitgewirkt hat«.

Ulrich Janetzki

Eigenhändiger Brief von Henriette Herz
an Ludwig Tieck vom 1. 5. 1824

BILDNACHWEIS

Akademie der Künste, Bildarchiv, Berlin 17
Archiv für Kunst und Geschichte, Berlin 67
Bildarchiv Preußischer Kulturbesitz, Berlin 11, 85, 93, 109, 119, 127, 235, 238, 248
Kunsthalle Bremen 2
Nationalgalerie Preußischer Kulturbesitz, Berlin, Titelbild
Schiller-National-Museum, Marbach a. Neckar 37
Staatsbibliothek Preußischer Kulturbesitz, Berlin 253 (Sign. Autogr. I/1051)
Ullstein Bilderdienst 45, 57, 75, 79, 101, 220, 241, 245

Goethes Schwiegertochter

Ottilie von Goethe

Ein Portrait

Herausgegeben und mit einem
Nachwort versehen
von Ulrich Janetzki
204 Seiten mit 20 Abbildungen
Ullstein Buch 30138

Ottilie von Goethe, Schwiegertochter Johann Wolfgang von Goethes und Mutter der letzten Nachkommen und Erben, war nicht nur die ›selbstlose‹ und ›hingabebereite‹ Krankenpflegerin des alten Goethe. Sie war auch eine sehr selbstbewußte und faszinierende Frau, die sich nicht immer an die Regeln hielt, die man ihr als Trägerin des großen Namens auferlegte. Ihre für damalige Verhältnisse wohl konfliktträchtige Lebensweise ließe sich aus heutiger Sicht als Selbstfindungsprozeß einer Frau beschreiben, die sich gegen Verhaltensnormen wehrte.
Zeugnis für ihre ausgeprägte Persönlichkeit und für ihre literarischen Ambitionen geben einerseits ihre herausragende Stellung in den Weimarer Kultur- und Literaturkreisen, andererseits die von ihr edierte Zeitschrift ›Chaos‹, in der Goethe selbst, aber auch Chamisso und La Motte Fouqué publizierten.
Unter Verwendung bisher kaum genutzter Quellen versucht diese Auswahl, eine vorurteilsfreie Darstellung des Lebens und der Bedeutung von Goethes Schwiegertochter zu geben.

Die Frau in der Literatur